昔档今读

XI DANG JIN DU

（第二辑）

安徽省档案馆
合肥晚报 编

时代出版传媒股份有限公司
安徽文艺出版社

图书在版编目（CIP）数据

昔档今读. 第二辑/安徽省档案馆, 合肥晚报编. —合肥: 安徽文艺出版社, 2022.12
ISBN 978-7-5396-7653-1

Ⅰ. ①昔… Ⅱ. ①安… ②合… Ⅲ. ①安徽—地方史—文集 Ⅳ. ①K295.4-53

中国版本图书馆 CIP 数据核字 (2022) 第 241582 号

出 版 人：姚　巍
责任编辑：张　磊　　周　丽　　　　装帧设计：徐　睿
....
出版发行：安徽文艺出版社　　　www.awpub.com
地　　址：合肥市翡翠路 1118 号　　邮政编码：230071
营 销 部：(0551)63533889
印　　制：安徽联众印刷有限公司　　(0551)65661327
....
开本：710×1010　1/16　印张：20.5　字数：250 千字
版次：2022 年 12 月第 1 版
印次：2022 年 12 月第 1 次印刷
定价：88.00 元
....
（如发现印装质量问题，影响阅读，请与出版社联系调换）
版权所有，侵权必究

《昔档今读》（第二辑）
编委会

主　　编：黄玉明
执行主编：邓　斌
副 主 编：孙　婷　潘裕骏
编　　辑：黄　斌　邵　东　梁庆云　周茂莉
　　　　　闫大钊　程堂义　何芳芳

目 录

温暖记忆

安徽最早的天气预报从这一年开始 / 003

档案故事从"头"说起 / 008

"老虎灶"的故事 / 013

疫苗接种为健康撑起保护伞 / 019

20世纪物美价廉的国货护肤品 / 024

追寻那段炊烟往事 / 029

电波里的温情记忆 / 033

一两毛钱泡个舒服的热水澡 / 038

承载几代人记忆的搪瓷 / 043

让"米袋子"鼓起来 / 048

植树节的前世今生 / 054

这棵"树",和你我的生活密切相关 / 059

仪式感满满,年味儿浓浓 / 064

承载记忆与情感的月饼 / 069

定格岁月记忆,照出时代变迁 / 073

那些年我们追过的连环画 / 079

别在腰间的"传奇"——BP 机、"大哥大" / 084

安徽西瓜"顶呱呱" / 089

徽风留韵

皖产桂花香料曾驰名中外 / 097

安徽"三菊"娇艳绽放 / 103

"蟹"逅安徽 / 108

采茶工:为茶辛苦为茶甜 / 114

妙"笔"生花有故事 / 119

百炼化为绕指柔 / 125

芜湖铁画:老树发新芽 / 130

《熊猫"盼盼"》见证铁画流金岁月 / 135

戏曲改革让安徽戏剧大放光彩 / 140

青阳折扇:方寸之间显风骨 / 146

千年舒席:竹香润盛夏 / 150

"四季"里的徽菜 / 156

徽商舌尖上的"乡愁" / 161

徽菜,浸润着文化的底色 / 167

千年非遗墨飘香 / 173

民国纪事

民国时期的"夏令卫生运动" / 181

民国时期的安徽省医疗防疫大队 / 187

惠及安徽的东南防疫处为何没有建成? / 192

民国时期曾有过两个教师节 / 199

民国时期曾经禁止烫发 / 204

民国时期学生的暑假作业 / 209

民国时期,护士这样"炼成" / 214

安徽最早的消防队 / 218

了不起的"草根"消防组织 / 224

民国时期如何提高民众的消防意识 / 229

民国时期的幼稚园 / 234

民国时期清明节与儿童节曾"相遇" / 239

当代安徽

"王家坝精神"可追溯到1954年 / 245

1991年抗洪抢险中的那些感人瞬间 / 250

20世纪50年代,这些安徽劳模登上天安门观礼 / 255

新中国第一条砂姜路在安徽 / 260

为治淮开挖的茨淮新河 / 265

开挖茨淮新河的奋斗故事 / 270

见证时代变迁的一条河 / 275

档案中那些感动人心的学雷锋往事 / 281

新中国第一个体育制度——"劳卫制" / 286

伴随青春记忆的广播体操 / 290

普通话推广往事 / 294

合肥也曾生产过"永久"牌自行车 / 299

新中国成立初期的儿童保健工作 / 304

消费者权益保护的那些事 / 309

当代安徽消防记忆 / 314

后记 / 319

温暖记忆

———————————

WENNUAN JIYI

安徽最早的天气预报从这一年开始

"花儿知晴雨,草木报天气",曾经我们通过观察植物来预报天气。如今,你只要打开手机,一周甚至更长时间的天气预报数据立刻就能出现在你眼前,温度、湿度、穿衣指数……这些信息一目了然。

安徽最早的气象观测站在芜湖

安徽省气象探测最早始于1880年的芜湖海关气象站。1869年,海关总税务司赫德颁发了通札第28号,要求各海关设立气象观测站。1876年中英《烟台条约》签订后,芜湖被开辟为通商口岸,1877年清政府设立芜湖海关,1880年设立海关气象站(测候所),地址位于现在的芜湖老海关楼附近。1880年3月1日,芜湖海关气象站正式开展气象观测,每天观测8次,观测的气象要素分别为气压、气温、降水量、风向、风速、天气现象。

虽然1880年安徽就有了大气观测点,但是安徽的气象事业发展得非常缓慢,新中国成立前全省仅有两三处测候所,且探测方法简单,探测范围窄小,观测仪器不全,观测记录经常中断。其中组

建时间最长的合肥测候所,记录报表也不足 3 年。

新中国成立后,安徽气象事业进入新阶段

新中国成立后,安徽气象事业迈进新的历史发展阶段,一批气象站建立起来,气象队伍得到了充实,业务规章制度、技术规范得以完善,仪器设备得以装配,工作得以正常开展。

1950 年 3 月,华东军区航空气象处派员来安徽省建立了安庆气象站。这也是新中国成立后安徽省第一个大气探测专业机构。受当时客观条件限制,该气象站设备只有百叶箱、风向杆、雨量筒、蒸发皿、美式空盆气压表、美式周转气压计、美式周转温度计,观测项目主要有云、能见度、天气现象、温度、湿度、风向风速、降水、蒸发、地面状态等。

此后,全省陆续兴建了一批气象站。到 20 世纪 60 年代,基本做到每个县都设有气象观测点,初步形成全省气象站网。这期间,各气象站仪器设备逐步得到更新,大气探测范围迅速扩大,观测项目不断增加。至 1985 年,全省已建成各类气象站 81 个,形成全省气候观测网、地面天气观测网、高空气象探测网、航空天气观测网、农业气象观测网、天气雷达观测网,并建立卫星云图接收点、太阳辐射观测点等,探测手段日臻完善。

黄山光明顶上有一个气象站

说起气象站建设,就不得不提到华东地区海拔最高的气象站,

它就是黄山光明顶上的黄山气象站,也是国家基准气候站(国家气候站网的骨干和标准站,任务是积累长期稳定可靠并具有准确性、代表性、比较性的气候观测资料,以便研究中国长期的气候演变规律)。黄山素有"天下第一奇山"之称,它的四季景色各异,日出、晚霞、云海、佛光、雾凇等神奇的自然景观,吸引众多游客前去游览。在光明顶上,我们可以看到一个大的室外液晶显示屏,上面滚动显示明日日出景观可见概率、云海景观可见概率……这样的气象预报,给游览黄山风景区的游客们带来了极大的便利。

黄山气象站建立于1955年。在这一年,为满足军事、经济、生产生活等方面的需要,安徽省人民政府指示安徽省气象局和黄山管理局在光明顶组建气象站。安徽省档案馆馆藏的1955年《关于黄山气象站勘测情况并请增加建站经费的报告》中记载:"经实地勘察,初步认为光明顶的自然条件和周围环境(海拔高度1750多公尺),尚能适应业务工作要求。"于是,从1956年1月起,黄山气象站就在光明顶上每天定时观测天气并对外发布相关数据。

1985年,中国气象局在黄山光明顶上建立了我国第一部714天气雷达,同时成立黄山714雷达站。这部714雷达在1998年长江流域特大洪水和1999年新安江流域特大洪水气象预报工作中,均发挥了不可替代的作用。2006年,黄山气象站将714天气雷达更新为功能更加强大的多普勒雷达,实现了对黄山风景区雷电现象的实时监测、提前预警、快速响应和及时发布。黄山气象站还根据黄山风景区气象服务需求,制定专项服务预案和预警工作流程,密切监视天气变化,及时向索道公司、园林开发公司提供大风、雷电预警和消警消息,在保障游客安全方面发挥了非常重要的作用。

天气预报服务生产生活

晴天雨天、降温升温、冰雹雨雪……天气的变化实实在在地影响着人们的生活，对农业生产也有着深远的影响。安徽的天气预报发布是从什么时候开始的呢？人们又是如何通过天气预报来更好地安排生产的呢？

1956年，根据当时的中央气象局关于天气情报、天气预报使用明码广播的决定，安徽省人民广播电台从6月1日起，对外公开发布天气预报，同年8月1日，天气预报首次在《安徽日报》上刊登。预报时效，初建时为24小时，1957年上半年增加48小时趋势预报，之后，时效延长至72小时，1978年后又改为24小时至48小时。天气预报内容有天空状况、极端气温、降水、风力以及暴雨、台风、寒潮、大风、霜冻和冰雹等灾害性天气。在重大灾害性天气来临前，将根据影响程度和影响时间的早晚发布消息、报告或警报等。随着科技的进步发展，天气预报内容不断丰富。

天气变化对生产有着重要的影响。以农业生产为例，据史料记载，安徽省的农业气象工作开始于1955年，范围主要包括农业气象观测、农业气象情报、农业气象预报、农业气象试验研究等几个方面。当时只有合肥、六安、宿县3个气象站开展农业气象工作。到1957年底，观测网点扩大到34个。1958年至1959年，全省81个气象站中80%以上开展了农业气象观测。

合肥气象站从1956年开始就进行农田小气候观测，开展的项目有对马铃薯、山芋窖藏温度的观测，旱播及浇水播麦田的小气候对比观测等,观测结果直接服务于农业生产,取得了良好效果。

安徽省档案馆馆藏的1960年《农村工作(12):天长县气象站为农业生产服务的经验》一文就记载了这样一个小故事:1958年秋季,气象站根据当地雨量少、气候土壤湿度大的客观条件,配合农技部门研究,认为易发生山芋夜蛾危害,便及时预报并提出预防措施,制止了虫害发生,保证了山芋的丰收。

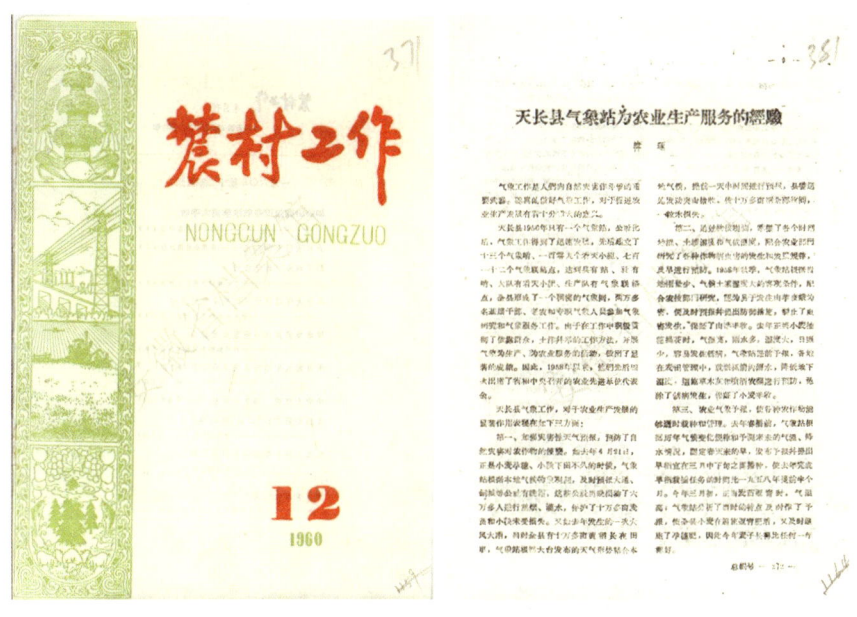

《天长县气象站为农业生产服务的经验》

档案故事从"头"说起

铁制的理发椅、铁皮吹风机、垂在理发椅背后的鐾刀布、老式剃发工具、斑驳的大镜子……这是20世纪七八十年代国营理发店中常见的场景。条件虽然简陋,但是师傅剃头、刮脸的精湛手艺,至今仍为老一辈人津津乐道。

理发网点主要分布在城市

我国古代没有"理发"一词,古人认为"头发"受之于父母,不能随便剃除,所以当时男女都留长发,只是盘发的方式不同。到了汉代,才有了以理发为职业的工匠。辛亥革命前后,很多先进的知识分子率先剪掉辫子,留短发,人们纷纷响应,推动了理发业的发展。五四运动时期,城市中一些青年女学生也开始留短发,理发成为一种风气,理发店也应运而生。

据《安徽省志·商业志》记载,安庆市在1927年至1937年间,理发店由40多户发展到65户,其中甲级店5户,乙级店20户,丙级店40户,较大的理发店拥有座椅18张、理发店员20人。抗战时期,蚌埠地区的理发店有10多家,不少理发店内都设有10多个

座椅；屯溪的四乡一镇共有理发店50户左右，其中较大的有7户。抗战胜利后，城市理发业继续发展。新中国成立前夕，芜湖市有理发店49户，安庆市有66户，蚌埠市有29户，合肥市有19户，此外还有为数众多的"一担挑"和小型夫妻理发店。不过那时理发的技术水平并不高，日常的理发服务就是洗和剪，而且发型也非常单一。新中国成立后，经过社会主义改造，1956年仅合肥、蚌埠、芜湖、安庆、马鞍山、铜陵、屯溪等7地，就拥有理发店971户、店员1558人。

安徽省档案馆馆藏的1961年《合肥市理发业调查材料》中就记载了合肥市的理发网点和从业人数："合肥市现有理发业网点共87个，464个座位，934人……另外，全市机关、学校、工厂自设的理发室共317个，347人，两者合计全市现有理发人员为1281人。"这些理发网点大部分集中在城市，乡村理发主要依靠走村入户的剃头师傅。

一个理发师每月理发300余人

20世纪五六十年代，人们对发型越来越重视。男士发型虽然比较简单，但讲究整齐美观，剃头师傅的功夫一点儿都马虎不得，从顾客落座到理发完毕，前后要经过推、剪、洗、刮、吹等十几道工序，所以理一次发多则需要1小时，少则需要30分钟。女士发型则以"刘胡兰头"和麻花辫为主。女孩子们最喜爱的"刘胡兰头"，头发刚好盖住双耳，看上去坚强有力、干劲十足。要剪出这样潮流的发型，理发师自然就得多花费一些时间，所以当时理发并不是一个轻松的工作。

安徽省档案馆馆藏的1961年《关于屯溪市理发业情况初步调查和做法的汇报》中就有这样的记载:"按全市40000人口计算,平均每人每月要理发1000左右,而1957年有理发员97人,那时全市只30000人口,平均每人每月理发300余人",并且"由于人少,工作量大,每天从早到晚需工作14小时才能下班……"《合肥市理发业调查材料》提到:"新工厂区网点更少,如工厂较多的和平分社,3.3万多人只有一个理发店,因此有的职工尤其是女职工烫发一般都到城里……"

从档案中我们可以看出,当时人们的理发需求与理发店、理发师数量相对较少的矛盾已凸显。为了解决这个矛盾,20世纪50年代末,芜湖市开设了安徽省第一家红玫瑰妇女理发店,接着合肥市也在逍遥津附近开设了一家三八理发店,为业界做出新尝试,有效缓解了矛盾。1962年,安徽省成立饮食服务公司,加强对全省各地理发业的领导与管理,调整理发网点,充实理发人员,并制订《理发业服务守则》,许多理发店的经营状况得到进一步改善,有力地推动了理发业的稳步发展。

20世纪80年代,在合肥理发需要多少钱

20世纪80年代,合肥市民有哪些理发项目,价格又是怎样的呢?安徽省档案馆馆藏的1984年《合肥市人民政府关于调整理发、洗澡收费标准的报告》中就有详细的记载。在这份档案中,有一份《合肥市现行理发业(男、女)调整收费表》,表中将男性、女性

《合肥市现行理发业(男、女)调整收费表》

和儿童的服务项目进行了区分。其中男士项目分为甲级、乙级和丙级,项目有理发全套、理洗吹、理发洗修、洗修吹、剪剃光、洗修、洗吹、修面和吹风。女士项目分为甲级、乙级和丙级,项目有洗剪全套、洗剪吹、洗吹、洗剪、长辫洗吹、短辫洗吹、染长发、染短发、洗头、剪发、吹风、修面、擦油、推后部。一米三以下儿童的项目包括洗剪全套、洗剪、剪吹、洗头吹风、单剪、单吹、单洗头等。

当时合肥市理发业收费一直偏低,收费标准多年来未做调整。档案中提到:"近年来由于燃料、物料价格提高和职工工资、退休人员增加等因素,造成企业成本上升。企业目前主要靠延长营业时间来维持正常经营,条件长期得不到改善。"正因如此,所以对理发收费标准做了适当调整。比如,男式甲级的理发全套由 0.45 元提高到 0.50 元,洗吹由 0.20 元提高到 0.25 元;女式的染长发由 1.50 元提高到 1.60 元,长辫洗吹由 0.40 元提高到 0.50 元。

  发型是一个人精神面貌的体现,也是一个时代潮流的侧影。从过去千篇一律的款式,到如今时尚潮流的百变造型,反映出人们审美观念的变化,也折射出时代的变迁,展现出人们对美的向往、对美好生活的追求。

"老虎灶"的故事

"炉火炎炎暮复朝,锅储百沸待分销。一钱一勺烹茶水,免得人家灶下烧。"早年间五步一间的"老虎灶",给老百姓留下了许多温暖的记忆。"老虎灶"风靡一时,是街头巷尾一道独特的风景线。

"老虎灶"在安徽历史悠久

现在的年轻人可能不知道"老虎灶"为何物,但对年龄稍长一点的人来说,这是他们难以忘记的时代记忆。

"老虎灶"俗称茶水炉子、汤水店,是以前十分常见的一种专卖开水的小店,故又有"熟水店"之称。因烧水处的炉膛口开在正前方,如一只张开大嘴的老虎,灶尾有一根高高竖起的烟囱管,就像老虎翘起的尾巴,因此被人们形象地称为"老虎灶"。

安徽人使用"老虎灶"的历史悠久。据《合肥市志》记载,早在清末,合肥城部分居民就在街头巷尾的门面房内砌起炉灶烧开水出售。民国前期,合肥经济比较繁荣,居民饮茶考究。为适应这一行情,熟水店多从护城河取水烧开水供应,因为这种开水无咸味,宜泡茶;还有的熟水店将"老虎灶"中的锅改换成吊锅,并以干牛粪为燃料,据说用此法烧开的水沏茶更香。至1948年,合肥城有熟水店27家。新中国成立初期,合肥市区的熟水店发展到64家,且家家生意兴隆。特别是上午7至8时,人们都是提着热水瓶排队等水开。1954年,熟水店开始以自来水为水源,并将"老虎灶"改造成烧煤灶。此后,合肥的开水供应才渐渐变得方便起来。

同样,芜湖的"老虎灶"在清代也已普遍开设。芜湖是皖南茶叶集散地之一,市民爱好泡茶,早、午、晚三遍茶,"一日三朝,朝朝腹(福)满"。每天清晨开门第一件事就是到"老虎灶"冲开水。有的老人还特地把装有茶叶的小陶壶捧到"老虎灶"上泡"头开",然后到街上买些烧饼、油条、五香豆、酱生姜、臭干子、花生米等小吃,回家过茶瘾,吃早点,这便叫"以茶代餐"。"老虎灶"生意兴隆,有些经营者干脆在店内开起小茶座,专供前来的客人享用。"老虎灶"上一般悬挂大红黄字灯笼,贴些吉利话:"明膛亮灶,财神高上""灯暖水清,财气照人"等。

二分钱一瓶水刻在很多老市民的记忆中

新中国成立前,"老虎灶"在人们的日常生活中占有一席之地:取热需它,沐浴需它,甚至喝茶聊天、消磨时光也需到有"老虎灶"之处……新中国成立后,城市中很多机关单位、工厂等都自建"老虎灶"以方便职工生活。安徽省档案馆馆藏的1965年《关于生产区老虎灶修理问题的批复》中提到芜湖纺织厂的"老虎灶"坏了,没法使用,为此向上级请示修理并得到了批复:"经研究,同意在尽可能利用废旧料,单位面积不超过20平方米,从你厂大修理基金

项下进行修理。"

合肥市民也有不少关于"老虎灶"的记忆。家住合肥市双岗街道的陈德年回忆说:"在20世纪50年代早期,双岗街出现了两家'老虎灶',我家就是其中的一家。"那时人们喝水多不在自家烧了,而到熟水店冲开水喝。新中国成立后,双岗渐渐出现了许多工厂、学校和机关单位,他们喝水也多到熟水店冲水,二分钱一瓶。为了零钱使用方便,熟水店还想出一个点子,将猪骨头加工成片,再用火烙成二分、一角、五角的字样,取名叫"水尺",发兑给各家水炉,代替零钱统一使用,并且是全市通用。个人或单位可用与人民币等值兑换的水尺到熟水店冲水。

早期"老虎灶"烧水用的都是河水,直到1954年合肥市自来水厂建成。当时市政府为了让老百姓能喝上干净水,优先给全市茶水炉安装了自来水。由于自来水厂初建,规模较小,供水量不大,百姓家庭还不能安装自来水,但又想让老百姓都能用上自来水,于是就在全市的各个街区选择一些点,安装一个个露天水龙头。由街委会安排一些困难户人家去看护卖水,即供水点。陈德年说:"当时双岗街仅安装了一个,就在街中段一个大巷口,用木板围一个一两平方米的小房子,由一对曾在双岗靠卖绿豆圆子为生的老夫妻俩看卖,二角钱一担。"

当时人们烧水并不便利,很多人都必须依靠茶水炉子提供的热水,因此茶水炉子的生意非常好。1983年《财贸简报(第4期):熟水店交给个体户经营效果好》的档案中就记载:"过去迟开门、早关门,群众买开水常排队。现在每店一人站炉,全家轮换当班,早晚忙时一家老小全部帮。一般早晨五点开门营业,晚上九、十点钟打烊,群众用开水很方便。不少熟水店门前还放上小桌子小凳子,摆起了茶摊,既扩大了营业,又方便了过往行人喝茶。"

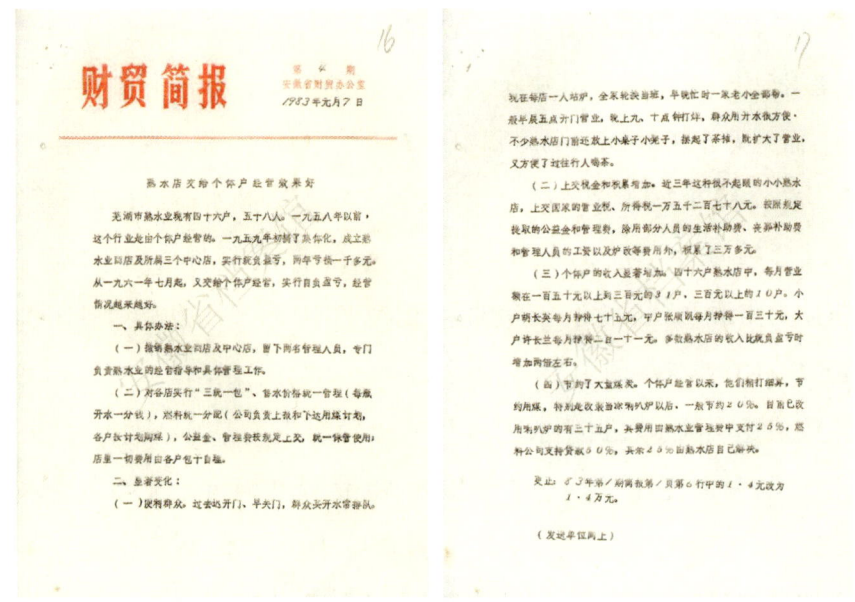

《财贸简报(第4期):熟水店交给个体户经营效果好》

熟水业经营大户每月能挣200多元

茶水炉子的生意比较红火,但其实烧茶水并不是一件轻松的工作。每一座"老虎灶"身上都肩负着巨大的"责任",因为它必须确保在人们起床之前烧开足够多的热水,否则周围群众的生活就要受到影响。所以,"老虎灶"的店主们每天凌晨3点钟就要开始烧水了。从生炉子到水烧开,差不多要到5点前后,这时候,"老虎灶"便会迎来陆续打水的客人。从清晨五六点钟开始营业,一直到晚上十一二点钟才能收工。除购运燃料、烧水卖水之外,挑水是最

繁重最劳累的活儿。早期的"老虎灶"因为用水量很大，主人还必须得请专门的挑水工，提前从河边将水一担担挑到储水缸里，再用明矾沉淀、净化，以保证水质。

熟水业在发展过程中也存在着一些问题。安徽省档案馆馆藏的1961年《中共芜湖市饮食服务业公司委员会关于将理发、浴室、熟水三个行业改变工资制度和经营形式的情况汇报》中就记载了熟水业在经营中暴露出的问题，"熟水业则是迟开门，早打烊，冲水排队，消极经营，并且经常随意关闭停业"。报告中分析了茶水炉子的优势和劣势，并提出了解决的方法，"熟水业的特点是店小、分散，既不需要较大的资金，也不要较多的劳力，一家一户，分散经营，只适应于夫妻店、家小店……""实行三统一包的制度后，价格统一管理，煤炭统一分配，公积公益统一保管使用，费用开支由各户包干，这实质上是进一步加强了对熟水业的领导，收到管而不死、放而不乱的良好效果。另外行业中的劳力问题也同时得到解决，……过去遇有一人生病就关门停业，现在业务忙时，小孩和老人都一起帮忙，当前的劳力问题解决了，也为今后的后继力量做了准备"。

工资制度和经营形式改变后，熟水业的发展迎来了新的机遇。据《熟水店交给个体户经营效果好》的档案中记载："一九五八年以前，这个行业是由个体户经营的。一九五九年初搞了集体化，成立熟水业商店及所属三个中心店，实行统负盈亏，两年亏损一千多元。从一九六一年七月起，又交给个体户经营，实行自负盈亏，经营情况越来越好"，"近三年这种很不起眼的小小熟水店，上交国家的营业税、所得税一万五千二百七十八元。按照规定提取的公益金和管理费,除用于部分人员的生活补助费、丧葬补助费和管理人员的工资以及炉改等费用外,积累了三万多元"。

"多数熟水店的收入比统负盈亏时增加两倍左右。"档案中的数据显示,芜湖市"四十六户熟水店中,每月营业额在一百五十元到三百元的 31 户,三百元以上的 10 户。小户胡长英每月挣得七十五元,中户张顺凯每月挣得一百三十元,大户许长兰每月挣得二百一十一元"。

随着时代变迁和科技进步,现如今家家户户都用上了自来水、煤气灶、电水壶等,生活条件得到极大改善。"老虎灶"这个曾经在人们日常生活中扮演过重要角色的伙伴渐渐淡出人们的视线,但它却是老一辈人挥之不去的温暖记忆。

疫苗接种为健康撑起保护伞

"防疫道路千万条,接种疫苗第一条。"这句耳熟能详的宣传语道出了疫苗接种的重要性。疫苗是一种用各类病原微生物制作的生物制品。接种疫苗可以刺激人体的免疫系统,产生相应的抗体,以预防疾病,达到免疫的目的。

防治天花从种痘开始

天花是一种死亡率极高的传染性疾病。民间有这样一句俗语:"孩子出过疹和痘,才算解了阎王扣。"它传染性强,病情重,人被感染后无特效药可治,幸运点能治好的,脸上也会留疤痕,"天花"的名字就是这么来的。

种痘就是把牛痘疫苗接种在人体上,使人体对天花产生自动免疫。中国人很早就开始种痘,但一直没能战胜天花。新中国成立后,全民开始普种牛痘。1950年10月,中央人民政府政务院发布《关于发动秋季种痘运动的指示》,大力推行全民种痘。从20世纪50年代到60年代初,中国进行了3次强制性全民种痘和2次接种行动,5亿多人口共发放了18亿剂牛痘疫苗。

1950年底,中央人民政府卫生部颁发《种痘暂行办法》,其中规定"中华人民共和国境内之居民,不分国籍,均须依照本办法之规定种痘……婴儿应于出生后6个月种痘一次,届满6足岁、12足岁及18岁时,应各复种一次","凡从未种痘者,或逾规定之年龄而未布种者,应各补种一次","种痘时可按户籍册,挨户调查施种,种痘后在户籍册上做已种记号;凡无正当理由拒绝种痘,经说服教育无效者,各级卫生行政机关得予以强制执行"。另外,种痘一律免费,不得收取任何费用,"各级卫生机关,受政府委托之公私立医院诊所及其他种痘人员,其进行种痘所需之费用(包括工人、牛痘苗及卫生材料)均由各级政府负担"。

这一时期,安徽也开展了大规模普种牛痘疫苗工作。安徽省档案馆馆藏的《皖南区一九五〇年上半年种痘人数统计》中就记录了徽州专区、池州专区、宣城专区、芜湖市及芜湖县等地种痘情况。以芜湖市为例,当时种痘人数为102843人,占总人口的56.58%。

通过档案我们可以看出,大规模的种痘行动得到了群众的支持。为了巩固

《皖南区一九五〇年上半年种痘人数统计》

来之不易的成果,安徽先后开展了多次群众性的种痘行动。如合肥市自1951年大规模开展种痘行动后,还于1961年、1966年、1972年和1978年共进行四次大规模普种牛痘疫苗。

"自1950年开始,中国即实施婴儿常规种痘,1978年前每隔6年普遍复种,地方有完善的卫生防疫机构,有满意的疫情报告,在小于20岁的人群中未见'麻脸',委员会证明中国已无天花。"这是1979年12月,全球消灭天花证实委员会向世界卫生组织提交的报告中的一段话。自此,天花成为新中国成立后被消灭的首个烈性传染病。

宝宝出生第一针——卡介苗

新中国成立初期,安徽曾流行结核病,尤其是肺结核。肺结核民间俗称为"肺痨""痨病""火病"等。这种病流行历史久远,程度严重,死亡率极高,民间有"十痨九死"之说,人们谈"痨"色变。

为了预防结核病,我国规定,新生儿出生即须接种卡介苗。卡介苗是一种用来预防儿童结核病的疫苗,接种后可以使儿童对结核病产生特殊抵抗力。孩子们在接种完卡介苗以后,会在胳膊上留有明显的疤痕,我们称之为"卡疤"。

20世纪60年代,安徽就在合肥、芜湖等城市推行儿童卡介苗预防接种,这一点档案中也有佐证。安徽省档案馆馆藏的1964年《预防接种工作实施办法》中就提到:"卡介苗:对新生婴儿及结核菌素试验阴性的儿童进行接种,可先在有条件的城镇中进行。"

除了卡介苗以外,从20世纪60年代开始,安徽就对托幼机构、在校儿童注射伤寒、霍乱、白喉、百日咳、乙型脑炎疫苗,口服小儿麻痹活菌苗糖丸等。《预防接种工作实施办法》中就提到儿童接种的相关事宜:"白喉类毒素或百日咳菌苗白喉类毒素混合制剂:婴儿在出生后3—12个月内用百日咳菌苗白喉类毒素混合制剂给以初种;从未接种过的学龄前儿童必须补种。以后满3周岁时复种一次。满7周岁时复种单价白喉类毒素一次。8岁以上儿童发病率较高的地区,8—12周岁锡克氏试验阳性的儿童,亦应进行单价白喉类毒素接种","脊髓灰质炎疫苗:对2个月—7岁儿童进行接种","流行性乙型脑炎疫苗:对流行区6个月以上至10岁儿童给以接种;在有条件的城市中进行。由非流行区进入流行区亦需要接种"。

为孩子撑起健康保护伞

1982年,卫生部颁发《全国计划免疫工作条例》,将普及儿童免疫纳入了国家卫生计划,提出"四苗防六病",即对7周岁及以下儿童进行卡介苗、脊髓灰质炎三价糖丸疫苗、百白破三联疫苗和麻疹疫苗的接种,使儿童获得对结核、脊髓灰质炎、百日咳、白喉、破伤风和麻疹的免疫。从这时起,统一了全国儿童免疫程序,进一步明确对适龄儿童进行卡介苗等接种的基础免疫要求。

随着时间的推移,接种疫苗的手段发生了较大的变化,主要是通过打针和吃糖丸来完成。人们也不再称接种疫苗为"种痘",而是改为"打预防针"。预防接种证这一"健康身份证"也逐渐走进

了大家的视野。以合肥市为例,从 1984 年起,合肥市开始使用儿童计划免疫证、儿童计划免疫卡、预防接种通知单等。

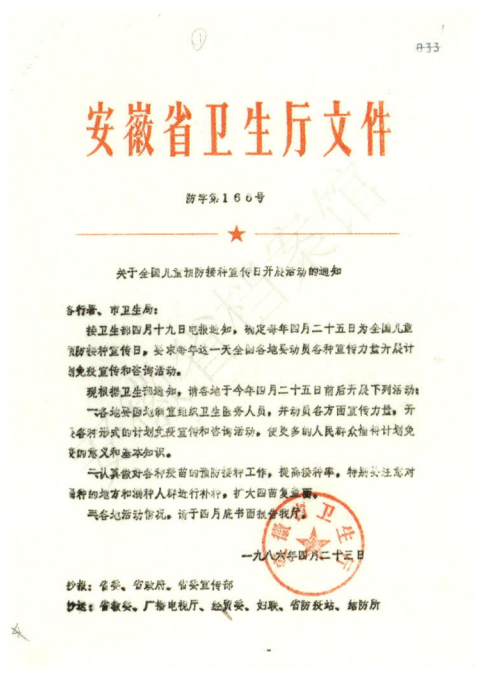

《关于全国儿童预防接种宣传日开展活动的通知》

1986 年,经国务院批准,全国儿童计划免疫工作协调小组成立,每年 4 月 25 日开展全国儿童预防接种宣传日活动。安徽省档案馆馆藏的 1986 年《关于全国儿童预防接种宣传日开展活动的通知》中就有记载:"接卫生部四月十九日电报通知,确定每年四月二十五日为全国儿童预防接种宣传日,要求每年这一天全国各地要动员各种宣传力量开展计划免疫宣传和咨询活动。"

目前,接种疫苗是全世界公认的预防疾病最有效的方法。预防接种证也是孩子入托、入学及出国求学和就业的"健康身份证"。如今,儿童接种疫苗已经成为人们的共识,免疫接种为无数孩子从出生就建立起牢固的健康屏障,也让众多曾经肆虐的传染病逐渐成为历史。

20世纪物美价廉的国货护肤品

20世纪五六十年代,我国物资相对匮乏,但爱美之心人皆有之,姑娘们追求美的小心思,像一束小火苗一样微弱而坚定。这一时期,诞生了我国第一代真正意义上的护肤品,蛤蜊油、雪花膏成为那个时代最流行的润肤"神器"。

蛤蜊油、雪花膏曾是最受欢迎的护肤品

20世纪五六十年代,为了防止小孩冬天脸皴手皴和大人皮肤开裂,很多家里都备上一些蛤蜊油,必要时涂在脸上和手上。

蛤蜊油价格便宜、实用耐用,深受广大群众的喜爱,是那个时代冬季护肤的首选商品。它以天然蛤蜊壳为盛器,主要原料有凡士林、矿物油及少量冰片,最著名的便是上海"手牌"蛤蜊油。按蛤蜊壳大小,蛤蜊油分为大、中、小号,小的1分钱一枚,中的2分钱,大的3分钱。

蛤蜊壳呈圆形略带钝三角,壳面光滑,有天然的褐色花纹,以同心环纹为主,但色泽、纹路会有不规则的变化。蛤蜊油上下盖子咬合处有一乳白色的细碎"牙齿",一旦合上,便严丝合缝。一般用

完蛤蜊油之后，大家都不会把它扔掉，而是将其外壳放在抽屉里收藏起来。一是蛤蜊壳图案漂亮，外壳光滑，摸在手上非常舒服；二是蛤蜊壳可以制成玩具。把空蛤蜊壳合起来，将顶部凸出处放在石头上反复摩擦，不一会儿就可磨出两个大小相同、位置对称的小窟窿，用力一吹，便能发出好听的声音。

另一款深受欢迎的护肤品就是雪花膏。雪花膏是一种以硬脂酸为主要成分的膏霜，由于涂在皮肤上似雪花融入皮肤渐渐消失，故被称为"雪花膏"。当时街头供销社门市部都会售卖雪花膏。

今年 68 岁的李莲花对雪花膏记忆尤深，她回忆道："当时我结婚，我父母给我陪嫁了暖水瓶、木盆、一台蝴蝶牌缝纫机，还有一瓶雪花膏。我们那时候都是打雪花膏。雪花膏是散装的，供销社里面通常用那种大瓶子装着，我们都带着瓶子去供销社，售货员用一个竹片挑到空瓶里，填满后用小竹片抹平，然后再称出重量，按分量出售。一般就 2 毛钱，也可以买 1 毛钱的，一瓶能用一个冬天。"

雪花膏不仅保水保湿效果好，而且售价还不高。安徽省档案馆馆藏的 1966 年《关于同意库存白雪雪花膏削价处理的批复》中就记载了当时雪花膏的价格："将大号白雪雪花膏，每瓶零售价由 0.72 元降为 0.57 元；二号白雪雪花膏，每瓶零售价由 0.47 元降为 0.37 元。"

物美价廉的蛤蜊油和雪花膏，已成为那个年代人们永远的记忆，也是人们追求美的见证。

化妆品质量监测评比

随着社会经济的发展，人们的物质和精神生活水平有了普遍提高，更多的化妆品进入市场，步入寻常百姓家。20世纪70年代，护肤品种类逐渐丰富起来，但"老三样"——雪花膏、花露水、爽身粉仍然占据着中国女性的梳妆台，雪花膏甚至是嫁妆之一。

化妆品的种类和品牌逐渐增多，其效果和质量又如何呢？安徽省档案馆馆藏的一则档案就记录了1985年部分化妆品、日用品评比的情况。据《关于"雪花膏"、"洗发膏"、"花露水"、"香粉"、"爽身粉"一九八五年质量评比情况的通报》中记载，在对雪花膏

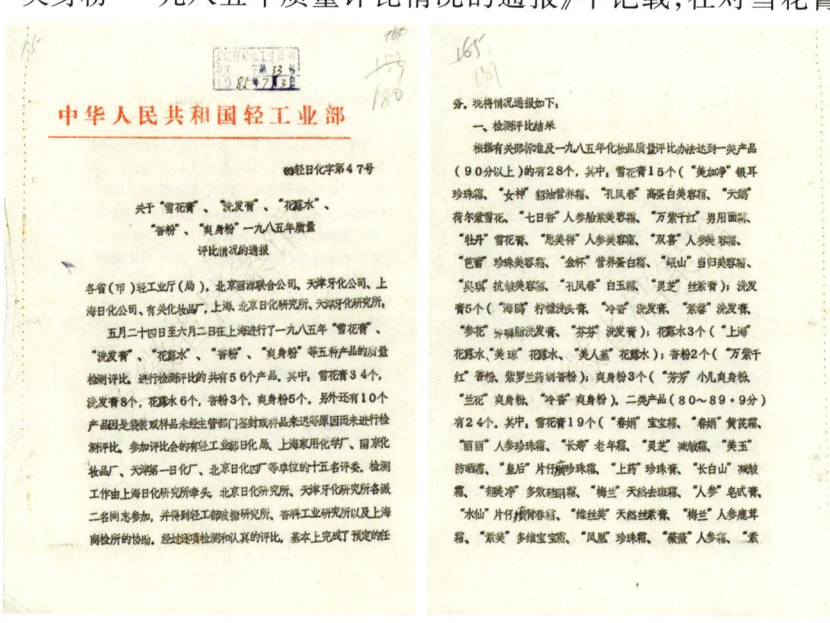

《关于"雪花膏"、"洗发膏"、"花露水"、"香粉"、"爽身粉"一九八五年质量评比情况的通报》

等56个产品的质量检测评比中,达到一类产品的有28个,其中雪花膏15个,如美加净银耳珍珠霜、女神貂油营养霜、孔凤春高蛋白美容霜、万紫千红男用面霜、金杯营养蛋白霜等。洗发膏中有5个品牌达到一类产品,包括海鸥柠檬洗头膏、冷香洗发膏等;花露水中有3个品牌达到一类产品,是大家比较熟悉的上海花露水、美琼花露水、美人蕉花露水;而爽身粉中也有3个品牌达到一类产品,是芳芳小儿爽身粉、兰花爽身粉、冷香爽身粉。档案中还特别提到:"这次参加评比的有全国各地主要化妆品生产厂,具有一定的代表性,在一定程度上反映了我国化妆品的质量情况,绝大多数产品达到一、二类的水平。产品内在质量、包装设计、花色品种都较过去有了很大提高。"

安徽生产的化妆品曾风靡一时

安徽生产化妆品还要从1938年说起,当时的芜湖私营华福工业社就开始生产雪花膏等化妆品。此后,安庆等地开办了若干家私人小化妆品生产作坊。1956年,芜湖市华福工业社实行公私合营,仍剩有20余人的小作坊。同年5月,上海永和实业公司的1个化妆品车间和2个纸盒厂迁入合肥,组成公私合营丽华日用化工厂。1958年,安庆市由原生产蛤蜊油、雪花膏的几家私人店坊合并,建成日用化工厂,仍以生产化妆品为主。1961年,宿县日用化工厂建成并开始生产润肤油等化妆品。至此,安徽省化妆品工业初具规模。

新中国成立前,安徽仅能生产少量的蛤蜊油、雪花膏等护肤品。新中国成立后,安徽生产的化妆品种类明显增多,已能生产香脂、护肤油、头油、花露水、洗发粉等20多种产品。至1985年,品种已增加到500余种,形成了各具特色的蛋白营养型金杯牌开宝系列、药物型舒曼牌系列、护发型海狮牌系列和多种护肤型儿童系列化妆品。其中金杯牌营养蛋白霜、美琼花露水、兰花爽身粉在轻工业部1985年组织的首次质量测评中均被评为一类产品,春泽儿童药物花露水和儿童去痱水同年也获"全国儿童生活用品新产品金鹿奖"。

这一时期,安徽生产的最具有代表性的化妆品是安庆市日用化工厂研制生产的金杯牌营养蛋白霜。这款产品在1984年6月通过省级鉴定,被一致认定为"目前最理想的护肤佳品",同年9月被评为省优质产品,1985年5月在全国同行业质量测评中被列为全国一类产品,不久获轻工业部"优秀新产品奖"并被评为轻工业部优质产品。该产品上市后很快销往省内各地和上海、江苏、湖北等10多个省、市。

一种香气,一段记忆。曾经风靡一时的蛤蜊油、雪花膏已从化妆品市场渐渐隐退,它们见证了时代的发展与变迁,折射出人民生活水平的提高。

追寻那段炊烟往事

做饭从最初的烧柴、烧煤,到如今家家户户离不开的液化气、天然气,几十年来,我们使用过的生活能源历经了怎样的变迁?当年烧柴、烧煤又是怎样的一种情景?液化气、天然气为何成为"新宠"?让我们从档案中找寻炊烟往事。

烧柴火的乡村记忆

人们常说:"开门七件事,柴米油盐酱醋茶。""柴"位于这七件事之首,足以说明它在日常生活中占据的重要地位。

提到"柴",自然得说说柴火。以前在农村,做饭烧水都得依赖柴火。家家户户都会在灶间和过道里堆满稻草、麦草、棉秆和木柴等。那时候的厨房必不可少的是大灶台和风箱,灶前还堆着玉米秸、干树枝和杨树叶等。点起一把柴火放进锅灶口里,一手拉风箱,一手添柴火,这是那个年代的农村百姓几乎都有的经历。柴火成堆,炊烟袅袅,记录着农家的喜乐哀愁,也见证着乡村生活的点滴变化。

蜂窝煤的流行

蜂窝煤是颇受当年城乡居民青睐的一种生活能源。它是一种圆柱体形状的人工制煤块，上面有竖直穿心的孔，一般有12个孔，形似蜂窝，被人称为"蜂窝煤"。因为具有上火快，持续时间长（一般三四个小时），效率高，燃烧后不散渣、不易破损等优势，一度受到人们的欢迎。

用蜂窝煤烧火做饭，需要将它放在专用的蜂窝煤炉里。几个小时后，待下面的煤燃尽，从上面放进一个新的煤块，使劲一压，下面的煤块垮塌成煤灰掉下来，即换煤成功，煤炉得以继续燃烧。那时家家户户都会配备一套烧煤必备的工具，如夹煤的火钳子、煤钩、通条、煤渣桶、扇火的扇子等。

20世纪七八十年代，城里人生火做饭、冬季取暖唯一的燃料就是蜂窝煤。不管家里有几口人，家家户户都需要一个燃煤做饭和烧水的炉子；到了冬季，则更离不开带来温暖的炉火，离不了蜂窝煤。"生炉子""封火"也成为当时小孩要学的一项必备生活技能。

在国家能源短缺的年代，蜂窝煤是定量计划供应的。当时城里每户人家都有一个"煤折子"，每供应一次就在上面做好登记。当时是按照家庭人口数确定供应数量，比如四人，可得"大煤"60个或"小煤"90个。

随着蜂窝煤的需求量越来越大，这就迫切需要增加蜂窝煤的生产能力。安徽省档案馆馆藏的1992年《关于颍上县燃料公司城北煤厂民用蜂窝煤项目可行性研究报告的批复》中记载："同意颍上县燃料公司城北煤厂恢复扩建工程,新增蜂窝煤能力1.5万吨,年节煤0.21万吨。"

蜂窝煤虽然使用起来方便快捷,但缺点也不少。每到做饭的时候,厨房总会弥漫一股浓浓的煤烟味道;用煤炉做饭时,要不断地扇风,让炉火烧得更旺才能炒菜;等到饭做好了,满屋的煤烟把人呛得喘不过气来;燃烧后的煤渣还要定时清理,费时还麻烦。随着社会的进步,更加便利的液化气和天然气逐步走进大众生活。

液化气、天然气成为新宠

20世纪80年代中后期,罐装液化气开始走进百姓生活,人们逐渐告别"一大早起来生炉子"的麻烦,也不必每隔一段时间就检查炉火有没有熄灭,还摆脱了使用煤球带来的"烟雾缭绕"。

安徽曾经在20世纪80年代初就针对本省煤炭资源丰富的实际提出了"煤气化"的构想。安徽省档案馆馆藏的1981年《对政协安徽省委员会四届三次会议提案第138号〈关于发展合肥市民用石油液化气的提案〉办理情况》中就提到:"鉴于我省两淮煤炭资源丰富,应逐步

《对政协安徽省委员会四届三次会议提案第138号〈关于发展合肥市民用石油液化气的提案〉办理情况》

向煤气化方向发展比较有利,也比较现实。"

"煤气化"为人们带来了更加便捷高效的燃料。合肥市从1986年开始将燃气作为生活能源,百姓逐渐告别烧煤球的日子,用上了罐装液化气。1995年,管道液化气进入合肥市民的生活,极大地方便了居民,提升了生活质量。2003年11月20日,天然气门站第一道阀门的开启以及15千米天然气管网的成功置换,标志着天然气正式进入合肥。

天然气一经使用,便成为新宠。它纯度高,杂质少,可以减少燃具的维修次数和维修费用,从而延长燃具的使用寿命,并且天然气在燃烧时产生的二氧化碳也少于其他化石燃料,能减少有害气体和粉尘的排放量,缓解温室效应,既清洁又环保。天然气不仅提高了人们的生活水平和生活质量,而且有助于改善环境,现在已经成为一种主要的生活能源。

回望我们生活能源变迁的历史,从短缺到充裕、从黑脏到清洁、从低效到高效,"柴"的变迁,折射出国家经济、百姓生活可喜的变革。曾经烧柴、烧煤的岁月成为温暖的记忆,而"柴"在变迁中也诉说了一段段难以忘记的"炊烟往事"。

温暖记忆

电波里的温情记忆

小说联播、音乐欣赏、每周一歌、广播剧……这些声音曾经陪伴了很多人从求学、到工作直至退休。电波背后传来的温情成为一代人共同的记忆,它让平淡的日子变得有滋有味,也让平常的生活变得多姿多彩。

曾经每两户就有一台收音机

中国人对收音机有着刻骨铭心的记忆。电影《我和我的祖国》里就有一段情节,描述的是上海弄堂老百姓用半导体收音机听女排夺冠的新闻。1953年,我国第一台国产收音机——红星牌电子管收音机诞生。随着技术的发展进步,1958年我国第一台半导体收音机诞生,不同于此前的电子管收音机,半导体收音机不仅体积小、省电,而且便于携带,像是一个多功能的"小盒子"。此后,收音机渐渐走进寻常百姓家,上海、北京、南京等地的一些无线电工厂生产的熊猫、春蕾、飞乐、牡丹、北京、红灯、咏梅等品牌的半导体收音机,深受广大消费者喜爱。那时半导体收音机还与缝纫机、自行车、手表一起被称为"四大件",是家家都希望拥有的四件家庭物品之一。

20世纪六七十年代,收音机的价格比较高,一台半导体收音机大约需要100多元,普通家庭需要花费一个人一两个月的工资才能买得起。随着人们生活水平的提高,收音机普及率不断上升。到20世纪80年代,收音机逐渐成为每个家庭的标配。据安徽省档案馆馆藏的《安徽商业(第18期):半导体收音机产销趋势》中记载:"1981年末全省社会拥有量初步推算约为520万台,按户计算,城乡平均普及率为49.7%,基本上达到二户一台。"

收音机承载着几代人的记忆。今年65岁的廖红英提到收音机就津津乐道:"我家有一台半导体收音机,1983年买的,30多年过去了,现在还一直珍藏着,这些年搬了好几次家,扔掉了很多东西,但这台收音机仍完好地保存在家中。我特别喜欢听评书,我记得1984年我的女儿出生,月子期间,我就开始听单田芳说的《三国演义》《隋唐演义》,那时候一天就播一节,一听到'且听下回分解'时就特别着急,期盼着后面故事情节的发展。我没读过什么书,但我从收音机上学到了很多知识,想想那时候,真让人怀念。"

收音机的需求更加个性化

改革开放后,随着人们生活水平的日益提高,安徽省城乡家庭的半导体收音机普及率稳步上升。前述档案中提到:"1981年末,城市(300户)平均普及率为61.3%,农村(510户)平均普及率为47.3%,按此推算,全省社会拥有量大体亦在520万台左右,其中农村拥有量大体为435万台,城镇拥有量大体是85万台左右。……目前城市半导体收音机普及率虽然只有61.3%，但连同电子管收音机和收录两用机基本上已达一户一台的水平。"

随着收音机的快速普及，人们对它的需求也日趋多样化。城市里，"今后趋向主要是更新补缺，向中高档升级，要求款式大方、音质优美，并能起到装饰作用的多功能半导体收音机"。普通收音机在农村地区虽然还有一定的容纳量，但要求也有了新的变化，"在经济比较富裕的地区，已经不满足于普及机，讲究摆设，逐步向大、中台式的方向发展；收入中等水平的地区要求款式新颖、美观大方、质量可靠，价格一般在40—50元，用大号电池、大扬声器的木壳台式和四级便携式机，山区则需要灵敏度高、选择性好的二波段收音机"。

三个收音机机型在质量评比中脱颖而出

安徽收音机的生产历史可追溯至20世纪50年代。1957年7月，安徽省综合艺术模型厂（后改为合肥无线电二厂）试制出安徽省第一批3台电子管收音机，被命名为"黄山牌"。20世纪60年代末，马鞍山市无线电厂、肥东无线电厂等十几个无线电厂，分别生产扩音机或收音机。到1970年，全省收音机生产已形成一定的规模，年产收音机超7万台，长缨、海鸥、双喜等各种品牌的收音机纷纷面世。

安徽生产的收音机不仅品牌多，而且质量好，深受消费者的欢迎。合肥无线电厂先后推出的黄山牌63-6型晶体管台式收音机和黄山牌65-5A型晶体管收音机，分别在1964年、1965年的全国同类产品质量评比中获得一等奖和二等奖。1974年,海鸥牌602型晶体管收音机、山花牌748型收音机分别获华东地区优秀新产品奖和全国同类产品质量评比三等奖,黄山牌403A型半导体收音机、山花牌877型收音机分别获全国同类产品质量评比二等奖和安徽省优秀新产品奖。

安徽省档案馆馆藏的1982年10月8日《第三届全省收音机质量评比总结会议纪要》中记载了这一年的收音机质量评比情况:"有三种产品荣获省电子局颁发的质量评比优胜奖(80分以上),它们是:山花877型四级晶体管收音机(马鞍山无线电厂)、黄山709型四级晶体管收音机(合肥无线电四厂)、珍珠710型四级晶体管收音机(蚌埠无线电一厂)",另外"有十八种收音机获得省标准局产品质量监督检验站发给的质量合格证(60—80分)"。可

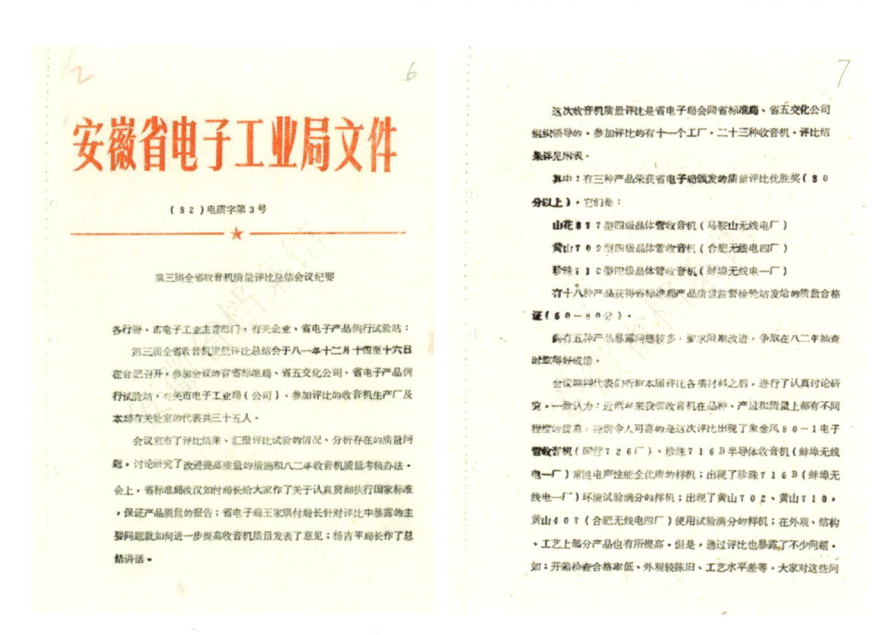

《第三届全省收音机质量评比总结会议纪要》

见,安徽的收音机质量是得到认可的,是在市场上受到消费者青睐的产品。

　　岁月荏苒,时代变迁,老式收音机经历了从奢侈品,到必需品,再到收藏品的转变,逐渐淡出了我们的视线。如今,网络电台非常活跃,移动互联网带来了丰富的音频内容,但收音机并未真正消亡,而是成为一道永不消逝的电波,存在人们的记忆里。

一两毛钱泡个舒服的热水澡

热气蒸腾的大水池子,粗糙的铸铁管道,老式的旋转水龙头……20世纪七八十年代,每到冬季,很多人都有结伴去浴池的经历。

工厂里的职工浴池

据《安徽省志·商业志》记载,新中国成立初期,芜湖市的浴池达38户;当时只有10万人口的蚌埠市,也有浴池13户,躺椅1800张;合肥市、安庆市分别设有浴池13户和11户。其中较有名气的,有蚌埠市的新浴池、天然浴池、玉清浴池、怡园浴池,芜湖市的大观园浴池等。不过,当时的浴池规模都较小,设备陈旧,无法满足群众的需求。

经过社会主义改造后,城市浴池网点调整合并。据统计,合肥、芜湖、蚌埠、安庆、淮南、铜官山、屯溪7地共有浴池52户,新兴工矿区数量更少,铜官山仅有1户浴池,只能同时供30人沐浴;马鞍山市没有女浴池,女职工洗澡要乘车去南京。20世纪60年代以后,城市人口大量增加,而浴池不仅数量少,位置布局也不合理。

一些偏远地区,由于没有浴池,人们洗一次澡,往往要跑十多里路到市中心。洗澡已成为老百姓生活中的一大难题。

在这一背景下,安徽各地市的很多厂矿企业都开始办浴室,方便职工洗澡。安徽省档案馆馆藏的1961年《印发"关于九龙岗煤矿依靠群众管好职工浴室的情况报告"的通报》中就记载了淮南市九龙岗煤矿职工浴室的情况。档案中提到:"其实洗澡,对于每个煤矿工人来说,是每天不可缺少的事情,是直接关系到职工身体健康和生产的大事。"

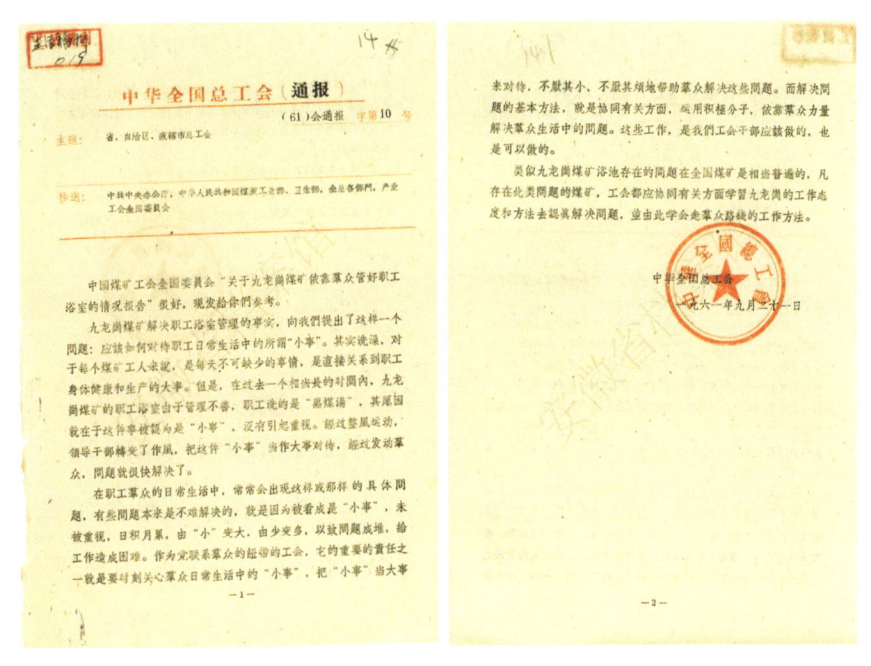

《印发"关于九龙岗煤矿依靠群众管好职工浴室的情况报告"的通报》

新中国成立前,九龙岗煤矿只有一个能容20多人洗浴的小浴室,绝大多数职工都洗不上澡。新中国成立以后,随着生产的发展,九龙岗煤矿才扩建和新建了浴室,"目前该矿共有三个职工浴室和一个家属浴室。三个职工浴室有大小浴池九个,总面积约一百四十平方米,同时可供三百多人入浴","在职工浴室中,有浴池、淋浴、便池、洗脸池等设备,还设有更衣室,这就为职工洗澡换衣创造了便利条件"。

此外,九龙岗煤矿还制定浴室卫生公约,举办看管浴室的工作人员劳动竞赛,以确保做到五勤(勤换水、勤打扫、勤消毒、勤宣传、勤检查),改善职工洗浴环境。"由于浴室的改善,对减少皮肤病也起到一定的作用。如采煤三区八队,共有八十多人,去年同期有一半人请病假,而这些病假中又有百分之八十是由于生疮引起的。今年由于浴室的卫生有了改进,以及加强了其他方面的工作,这个队生疮的工人大大地减少了,从而保证了出勤。"

一两毛钱能洗一次热水澡

20世纪六七十年代,绝大多数人家都不具备家中洗浴的条件,而城市里面的工厂、单位的浴室,也只提供给职工使用。因此,洗个澡,尤其是在冬季能泡个热水澡,公共浴池成了人们的首选。浴池分为男浴女浴,一般都有木制的单人床位可以躺卧,另外还有休息室。除洗浴之外,澡堂子均设有搓澡、修脚、理发等服务项目。每到腊月,就是澡堂子最忙碌的时节,无论哪个时段去,大池子里的人都如同下饺子,而想洗盆池则要排很长时间的队。为了解决这个问题,浴室行业也积极探索改变现有管理方式,更好地服务人民群众。这份1961年《关于将理发、浴室、熟水三个行业改变工资制度后的情况书面汇报的报告》的档案中就记载了调整工资制度和管理办法以后浴室行业发生的变化:"原来是上午十二点开门,晚上九点打烊,现在未到营业时间就开门,晚上增设木盆澡业务,供应到夜间十二点。"

在当时去公共浴池洗一次澡需要花费多少钱呢？1984年《合肥市人民政府关于调整理发、洗澡收费标准的报告》档案中记载了20世纪80年代洗澡的价格。由于燃料、物料价格提高等因素,造成企业成本上升,合肥市在这一年适当提高了洗澡的收费。男池普通座由原来的0.14元提高到0.18元,男池沙发座由原来的0.23元提高到0.28元,女盆池、淋浴由原来的0.25元提高到0.30元,价格最高的男盆池由原来的0.30元提高到0.40元。

修脚师傅为老人家治好了足病

虽然那时的浴池设备还相对简陋,但服务项目却一点也不少,比如理发、修脚、捏脚、刮脚、搓背、捶背、拿酸筋等。当时讲究的浴客请搓澡师傅搓背,有脚病的请修脚师傅修脚,要理发的可请理发师傅剃头刮脸再加头部按摩。这件1986年《人民的需要,就是舒国民的志向》的档案中记载了安庆市服务公司华清池浴室的修脚工人舒国民的先进事迹。1983年,舒国民代替退休的父亲从家乡江苏省仪征市来到安庆市参加工作。他冲破世俗偏见,当上了修脚工,刻苦学习技艺,热情为群众服务,为很多脚病患者解除了痛苦。

除了在浴池工作,他还利用业余时间,上门为老弱病残的顾客服务。"四年来,从市区到郊区,我走遍了东、南、西、北门,为无数脚病患者解除了痛苦。他们当中有东郊化肥厂一位83岁周其友老爹爹,龙狮桥住的患有青光眼、气喘病的黄老夫妇,小南门一位半身不遂、口不能语的老人……"舒国民的事迹受到了群众的一致赞扬。

  档案中就记载了一个小故事,高井头的一位老太太是"三寸金莲",脚指头全部畸形弯曲在脚底下,年近古稀,本来走路就有困难,加之脚底长鸡眼后,行走更是不便,老人感到非常痛苦。舒国民知道这一情况后,特地带上了磨得十分锋利的修脚刀,主动上门,细心为老太太修脚,直到老人家满意为止。不久,老太太可以下地走路了,全家人都非常感动。

  在那时,浴池还是人们交流信息的场所,家长里短、花边新闻、国际大事、社会逸闻你都能听得到。一边泡着澡,一边聊天,有的还沏上一壶茶,再要几片青萝卜,咬一口脆生生的萝卜抿一口茶,真是好不惬意。

温暖记忆

承载几代人记忆的搪瓷

搪瓷制品曾是 20 世纪中后期人们日常生活中不可或缺的物件,从洗菜烧饭用的锅碗瓢盆到喝茶的杯子、洗脸的脸盆,再到婚嫁的礼品,无处不见搪瓷的身影。

内迁合肥的上海搪瓷厂

安徽日用搪瓷工业发展要从 20 世纪 50 年代中期说起。新中国成立后,由于搪瓷制品轻便耐用,而且价格亲民,国家大力发展搪瓷日用品工业,上海的许多搪瓷工厂响应号召,纷纷内迁支援内地设厂。合肥搪瓷厂就是这时由上海立兴搪瓷厂整体搬迁来的。安徽省档案馆馆藏的 1996 年 8 月《名牌大会交流材料:强化管理 求质量　提高素质创名牌》中记载:"合肥搪瓷厂是轻工业部定点生产搪瓷制品的大中型重点骨干企业,1947 年始建于上海,1954 年内迁合肥。"

据史料记载,合肥搪瓷厂的前身上海立兴搪瓷厂,在抗美援朝期间还生产了一批搪瓷杯,赠送给赴朝作战的"最可爱的人",这印有"最可爱的人"的搪瓷杯成为影视作品里曝光率很高的搪瓷制品。上海立兴搪瓷厂产品的商标是三星牌,搬到合肥后,三星的商标沿用了下来。到20世纪90年代,厂里职工最多时有1500多人,跻身全国同行业前五强,与沈阳、郑州、西安、成都的搪瓷厂齐名。

搪瓷制品的图案丰富多彩

在很多人的记忆中,有一种搪瓷杯子、脸盆上会印有"奖"字图案,表明这是奖品,奖品主人是众人羡慕的对象。的确,在物质稀缺的年代,搪瓷用品常被当作"奖品"或"礼品"。比如,年轻工人进厂,获赠搪瓷杯;当选"先进生产者""劳动模范",捧回的也多是印着"奖"字和单位名称的搪瓷杯、搪瓷面盆;退休时,"老寿星面盆"则是发给退休员工的标配纪念品。

同时,在很长一段时间里,搪瓷制品还是年轻人结婚时必备的"硬件"。那些带有万紫千红、花好月圆等花样的脸盆、痰盂等红色套件最受年轻人喜爱。今年67岁的柳凤华老人回忆说:"我结婚的时候,我娘家的陪嫁就是搪瓷脸盆、搪瓷缸子,还有两个搪瓷水瓶。这个搪瓷脸盆用了很多年,现在我都把它收藏起来了。"

20世纪80年代,随着生活水平的提高,人们对搪瓷制品有了更高的要求。安徽省档案馆馆藏的1981年《坚持革新改造挖潜力 更新换代闯新路》中就提到:"搪瓷生产多年来生产一贯制,面盆、口杯、加菜碟;品种少、式样老,只生产,不管销;产品过剩,供大于求","求生存、求发展,必须扩大花色品种,不断更新换代"。为此,合肥搪瓷厂在坯型、配粉、花型、工艺、色彩调配和图案设计上求新求异求变,"拿出了迎客松精制面盆的样品,于1980年春节前投入市场,深受广大消费者的欢迎","设计喷制出'山水风景''牡丹''对虾''喜鹊''红梅'等具有中国民族风格和群众喜闻乐见的图案,成为市场上供不应求的畅销品"。

合肥搪瓷厂工人在喷花联动线旁喷花

此外,合肥搪瓷厂还设计出了搪瓷圆桌。"特别是花样选用上更是认真对待,既要色彩新颖,又要体现民族风格,受到群众的喜欢。如'龙凤戏珠''敦煌壁画''喜鹊登梅''孔雀牡丹''紫云仙雀''鸳鸯''玉兰''三朵月季'等饰花图案"。这些精美的产品投放市场后,深受好评,"现在每月生产100台,市场还供不应求,各地商业部门纷纷来信或派员来厂联系订货"。

三星牌搪瓷制品风靡海内外

市场上各种搪瓷制品琳琅满目、数不胜数。其中的佼佼者,要数合肥搪瓷厂生产的三星牌面盆、茶盘等产品。这些产品瓷面细腻,洁白光亮,图案清晰明快,花色鲜艳。像大红双喜面盆是合肥新人结婚必备的物品,一直供不应求。合肥市百货大楼自开业就设了一个大橱窗专门陈列展示合肥搪瓷厂各个系列的日用搪瓷制品。

随着冶金、化工、机械加工技术的进步,20世纪60年代以后,合肥搪瓷厂生产的品种多了起来,应用范围也在逐渐扩大,甚至还生产过搪瓷咖啡壶、搪瓷浴缸,产量还不算小。当时合肥搪瓷厂生产的日用搪瓷有面盆系列、口杯系列、深型碗系列等数百个品种,工业搪瓷有耐酸反应釜系列,卫生搪瓷有铸铁浴缸系列、啤酒罐系列等,而艺术搪瓷则有成套茶具挂盘、条屏、圆桌、描金高档纪念品、礼品、喜庆用品等。据《名牌大会交流材料:强化管理求质量提高素质创名牌》中记载,合肥搪瓷厂生产的主要产品,"有日用搪瓷、厨房设备、艺术搪瓷、卫生洁具、建筑搪瓷等五大类,54个品种,182个规格"。

合肥搪瓷厂三星品牌产品不仅在省内畅销,也蜚声海外。"自1947年成立工厂,就注册了代表'福、禄、寿'含义的三星商标,并沿用至今","在东南亚、非洲、南美洲的许多国家,我厂生产的搪瓷产品,是他们非常信赖的'进口货'","1994年,在安徽省首届商标文化展上,三星商标被评为安徽省'公认名牌',获得'驰名商标'

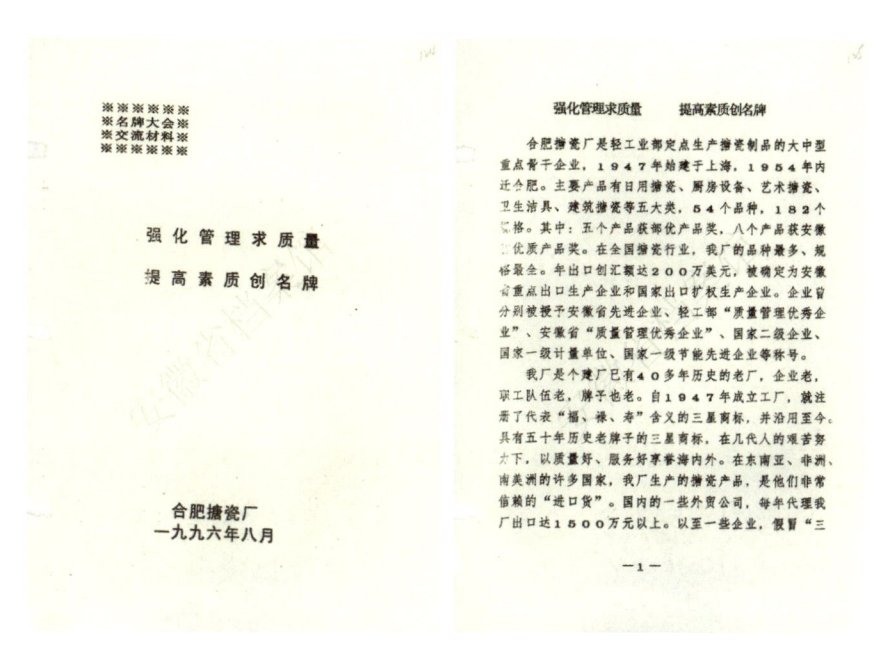

《名牌大会交流材料:强化管理求质量　提高素质创名牌》

称号"。

　　一个搪瓷制品,就是一段故事,更是一份美好的回忆。如今,搪瓷制品虽然不再是生活必备品,但工程师们更看中了其耐高温、抗腐蚀等特性,赋予了它更大的价值,搪瓷制品正以一种全新的面貌进入人们的生活。

让"米袋子"鼓起来

俗话说:"人是铁饭是钢,一顿不吃饿得慌。"粮食是"宝中之宝",中国自古以来就以农为本,爱惜粮食、节约粮食更是数千年来大力提倡的传统美德。

设立增产节约委员会

新中国成立前,安徽省农业生产水平较低,人均粮食产量只有400多斤。新中国成立后,安徽省各级党委和政府一手抓土地改革,恢复和发展农业生产;一手抓公粮征收和市场收购,并采取大买大卖,适时吞吐的方式,掌握粮源,打击不法粮商,平抑粮价,稳定市场。土地改革完成后,农民生产积极性高涨,粮食供应形势迅速好转。

据《安徽省志·粮食志》记载,1952年全省粮食产量达178.29亿斤,比1949年增产39.46%,人均达到600斤。1950年至1952年,全省共征收公粮52亿斤,占产量的10.63%,市场收购45.5亿斤,净外调24.4亿斤,省内军政和企事业人员供应28.61亿斤,市场销售23.7亿斤,基本上保证了各方面的需要。1952年末,全省粮食库存达到22亿斤。

增产不忘节约,消费不能浪费。安徽省档案馆馆藏的1952年《华东军政委员会粮食局关于成立增产节约委员会的通知》中就记载:"为了很好开展全区增产节约运动,有计划地介绍各地经验,本局于11月25日正式成立增产节约委员会。"该节约委员会由19人组成,并下设办公室。

为了增产节约,安徽省积极组织力量开垦荒地,扩大耕地面积,并着手进行国有农场的创建工作,主要有普济圩、正阳关、方邱湖等三处。1950年2月,普济圩农场成立;4月改为国营普济圩农场,归华东农林部和皖北行署双重领导,投资、贷款各20万元,拨给美式艾力斯拖拉机4台,后又购福特轮式拖拉机2台,添置耕牛,以无为县土桥镇为中心,开荒4300亩,种稻2100亩;9月,成立普济圩总场,下设三个分场。1950年2月,正阳关农场创建,在淮河中游正阳关集镇附近,北临淮河,总面积约13平方千米。1950年5月,方邱湖农场成立,位于淮河下游南岸凤阳县门台子,地处低洼湖区,场本区总面积7.5平方千米。

经过艰苦创业,到1952年底,正阳关(含寿西湖分场)、方邱湖两个农场耕地面积达到30326亩,为国家生产粮豆265.33万千克,单位面积产量比当地农村高出40%左右。粮食商品率上,正阳关农场为70%,方邱湖农场为83%。1951年,方邱湖全场人均生产粮食为4745千克,1952年为5655千克,提供小麦良种45万千克。每当夏秋季节,乡村干部、农民和学生到农场参观机械作业者络绎不绝,最多时一次就有数千人。

昔档今读（第二辑） XI DANG JIN DU

在酿酒中节约粮食

为了在全社会大力开展爱粮、惜粮、节粮教育，1953年11月，中共中央华东局向区域内通报了金华地区节约粮食的做法，号召各地学习。安徽省档案馆馆藏的《中共中央华东局关于浙江金华地委召开专业会议研究节约粮食问题的通报》中记载："金华地委最近组织有关部门召开了若干专业性的研究节约粮食的会议，在这些会上，检查了过去粮食浪费的情况，分析了造成浪费的原因，定出了今后节约的办法，并通报各地参酌执行，我们认为这种办法很好，对教育干部、群众，节约粮食，贯彻统购统销工作都会起好的作用。希望各地在贯彻粮食统购统销工作中，除在加工中提高纯度，降低精度以节约粮食外，还应教育发动群众从饲养、酿造等多方面去研究节约粮食的办法。但各地在采用代用品以节约粮食时，必须根据当地的实际情况来权衡得失。"

这份档案中还特别提到在酿酒中节约粮食的办法："发展代用品，减少主粮消耗。我区主要有地瓜干、糖沫两种代用品，可以制酒（地瓜干做烧酒，糖沫做黄酒），大量推广后，节约粮食一千一百余万斤。"同时，"加强农村家酿税的编查工作，教育农民减少家酿，节约粮食投入生产"。

金华地委在节约粮食上采取的措施，得到了各地一致的肯定，包括安徽省在内的华东各地区根据实际情况，因地制宜地开展了相关活动。安徽省更是在酿酒方面大力提高酿造技艺,节约粮食。据《安徽省志·商业志》中记载,20世纪50年代,全省各主要酒厂大搞代用品酿酒,主要利用稗子、地脚粮、金樱子、白蕨根、山芋干、粉渣以及猕猴桃酿酒。同时大力发展葡萄酒和配制酒。在白酒生产工艺上,采取小酒改大酒,原来用的小曲改块曲。糖化曲发酵,提高酒的质量,酒的产量也显著增加。与此同时,酒类的零售商凭"承销手册"向指定的专卖公司或负责转批的供销社进货,除此以外,任何单位和个人一律不得私自销售酒类商品。有些地方群众历史上有自酿和以粮换酒自饮习惯的,在完成国家粮食征购任务后,确有余粮的,可以准许。

机关单位带头厉行节约

"米袋子"事关百姓的日常生活。俗语说:"吃不穷,穿不穷,打算不到就会穷。"在《中共中央华东局关于浙江金华地委召开专业会议研究节约粮食问题的通报》中,特别提到注意节约粮食、勤俭过日子,做到细水长流。

该档案中记载了开展机关、公司、企业、学校、部队等事务员和炊事员代表的座谈会,研究如何节约粮食搞好机关伙食的问题,对浪费粮食的单位还进行了点名批评:"如人民银行金华中心支行每天不管客人多少或有无,照例做了十个人的预备饭,如无人来,就将预备饭喂猪或出卖,夏天时两口猪吃不了,现养了四口猪也够吃;又如花纱布公司金华批发商店,过去剩余的冷粥冷饭,最多一

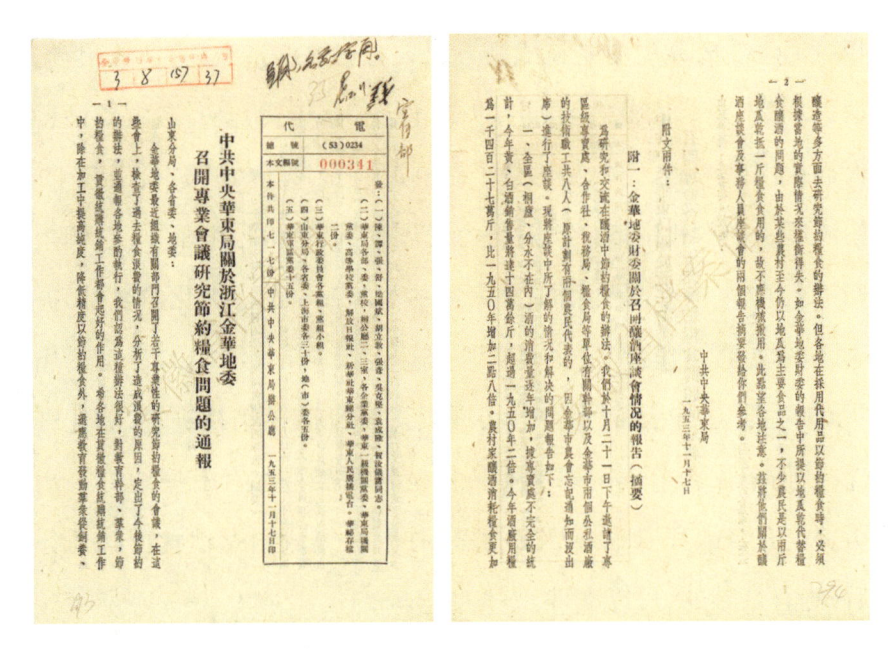

《中共中央华东局关于浙江金华地委召开专业会议研究节约粮食问题的通报》

天要浪费大米五六斤,至少也有二三斤。"

该地针对浪费粮食的现象,"教育全体干部人员爱护国家财产,珍惜一粥一饭,并经常开展批评表扬",制定了相关节约措施。比如,"严格伙食管理制度,准确掌握用膳人数。凡外来客人、家属等在机关用膳,必须饭前登记买票,凭票吃饭,不得任意不吃或临时再吃,机关人员外出也要向管理人员声明。同时炊事人员要做到四看(气候的变化、蔬菜的好坏、膳食人员的对象、膳食时间是否提早或推迟),并根据平时饮食规律计算下米量,以避免过多或不够吃的现象","降低大米精度,节约粮食,提高营养水平。根据专署机关计算,只此一项到年底即可节约大米五百六十斤。同时早餐稀饭也可根据大家意见和口味,充入适当比例的山芋、杂粮、蔬菜等副食品,既节省大米又可调剂口味"。

"一粥一饭,当思来之不易。"勤俭持家是中华民族的传统美德,厉行节约、反对浪费的风气永远不会过时。正如《关于向全省人民进行一次节约粮食、勤俭过日子的教育的通知》中提到的:"节约粮食,勤俭过日子,是关系每个人的生活大事,也是关系搞好生产的大事,我们一定要把这件大事做好。"

植树节的前世今生

阳春三月,草长莺飞,每年的 3 月 12 日是我国法定的植树节。植树造林是我们和春天不变的约定。但植树节在我国有着怎样的发展历程呢?

植树节的由来

"前人栽树,后人乘凉。"植树造林在中国可谓历史悠久,据《礼记》记载,孔子就曾在云游前,为了将来能辨识祖坟,在其父母坟头种植了松柏。此后,民间就有清明植树插柳的习俗。其实,古人在此时植树,不仅出于清明时节阳光明媚、春雨飞洒使得树种的存活率更高,也寄托着人们对逝去亲人的哀思和对美好生活的憧憬。

设立植树节跟孙中山先生有着密切的关系。早在 1893 年他就提出:中国欲强必须"急兴农学,讲求树艺",以此强调植树造林的重要性。孙中山任临时大总统的中华民国南京政府成立不久,就在 1912 年 5 月设立了农林部,下设山林司,主管全国林业行政事务;1914 年 11 月又颁布了我国近代史上第一部《森林法》。

1915年7月,在孙中山的倡议下,当时的北洋政府正式下令,规定了以每年清明节为植树节,并指定地点,选择树种,全国各级政府、机关、学校如期参加,举行植树节典礼并从事植树活动,自此我国就有了植树节。不仅如此,孙中山还在南京、广州等地设立农林学校,培养与造就了一批林业管理人才。为了防止华北、华中水土流失,保持生态平衡,孙中山在1919年6月号召"于中国北部及中部建造森林"。1924年,孙中山在一次演讲中提到"防止水灾与旱灾的根本方法,都是要造森林,要造全国大规模的森林"。

植树节能够设立,我们安徽巢县(今巢湖市)人韩安是"功臣"之一。1915年,时任北洋政府农商部总长的周自齐,采纳韩安、凌道扬等人的倡议,报请大总统批准,于7月发布命令,设立植树节,以倡导植树造林。

1925年3月12日,孙中山在北京病逝。为继承他的遗志,1928年,国民政府将每年3月12日定为"总理纪念日",并首次把植树列为重要纪念活动,倡导各地造"中山林"。据史料记载,1929年3月12日,为纪念孙中山先生,安徽省在安庆西门外怀宁林区营盘山举行植树活动,栽植侧柏树一万余株。

发行植树造林主题邮票

新中国成立以后,在"绿化祖国"的号召下,全国开展了广泛的绿化运动。1979年2月23日,全国人大常委会通过决议,以法律的形式确定我国以3月12日为植树节。

安徽省档案馆馆藏的1979年《关于在植树节前后开展植树造

林活动的通知》记载:"为了动员全国人民积极植树造林,加速绿化祖国,人大常委会决定三月十二日为我国植树节。"该档案还提到了植树造林的意义,"希望从今年起,在每年的植树节前后,广泛发动群众,开展植树造林,逐步形成造林、育林、爱林、护林的良好社会风尚"。在政府的广泛动员下,广大群众踊跃参加植树造林活动。当年,安徽省就组织驻肥各机关干部总共300多人赴合肥西郊大蜀山开展植树造林活动。

为激发广大群众植树造林的热情,我国邮政部门多次发行与植树造林有关的邮票。如1979年8月10日发行的志号为T.39的一套《人民公社五业兴旺》特种邮票,其中第二枚邮票图案以辽阔的山川为背景,描绘了农民挥汗栽培果树的情景,象征着中国农村林业发展的水平。1980年3月12日植树节,发行了志号为T.48《植树造林,绿化祖国》邮票一套四枚。第一枚为"经济林",票面图案是生长有序的梯田式的经济林;第二枚为"四旁绿化"(指村旁、路旁、水旁、宅旁),宽阔的道路两旁栽植的树木长势喜人;第三枚为"飞播造林",一架飞机正向山岭撒播树种;第四枚是"厂矿绿化",展现了在一片绿色海洋中的园林化厂区。

义务植树深入人心

从20世纪70年代开始,安徽省就非常重视种植防护林、经济林和"四旁"植树,人们纷纷参与到植树造林的活动中来。安徽省档案馆馆藏的1981年《安徽农委简报(增刊之一)》中就记载了时任省委书记张劲夫《全省人民进一步动员起来大力植树造林

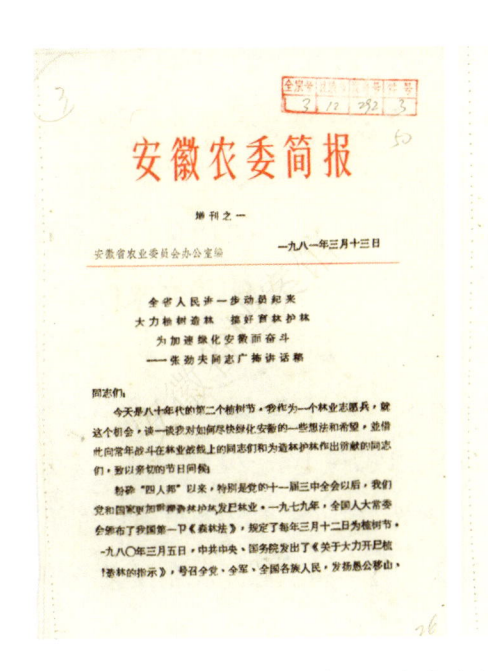

温暖记忆

《全省人民进一步动员起来大力植树造林　搞好育林护林　为加速绿化安徽而奋斗——张劲夫同志广播讲话稿》

搞好育林护林　为加速绿化安徽而奋斗》的广播讲话稿,文中对如何尽快绿化安徽提出了具体的想法和希望:"……一九八〇年三月五日,中共中央、国务院发布了《关于大力开展植树造林的指示》,号召全党、全军、全国各族人民,发扬愚公移山、艰苦创业的精神,扎扎实实地奋斗几十年,从根本上改变我国的自然面貌和经济面貌。同年十二月五日,国务院又发出了《关于坚决制止乱砍滥伐森林的紧急通知》,采取了一系列保护森林的措施……我省自一九七九年以来,省委、省人大常委会、省政府和各级党政领导对植树造林工作,也是非常重视的……森林能够涵养水源,保护水土,防风固沙,调节气候,是促进农牧业稳产高产的生物性基本建设,是净化空气,保护和美化环境,有益于人类身心健康的重大措施,是有益当代、造福后代的伟大事业。广大群众对此有切身体会,'要富足,多栽树''多种桐,不受穷''山上多栽树,等于修水库''城镇变绿海,除尘少公害'等林业谚语,都是从实践中得出的经验之谈。"要求把林业调整到与农牧业同等重要的位置,并希望全省人民紧急行动起来,立即掀起一个群众性的植树造林热潮,为完成和超额完成林业生产任务,尽快绿化安徽做出新的贡献。

1982年《国务院关于开展全民义务植树运动的实施办法》中则明确规定:"凡是中华人民共和国公民,男十一岁至六十岁,女十一岁至五十五岁,除丧失劳动能力者外,均应承担义务植树任务。""因地制宜,每人每年植树三至五棵。"当年是全国开展全民义务植树的第一年,安徽各级人民政府都召开了义务植树动员大会。据史料统计,合肥、芜湖、马鞍山等12个城市参加义务植树运动总人数达200万人次,植树740万株,平均每人植树3.7株。辟建公共绿地34万平方米。各单位新建庭院花坛247万平方米,栽花126万株,铺草坪10多万平方米,育苗1300亩,郊区荒隙地成片造林10289亩,种植树木种类丰富。

为了激发人们植树造林的热情,自2009年起,全国绿化委员会均为当年的中国植树节制定一个节日主题。正如2022年的主题"履行植树义务,共建美丽中国"所述,义务植树造林是贯彻实施习近平生态文明思想的一项重要活动,是推进落实"绿水青山就是金山银山"理念的最好实践。

这棵"树",和你我的生活密切相关

街头路边郁郁葱葱的大树,不仅能净化空气、减少噪音,而且能绿化环境,为都市增添美丽的景色。这些种植在道路两旁,为行人、车辆遮阳并美化街景的树,被称为"行道树"。

种植行道树历史悠久

行道树有很多作用,它们不仅为钢筋水泥组成的城市引入自然的氛围,还有着遮阳、降噪、净化空气、调节局部气候等重要的作用。此外,一个城市的精神风貌也常常会和城市中常见的行道树紧密相连,比如合肥市芜湖路上的法国梧桐,已成为当地一张重要的"文化名片"。

我国有着极为悠久的栽植行道树的历史。早在周朝就开始在道路两旁植树,并设官职"野庐氏"掌管此事。秦朝更是大修驰道,广为种树。据《汉书》记载:"秦为驰道于天下……道广五十步,三丈而树,厚筑其外,隐以金椎,树以青松。"

据《安徽省志·公路志》记载,民国时期在修路的同时,便强调栽植行道树。1934 年 8 月底,民国安徽省政府第 404 次委员会决议公布《安徽省公路行道树栽植办法》,对行道树的树种选择、株距与排列、栽植方法及初期管护等方面都做出明确规定。但因栽植后缺乏管护,加上战争的破坏,行道树的成活率、保存率都很低。

新中国成立后,交通部把公路绿化列为公路养护部门的重要职责。1950年颁布的《养护公路暂行办法》,要求各级公路部门与当地农林部门配合,发动群众,栽植或补植公路行道树。1952年政务院又专门颁布《公路行道树栽植办法》,行道树栽植逐步受到重视。安徽省档案馆馆藏的1951年《关于种植公路行道树的几点指示》中就提到:"为了保护路堤、调节雨量、改观公路风景起见,经二月十日工程会议决定于今春展开全面植树运动,并力求按照计划完成任务。"1954年《关于印发保护公路行道树布告的通知》中则记载了栽植行道树的作用:"公路两旁的树木,既可以保护公路路

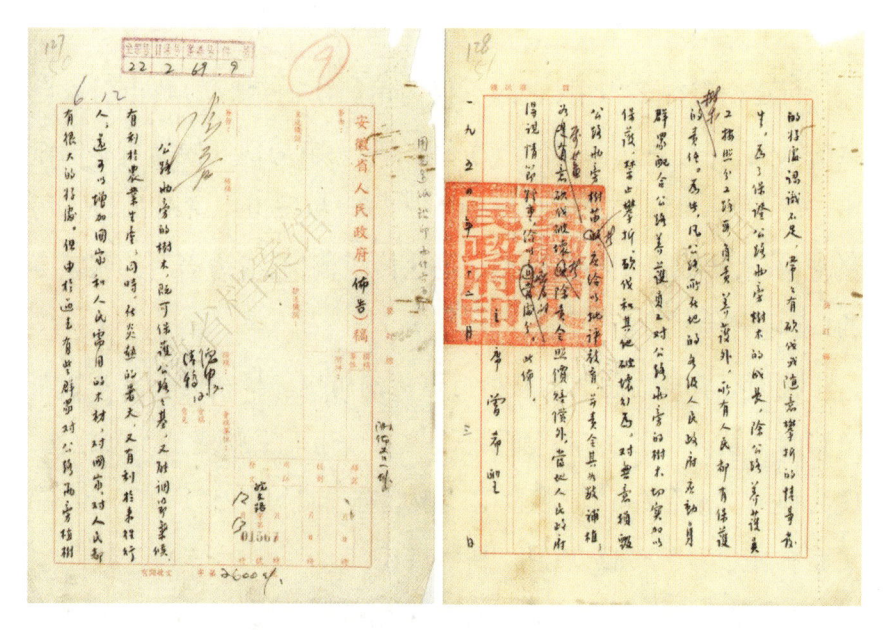

《关于印发保护公路行道树布告的通知》

基,又能调节气候,有利于农业生产;同时,在炎热的暑天,又有利于来往行人,还可以增加国家和人民需用的木材,对国家、对人民都有很大的好处。"

号召群众爱护行道树

20世纪50年代初,安徽省公路部门在主要通车公路两边栽植行道树。安徽省交通厅公路局成立后,先后采取由公路部门自行育苗栽植,公路部门出苗、沿线人民政府组织民工栽植和群众义务采苗栽植等形式,进行公路绿化。

首批绿化的路线有合(肥)安(庆)路、合(肥)六(安)路、芜(湖)屯(溪)路、大(渡口)岩(寺)路等。树苗由林业部门供给,也有群众采集的野生树苗。由于树苗幼小以及栽植方法不当,树苗的平均成活率仅有57%。1954年,安徽开始有计划地绿化公路,由省下达任务,各养路段和道班负责组织栽植,绿化成果作为年度公路检查内容,同时安排绿化经费,配备专职林业技术人员,自建苗圃。

由于规定了树种、规格、栽植方法和管护措施,严格选苗,注重栽植质量,采取"快起苗、快装运、快栽植"的方法,公路部门栽植的行道树成活率大大提高。到了1957年,全省种植的行道树达到了1072534株,其中新栽676129株,补栽396405株,平均成活率达80%,保存率70%。当年年底,全省绿化公路达6147千米。

行道树栽植后,部分群众对行道树的重要性认识不够,破坏树木的现象时有发生。安徽省档案馆馆藏的1957年《安徽省人民委员会关于教育公路两侧群众保护行道树的通知》中就有记载:"据交通厅报告,阜阳专区有些地区,发现有沿公路线群众随意砍伐公路行道树的情况。如蚌阜路插花区砍伐百余株,蒙涡路蒙城县境白姜饭棚至月房寺,驼店至十里铺两段,砍伐50余株。"

为了保护好行道树,各级政府一方面对群众加强宣传教育,号召他们保护好、爱护好行道树。"公路两旁行道树,对于预防水毁路基,节制桥涵流量和调节气候雨量,增进农业生产,均起着一定的作用","各级人民委员会应立即动员和教育公路两侧群众加以保护行道树木,嗣后严禁砍伐","凡公路所在地的各级人民政府应动员群众配合公路养护员工,对公路两旁的树木切实加以保护,禁止攀折、砍伐和其他破坏行为"。

另一方面对损毁行道树行为提出处罚要求:"对无意损毁公路两旁树苗者,应给以批评教育,并责令其如数补植;如属蓄意砍伐破坏者,除责令照价赔偿外,当地人民政府得视情节轻重,给以应有的处分。"

行道树树种选用有讲究

行道树肩负着艰巨的"任务",并不是每一种树都能胜任。行道树要求树的形态优美、树冠宽大,且必须适应性强、抗污染、耐瘠薄、抗病虫害。因此,能成为行道树的都是"颜值"和"实力"兼备的优秀树种。在《关于种植公路行道树的几点指示》中记载,"树苗种类:以干高荫浓,容易成长的树苗,如杨柳、榆槐、梧桐、洋槐、白杨等均可","栽植时间:一般以三月下旬(春分)至四月上旬(清明）为适宜"。

此外，树种选择还需因地制宜，根据当地自然地理环境条件和植物区系特点进行选择。在安徽，按照淮北平原地区、江淮丘陵地区、大别山丘陵山地和皖南丘陵山地等分区合理选择行道树种。其中，淮北平原地区（指淮河以北城镇）常绿行道树选用女贞、枇杷等；落叶行道树选用悬铃木、重阳木、银杏等。江淮丘陵地区（指长江与淮河之间城镇）常绿行道树一般选用香樟、女贞、冬青等；落叶行道树通常选用悬铃木、栾树、榉树等。大别山丘陵山地（指大别山脉周边城镇）常绿行道树通常选用香樟、女贞、冬青等；落叶行道树则可以选用悬铃木、枫香、栾树等。皖南丘陵山地（指长江以南城镇）常绿行道树通常选用香樟、女贞、冬青、紫楠等；落叶行道树选用悬铃木、枫香、栾树、杂交鹅掌楸等。

1950年春，合肥开始大规模的城市绿化，种植了公认的行道树之王——法国梧桐。首批1071株法梧树苗被栽种在今天的淮河路、安庆路和宿州路上，当时这三条路都很短，也不叫今天这个名字，而是分别叫东大街和文昌宫街（今淮河路老市政府以西）、后大街（今安庆路中段到鼓楼商厦）、鼓楼大街和北大街（今宿州路中段和北段）。据史料记载，从20世纪50年代初开始，合肥市每年动员市民植树、种花、铺草。到1976年，市区主要街道和环城马路两旁均栽上树木，形成绿色长廊；逍遥津公园和包河公园更是树木葱茏，绿草如茵，繁花似锦。

一棵棵树与城市经年累月地厮守，已是密不可分，春赏景，夏遮阳，秋观色，冬看姿。一棵树，一条路，一座城，行道树早已成为城市文化不可或缺的一部分。

仪式感满满，年味儿浓浓

过春节最讲究一个年味儿。在我们的记忆中，年味儿总是那么美好，而档案中的记载也一样。

年味儿从一副春联开始

据《安徽省志·民俗志》记载，新中国成立后，人民政府规定仍以农历正月初一为春节，春节前后吃腊八粥、扫尘、过小年、贴春联、贴年画、吃年夜饭、给孩子压岁钱、拜年等传统习俗被保留并传承下来。

民谚中有"二十四，写大字""二十九，贴倒酉（贴春联及福字）"之说。新春佳节，无论城市乡村，家家户户都要贴上新的春联，以示辞旧迎新，表达对美好生活的期盼和向往。

春联的雏形是桃符。桃符是古代悬挂在大门两旁的长方形桃木板，上面画着二位门神，以表驱邪的寓意。春联的另一来源是春贴，古人多在立春之日贴"宜春"二字，后渐渐发展为春联，表达古代劳动人民辟邪除灾、迎祥纳福的美好愿望。

春联有四言、五言、七言等多种形式，讲究对仗用韵，内容多为贺节祝福之辞。如"一元复始,万象更新""旭日临门早,春风及第先""爆竹一声除旧岁,桃符万户乐新春"等。

"我的故乡在芜湖,小的时候一般不称写春联,习惯称'写门对子'。写春联是村子里面的大事,家家户户备好裁好的红纸,请村里有文化的人写春联。"合肥市民罗忠宝津津有味地回忆着小时候过年贴春联的往事,"那时候,我在读小学,家里人就希望我读书好,请人写了'书山有路勤为径,学海无涯苦作舟'贴在我房门上。后来,我长大了一些,我就给自家写春联,亲朋好友来拜年,大家都说我对联写得好。至今想起,我都觉得非常骄傲。"

那时,为保障春节期间民俗文化的开展,年画、红纸等被列为春节供应物资摆在重要位置。安徽省档案馆馆藏的1954年《做好农村春节物资供应工作的联合指示》中就提到:"对年画、爆竹、红纸等类商品,应鼓励私商贩运,不应加以限制。"

年夜饭中的鱼,承载着美好寓意

"新年到,真热闹,买鱼买肉做团子;写春联,挂年画,噼噼啪啪放鞭炮。恭喜大家新年好,贺喜大家节节高!"准备一桌丰盛的年夜饭,成为每家每户欢度春节的重头戏。

年夜饭讲究的是团圆。张罗一桌好菜,为的是一家人齐齐整整围桌落座。中国人的年夜饭,鸡鸭鱼肉必不可少。"无鱼不成年",鱼以其"年年有余"的美好寓意、鲜嫩的口感、丰富的营养,当仁不让成为过年的一道大菜。

春节前的水产市场也是热闹非凡,供应充足。据安徽省档案

昔档今读（第二辑） XI DANG JIN DU

《竞赛简报（第 48 期）：合肥市积极调运鱼货供应"元旦""春节"市场》

馆馆藏的 1987 年《竞赛简报（第 48 期）：合肥市积极调运鱼货供应"元旦""春节"市场》的档案中记载，合肥市水产供销公司从当年 11 月中旬就着手鱼货调运，准备做好元旦、春节的两节市场供应。该公司相继从金寨县梅山水库渔场，东至县花凉亭渔场，枞阳县破罡湖渔场、莲花湖渔场，东至县黄泥湖渔场等淡水鱼产区调进鲜鲢鱼、草鱼、鲤鱼、白鱼等共 51.2 万斤。不仅如此，还从上海第二水产批发部调进带鱼 14.52 万斤，鲳鱼 4 万斤。截至 12 月 10 日，库存鲢鱼约 26.22 万斤，草鱼 4 万斤左右，海水鱼 21 万斤。该公司还打算从其他产区购进淡水鱼 50 万斤，海鱼 10 万斤，确保两个节日的市场供应。

在农村，每到腊月，很多村民都会抽干池塘里的水，清塘抓鱼，这也是迎接春节的一种传统。合肥居民朱峰山回忆说："那时候，

温暖记忆

农村过年不像现在买东西方便,生产队里鱼塘的鱼,都要给每家分上几条。"在农村,起鱼塘就预示着开始忙年了。每到年边,生产队把鱼塘的水抽干了,拣大点鱼抓上来,分给每家过年,顺便清理塘底的淤泥,保持池塘的水清澈,清理出来的淤泥还能肥沃田地。最高兴的就是孩子们,他们就在鱼塘边转悠,随着满塘的水一寸一寸下降,鱼塘四周的人也越聚越多。大家看着鱼塘里欢腾跳跃的鱼儿,开心地拉着家常。等鱼塘水抽干了,年轻力壮的人下到塘底把鱼捉上来,分到每家每户,大家拿着分到的鱼,心里都喜滋滋的。

零食勾起心中的年味儿

"小时候,过年最开心的事,除了能拿压岁钱,就是可以吃到许多平时吃不到的零食。我记忆最深的就是炒米糖了。"合肥市民朱小静笑着说,"每到腊月,一家人就忙着做吃的,家里的大人开始忙着炸圆子、打年糕、做炒米糖。"

朱小静说,在她家,做炒米糖手艺最好的是小姑父,他每年炒熟一大包糯米,再熬一大锅糖稀,等到浆水渐渐变黏,把炒米、花生、芝麻放入糖稀中搅拌至均匀。就在其微软将硬之际,迅速盛出锅,摊到木框里压平,用菜刀把炒米糖一块块均匀切开。"我们小时候嘴馋,看到熬好的糖稀,都要上去舔一口。那些切剩下的碎米糖,就是我们兄弟姐妹的最爱。"

除了炒米糖外,人们招待客人的糖果盒里少不了瓜子、花生之类。春节期间,亲朋好友团聚一堂,嗑瓜子、吃花生、看电视、拉家常,满屋子都洋溢着喜庆祥和的气氛。提起瓜子就不得不提安徽特色产品——芜湖的"傻子瓜子"。20世纪八九十年代,"傻子瓜子"因其独特的口味,受到男女老少一致喜爱,曾一时风靡全国,供不应求。为此,出售"傻子瓜子"的商店不得不挂出"限量购买"的告示。据统计,仅1980年春节,全上海就吃掉10万多千克的"傻子瓜子"。

过年期间,人们走亲访友所携的礼品中,还有一些特色糕点,比如"方片糕"。它是一种传统的糕点,由于"糕"与"高"谐音,被赋予了"步步高升,越来越好"的含义。送糕,意味着送去"高升、高就、福星高照"的祝福,透着吉利、祥和、幸福之意。

如今,随着经济社会的发展和物质生活水平的不断提高,人们在物质上什么都不缺,但在万家团圆的春节里,在欢声笑语的祝福声中,大家又总觉得缺点儿什么,也许那就是定格在人们记忆深处、依然散发着浓烈余香的年味儿吧。

温暖记忆

承载记忆与情感的月饼

月饼是中秋佳节必不可少的节日食品。随着时代的发展,月饼的种类和口味越来越多,令人眼花缭乱。但在人们的记忆里,重油月饼里的猪油和冰糖以及五仁月饼里的青红丝,依然占据一席之地。

过中秋月饼必不可少

"小饼如嚼月,中有酥和饴。"月饼的起源可追溯至唐朝,北宋时在宫廷内流行,以后又流传至民间,不过当时被称为"小饼"和"月团"。清代,中秋吃月饼已成为一种普遍的风俗,且月饼的制作技艺越来越成熟。时至今日,月饼品种更加繁多,风味因地各异。据《安徽省志·民俗志》记载,中秋节安徽主要的节令食品有月饼、炒板栗、板栗烧仔鸡、藕、梨、菱角、嫩姜、新米粑粑、桂花香糖等。

每逢中秋节,人们总会买来几块月饼尝尝鲜,尤其是中秋与十一国庆节经常挨得近,月饼产销事关节日供应,也是百姓生活中的一件大事。

安徽省档案馆馆藏的 1963 年《关于做好国庆、中秋两个节日供应工作的通知》中记载："为满足广大丰收地区群众的需要,在有条件的情况下,应积极组织应节物资,特别是副食品大量开展供应。同时,可以在议价粮和议价糖中,拿出一些原料,根据当地传统习惯,加工一些中秋月饼和糕点在节日敞开供应。"文中还特别提到："供应价格,应以成本核算,尽量做到物美价廉。"

由于月饼供应紧俏,自家制作月饼也成了很多人的选择。每到中秋节,很多人家就用自制的糖饼代替月饼,白糖、红糖、芝麻、面粉、素油,心灵手巧的主妇用这些食材就能制作出可口美味的月饼。制作月饼自然少不了白糖。安徽省档案馆馆藏的1963年《安徽省供销合作社关于同意经营计划外食糖加工中秋月饼糕点的通知》中就提到："绩溪县社通过省社驻沪小组,在上海交流会上向福建购进食糖三万斤;休宁县社向江西当地供销社议价购进食糖一万斤。这两批糖的购进是为了加工中秋月饼之用。"

口味变多,包装也越来越精美

随着人们生活条件的改善,月饼供需也发生了变化。改革开放后,月饼的产量较以往有了大幅度提升。伴随着食品工艺的创新,月饼出现各种新鲜奇特的口味,不断刺激着人们的味蕾。"合肥市今年计划生产月饼1350吨,产量与去年持平,分布在40家厂生产,有40多个花色品种。今年新增的品种有乳香、叉烧、大龙凤、虾仁、嫦娥奔月等。"安徽省档案馆馆藏的1989年《安徽食品工业简报(17):合肥、淮南市食协及时安排今年中秋月饼生产工作》中如是记载。

温暖记忆

《安徽食品工业简报(17):合肥、淮南市食协及时安排今年中秋月饼生产工作》

该档案中还记载了这一年月饼的生产情况:"月饼的品种有一些变化,对低糖低油的广式月饼增大了比例,并对老年、儿童、礼品、少数民族所需的月饼生产也作了安排。"此外,对月饼质量的要求也越来越严格:"月饼生产中要严格把好质量关,坚决执行《食品卫生法》,在加工、储运、销售等环节中都要防止污染、霉变,严禁食物中毒事故的发生。"

20世纪80年代,市场上的月饼通常只是采用简易的纸包装,四五个油纸一叠,再盖上一张方形红色光纸,用纸绳一捆,节日气氛浓厚。包装纸渗透了月饼的油脂,隔着包装就可以闻到浓浓的月饼香味。后来,月饼包装流行起纸质的月饼盒,上面有玉兔、嫦娥奔月、花卉等彩绘图案,显得更有档次,以至于许多人吃完了月饼,精美的包装盒不舍得扔掉,用来储藏心爱的东西。

昔档今读（第二辑） XI DANG JIN DU

月饼图案花样寄托着人们对美好生活的期许

在徽州地区，制作各种食用糕饼点心的习俗由来已久。徽州糕饼文化底蕴深厚，自成一派，是徽文化体系中独具魅力的一支。明清时期，徽州地区就出现了压制月饼用的模具，模具上的图案内容非常广泛，既有来源于现实生活的人物、动物、花卉，也有嫦娥、玉兔等神话人物和动物，还有寓意吉祥的松鹤延年、五谷丰登等图案，表达了徽州人对于丰收、长寿的期望。

时至今日，市场上流行的月饼形状精美，图案别致。这些图案不仅仅是为了达到美观的效果，更是人们对于团圆、平安、美好愿景的一种表达。

一块月饼要得到人们的青睐，依靠的不仅仅是高颜值，质量更为重要。色泽、形态、口味、卫生、水分、脂肪等，都是决定一块月饼质量的因素。安徽省档案馆馆藏的1986年《关于奶粉、月饼产品质量评比情况的通报》中记载了当年月饼评比情况。这次参加月饼评比的有40家生产厂的66个产品。其中，合肥永康食品厂生产的松子月饼，合肥好华食品厂生产的味美思月饼、椒盐月饼，怀宁县食品厂生产的果仁多味月饼，六安市健康食品厂生产的苏式夹沙月饼等均获得了80分以上的好成绩。可见，安徽的月饼不仅颜值高，而且质量也值得信赖。

如今，曾经让人难忘的美味月饼对人们的吸引力已不及往昔。但亲情与团圆一直是中秋节不变的主题。花好月圆人团聚，始终是人们心中最美好的中秋记忆。

温暖记忆

定格岁月记忆，照出时代变迁

"咔嚓"一声响，白色灯光一闪，镜头前的那一瞬间就此凝固。翻开泛黄的老相册，从参加工作的第一张一寸照，到结婚时的老式婚纱照，再到每年喜气洋洋的全家福……一张张老照片定格了人们太多珍贵的记忆。

照相曾是一件奢侈的事

据相关档案记载，1879年芜湖市第一家照相馆见我楼开业。1912年，芜湖人程海鹏从日本学得照相技术，回到家乡开办了麒麟阁照相馆。至抗日战争前，芜湖市已有华光、太平洋、汇芳等照相馆18户，安庆市已有照相馆7户……这些是安徽较早的一批照相馆。新中国成立前，芜湖市照相馆发展到56户，蚌埠市12户，合肥市23户，但规模都较小。新中国成立后，照相行业被列为特种行业。1956年，合肥、蚌埠、芜湖、安庆、淮南、铜官山、屯溪等7地共有照相馆56户。

但随着城市人口的不断增加，照相网点总量偏少，不能满足社会需求，特别是在一些新兴城市和工矿区就显得更紧张。如此一来,增加照相网点和器材供应量势在必行。正如安徽省档案馆馆藏的1961年合肥市《关于设立钟表照相器材供应门市部》中所记载:"拟在本市设立一个钟表照相器材供应门市部,抽摄钟业务较熟悉的人员二至三人,负责组织摄钟所需器材,直接解决我局所属摄钟行业的需要……"

现在,照相已经走进人民大众的日常生活。但在当年,拍照却是一种高消费,是一件奢侈的事。传统的照相,要经过布光、照相、冲印、整修、上色、晒片、装框等10多道工序,每道工序都有很多讲究,最辛苦的还是在暗房里冲底片,曝光时间多了相片要"过火",时间少了反差又不够,洗出来的照片没有层次感,所以修理底片尤为重要。底片往往要经过极其细致的修理才能冲洗,底片修完冲洗出来,还要在照片上进行二次修理和手工上色。因为当时没有彩色胶卷,人们在照相馆里照的还是黑白照片,要想将黑白照片变成彩色,唯一的办法就是把相片洗出来,后期由上色师像画画一样在相片上涂上想要的颜色,达到一种彩色相片的效果。这样一张照片从拍摄到完成,要花费好几天时间,所以要拍出一张好看的照片并不是件容易的事,还很考验照相馆师傅的功夫。

正因为照相的工艺较烦琐,成本又偏高,所以价格也偏贵。在20世纪60年代,到照相馆拍一张1吋黑白照要六七毛钱,而当时五分钱能买一堆萝卜,上好的黄花鱼一斤只要两毛五分钱。

改革开放后照片风格更加多样

20世纪六七十年代,一些国营照相馆墙上都挂着这样的规定：不准穿奇装异服，不准浓妆艳抹，不准烫头发，只能穿一种颜色的衣服。因此拍出的照片刻板、风格单一。尽管如此，也阻挡不了大家逢年过节要去照相馆留影的热情，哪怕每次都要起早排队，以及拍照后要等几个月才能拿到照片。

到了20世纪80年代，改革开放的春风吹遍大江南北，人们追求时尚、追求美好生活的愿望越来越强烈，一股崭新气息扑面而来，呈现在镜头里的人们变得越来越新潮，越来越与之前大不相同。照片类型也更加多样：半时照、书签照、分身照、风景照、生活照、办公照、商品广告照……可供人们自由选择。与此同时，不少照相馆还推出了更加时尚的人像艺术照，并提供出租礼服、西装、领带、披纱等服务，一度广受欢迎。

随着照相技术的改进和人们观念的改变，这一时期照相馆的拍摄素材也变得丰富。以前从未用过的塑料花、太阳帽、黑墨镜成了时尚人士青睐的道具，大波浪头、连衣裙、遮阳帽、蝴蝶结，成为很多女孩子的选择，男生的运动服、喇叭裤、蛤蟆镜在拍照中"闪亮登场"。服装色彩一改往日的单调，变得绚丽多彩，照片的风格也变得活泼。

改革开放后，照相业实行多渠道经营，政府各部门及个体户经营增多，出现蓬勃发展的良好势头。1982年《全省供销社系统照相业座谈会纪要》中就有相关的记载："全省供销社系统照相业情况是比较好的。网点有所发展，人员有所增加，营业额上升"，"近几年，社队、街道和个体办的照相网点约达642个、1152人，补充了供销社网点不足，方便了群众，解决了一批人的就业问题，也促进了供销社照相业改善经营管理,提高服务质量,讲究经济效益"。1983年《财贸简报(第11期):照相馆职工离店承包》中也有记载:"由于服务热情,讲究信誉,营业情况越发兴旺。吕克明承包后三十个月,已按规定向县照相馆交足一千六百二十元,个人每月所得在一百五十元左右。"

"老字号"照相馆定格时代记忆

在合肥,提到"老字号"照相馆,很多人第一时间就会想到东风照相馆。这家"老字号"照相馆对于合肥人而言,除了照相的实体功能,更多的是一个符号。很多人的第一张生日照、工作照、结婚照、全家照,都在这里"出品"。在人们的心里,它不仅仅是一个拍照的地方,更是一位忠实的记录者,见证着几十年来合肥人民生活发生的巨变。

曾位于合肥市长江中路老省委大院对面的东风照相馆,在1958年之前还是一个只对内开放的照相馆。店里的主要业务是承担市直各单位领导视察、工作会议等拍摄任务。1958年,东风照相馆开始正式对市民开放,那时候去东风照相馆拍张照片是一件很有面子的事情。老合肥市民曹永玉回忆道:"20世纪80年代,合肥人流行拍婴儿百日纪念照、新婚纪念照、全家福照等,当时照相馆还布置背景。为了拍照,大家都精心准备,把家里最好的衣服穿戴得整整齐齐,在照片里展示最美的自己。"

城里有照相馆,农村群众想拍照怎么办呢? 在《全省供销社系统照相业座谈会纪要》中也说到了这一点:"照相业是服务业的一个重要行业,农村照相业是供销社基层网点建设的组成部分。发展农村照相业满足农村群众需要,是农村商业的一项重要任务。"可见,农村照相业已经摆上了当时各级供销社的议事议程,以解决农村群众的照相需求。

此外,20世纪80年代的照相师傅们还走街串巷提供上门服务。《财贸简报(第11期):照相馆职工离店承包》中就记载了20世纪80年代凤台县国营红旗照相馆职工吕克明离店承包的故事。他在各个集镇、村庄间奔走,积极拓展照相业务。农忙时他便带着女儿在农村进行流动服务,逢集在集市设点,闭集则走村串户。他们既能为社员照"全家福",又能为青年男女照风景照;既能在饭前饭后为社员照相,又能在课前课后为学生照相。

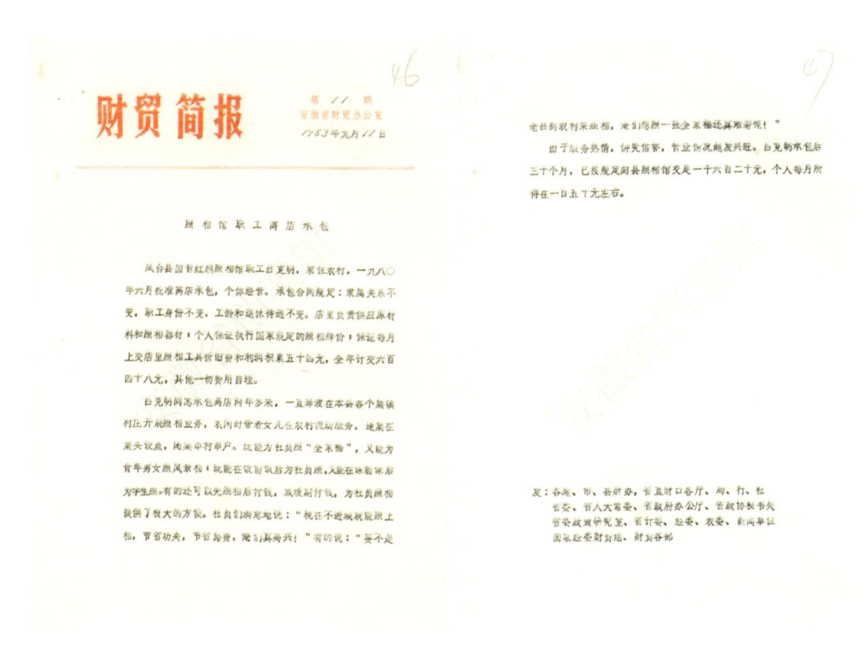

《财贸简报(第11期):照相馆职工离店承包》

随着社会发展和科技进步,现在智能手机让我们实现了"随时随地,想拍就拍"的自由,老照相馆已随着时光渐行渐远,但泛黄的老相册却连接着过往和如今,见证时代变迁。

温暖记忆

那些年我们追过的连环画

对于20世纪六七十年代甚至80年代出生的人来说,连环画是他们童年的美好回忆。在这一时期,连环画作品充实着国人的文化生活。它不仅是青少年重要的课外读物,也是许多成年人文化娱乐的重要内容。

连环画的前世今生

连环画,又叫"小人书",是凝结了文学和绘画艺术的大众读物。在没有互联网和手机的年代,形象生动、故事感人的连环画,是老少皆宜的"大众食粮",是人们难得的娱乐消遣工具。那时候,几乎每个孩子都拥有几本"小人书",闲暇之余看得津津有味。连环画是他们认识世界的启蒙读物,伴随着他们度过了美好的童年时光。

连环画的历史非常悠久。据记载,其创作最早始于汉代,唐代开始出现连环画的雏形。元明时期,小说、戏曲刻本上有了连环画插图。在明清时期,通俗小说的流行为木板插图提供发展的机遇,之后以表现故事情节为主要目的的小说插图逐渐演变为连环画的形式,被看作近现代插图和连环画的开端。

现代意义上的连环画则起源于上海。20世纪二三十年代,上海成为中西文化的交汇点。国外先进印刷技术的引进推动了连环画的发展。1925年,上海世界书局率先推出了第一套连环画册,这套连环画包括《三国志》《西游记》《水浒传》《封神榜》《说岳全传》和《红楼梦》6大部。"图文结合、以图叙事"的传播形式和以传奇故事为主的传播内容,让即使不识字的读者也能通过具体的情节和连贯的图画了解其大意。这些连环画一经推出就迅速走红。

据史料记载,1932年前后,上海出版连环画的大小书局有30余家,占书局总数的一半。到1949年,私营的连环画出版商达到100余家。1949年,仅上海一地,连环画出租摊位数就在3000个以上。

连环画的题材贴近现实

新中国成立后,在"艺术为人民大众服务"思想的指导下,连环画创作把提高作品的思想性提到了重要位置,改变了旧时连环画由作者随编随画的草率做法,在形象描绘上注意人物性格的表现,在题材上不断拓宽范围。

作为中国连环画摇篮的上海,1950年一年就出版了1000种以上反映新中国新气象的作品,涵盖了抗美援朝、工人生活、农民翻身、战斗事迹、英雄劳动、思想改造、破除迷信、科学知识、婚姻问题、儿童故事等领域,全年总销售量达394.6256万本。

在这一时期,连环画的出版取得了丰硕的成果。数据显示,

温暖记忆

1951年，全国出版连环画册1840多种，总印数为1945万多册。到了1957年，全国共出版连环画2200多种，总印数达1.06亿册。而在内容上也涵盖了革命历史、中外文学名著、戏曲电影、童话神话、科幻科普故事等多方面。安徽省档案馆馆藏的1951年《中央人民政府出版总署关于检送"连环画推荐书目"的通报》中提到："此种书目，以后拟每两个月发表一次，以推荐最新出版的书为主。"

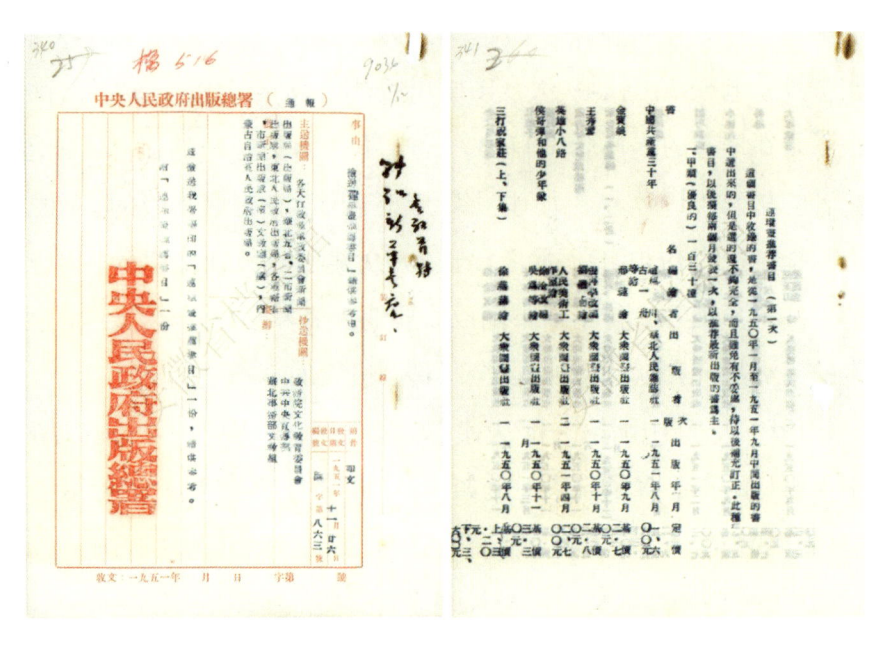

《中央人民政府出版总署关于检送"连环画推荐书目"的通报》

这件档案中推荐的连环画书目分为甲类（优良的）130种和乙类（较好的）90种，当中有许多我们耳熟能详的作品，比如《英雄小八路》《刘胡兰》等。值得一提的是连环画《鸡毛信》（上、下两册），它是根据作家华山同名小说改编的，描写抗日战争时期儿童团员海娃在送一封十万火急的鸡毛信时，与日伪军相遇，海娃机智勇敢，将信拴在一只羊的屁股下，并将鬼子带入八路军的伏击圈。这本连环画由著名画家刘继卣绘制,大众图画出版社出版。《鸡毛信》上册在1950年9月面世,下册在1951年5月对外发行。

从档案中,我们可以看到这一时期的连环画以现实主义题材居多,突出表现了中国近现代革命斗争历史、中国共产党的光荣革命传统以及新中国各方面生机勃勃的现实生活。1951年8月蒋萍绘制、新连出版社出版的《董存瑞舍身炸碉堡》,1951年2月中央电影局发行处宣传科编、大众图画出版社出版的《赵一曼》,1951年7月新电影杂志社编、大众图画出版社出版的《吕梁英雄》等,都被收录在推荐的连环画书目中。这些革命历史题材的作品,深受读者的喜爱。1951年3月孙明编、王琦绘、学林书店出版的《草原上的拖拉机》,1950年7月彦涵作、大众美术出版社出版的《翻身前后》等,反映和宣传了新中国成立初期人民群众投入社会主义建设的高涨热情和献身精神,在全国具有极大的影响。

1950年,新中国第一部法律《婚姻法》正式实施,一时间以婚姻为题材的作品多了起来。比如,1951年8月洪岳等编、武德祖绘的《结婚登记》,1950年11月徐淦改编、洪波等绘、大众图画出版社出版的《小二黑结婚》等,都描述了男女婚姻平等、追求幸福生活的故事。这一时期,连环画中的劳模题材也不少。1951年6月郑明辉改编、周公和等绘、华东人民出版社出版的《人民的女教师郎洁华》,1950年1月野夫等编、张敦仁绘、大众美术出版社出版的《工人的旗帜赵占魁》等,都描绘了兢兢业业、不辞辛苦、乐于奉献的劳动模范形象。

温暖记忆

2分钱租一本连环画

在20世纪70年代末到80年代中期，一批内容健康向上、艺术上有鲜明特色的连环画作品纷纷涌现。这一时期的连环画内容丰富，既有历史故事、人物传记、革命斗争故事，也有中外名著、武侠故事等多种题材，而且绘制手法层出不穷，使得画面形神兼具。

连环画老少咸宜，人人爱看。由此引发出一门生意——出租小人书，而且还分为固定摊点和流动摊点。固定的小人书铺，街头巷尾随处可见，上面还悬挂着各种小人书的封面，吸引大家来看。一旁还有简易的座椅，时常坐满了小孩，甚至还有大人。大家各看各的，聚精会神，沉迷在各自的故事中。流动摊点，则是书贩们推着满满一车的小人书，沿街吆喝，招呼看客。这是孩子们的欢乐时刻，他们纷纷上前选择自己爱看的内容。据不少老合肥回忆，小时候合肥市府广场有一排一排的人字形书摊，2分钱就可以在书摊上租到一本连环画，每天放学后，很多学生聚在书摊前，看到天黑才回家。像《三毛流浪记》《三国演义》《铁道游击队》等，大家都非常喜欢，经常废寝忘食地看。

连环画以其独特的风格和表现力，赢得了众多的读者，也承载着很多人童年的快乐与梦想。随着时代的发展以及传播方式的改变，连环画渐渐淡出了人们的视线，但它依然留存在大家的记忆中，成为一个时代的文化符号。

别在腰间的"传奇"——BP 机、"大哥大"

二十年前,有人拎着两斤重的"大哥大"在路边大声地谈论业务;二十年后,全国平均不到三个人就有一部手机,重量仅几百克。

通信业这些年来翻天覆地的变化,深深地影响着人们的日常生活。

20 世纪 90 年代,装部电话要 2000 多元

自人类发明文字以来,书信便是一种最传统的交流方式。新中国成立初期至 20 世纪七八十年代,书信是人们最常用的联系方式。一封寄托着思念、来自天南海北的信件,经过万水千山,由投递员送到收件人手中,也送达了沉甸甸的情谊。

随着社会的飞速发展,传统的书信传递已不能满足人们快速获取信息的需求。20 世纪 80 年代中期,"楼上楼下,电灯电话"成了中国老百姓向往的生活,尤其是电话,逐渐发展成为人们信息沟通的新宠。

随着经济条件的改善,有家中安装电话需求的人逐渐增多,电话也不再被视为稀罕之物,进入寻常百姓家中。20 世纪 90 年代

初,合肥市民掀起一波波装电话的热潮。合肥市民曹光平回忆说:"当时装个电话要 2000 多块钱,但是大家都争着去装,电信局每天都被前来排队装电话的人挤得满满当当。那时家里装了部电话,是一件非常有面子的事情。我记得,我家是 1996 年装的,我还特意买了一个小桌子,专门用来放电话。当时真是高兴,家里人像过年一样,还有邻居来看。"

有数据记载,1999 年,合肥市区固定电话普及率超过 30%。

BP 机的出现加速了公用电话亭的建设

BP 机的名字是根据它的英文名字 Beeper 缩写而来的,中文名又叫作传呼机。它的工作原理是从基站发射的寻呼信号和干扰信号中选择出所需要接受的有用信息,再恢复成原本寻呼机的基带信号,最终产生声音或者显示数字和消息。相较如今的无线信号塔技术,寻呼机的工作原理也显得有些繁复,但在 20 世纪 80 年代能够通过这样一台小小的设备联系到家人朋友,已经非常方便了。

1983 年,上海开通中国第一家寻呼台,BP 机被正式引入中国。起初 BP 机还是模拟信号,被呼叫者只是从呼叫台获得一个信号,要想知道是谁在呼自己,还需要打电话到寻呼台才知道。后来,BP 机发展为数字寻呼机,可以将呼叫的电话号码直接发送到 BP 机上,这样 BP 机用户就可以在 BP 机的显示屏中看到呼叫自己的电话号码,然后就近找到公用电话回电话。因此,随着 BP 机的出现,公用电话亭建设速度也大大加快了。20 世纪 80 年代至 90 年代,投币式、卡片式等各种公用电话陆续出现在各个城市的大街小巷。

说起打电话的经历,市民潘荣回忆道:"20世纪90年代中期,我在外地上大学,当时学校的传达室安装了固定电话。一到周末,大家都会在传达室门口排成长长的队伍,等着给家里人打电话。感觉人与人之间的距离拉近了,通信很方便。"再后来,潘先生工作后,买的第一个通信产品就是BP机。回忆起往事,潘先生笑着说:"说起这个BP机,还有一个故事,当时我母亲反对我买这个,觉得打电话已经可以了,买这个BP机就是浪费钱。但我下定决心一定要买,等我买回家后,我还骗她说,这个BP机是别人送给我的。母亲说:'这么贵重的礼物,我们不能收。'我支支吾吾说不出个所以然,母亲也猜到这台BP机是我买的,就说:'如果是你自己买的,就不要骗我。买了就买了吧,年轻人喜欢新鲜东西。'"

风靡一时的"大哥大"如今成为收藏品

BP机普及之后,作为黄金搭档的"大哥大"应运而生。1987年11月,广东省开通全国第一个移动通信网,首批700名用户开始拿着一块像"砖头"一样的东西,这就是我们看到的第一代手机。当时的摩托罗拉8900X,被称为"大哥大",公开价格在20000元左右,加上"入网费""保险费"等,一般要花费25000—30000元才可能买到,可谓"一哥难求"。

20世纪90年代初期,"大哥大"也进入安徽人的视线,安徽省公用移动通信网也获批组建。安徽省档案馆馆藏的1991年《关于安徽省公用移动通信网技改工程项目建议书调整内容的批复》中记载:"根据移动通信发展趋势,以及与上海、江苏、浙江等邻省、市通信联网的需要,同意经修改的安徽省公用移动通信网技改工程项目建议书,将原方案中选用的 450MHZ 改为 900MHZ 通信制式。"另一份 1992 年《关于安徽省公用移动通信网工程可行性研究报告的批复》中则记载:"同意本期建设一个移动交换局和十个基站,容量为 1140 个移动用户。"

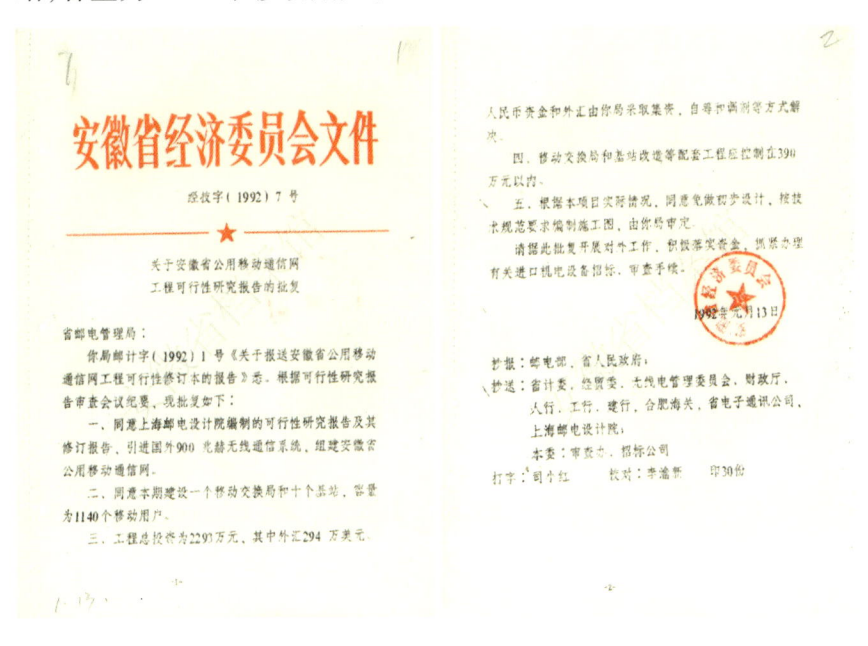

《关于安徽省公用移动通信网工程可行性研究报告的批复》

"大哥大"、BP 机进入市场后,深受广大消费者的喜爱,但对销售 BP 机、"大哥大"业务如何征税,税收政策规定还不明确,没有统一的标准。为了解决这个问题,1993 年安徽省人民政府税务局做了规定,安徽省档案馆馆藏的《关于对销售 BP 机、大哥大业务征收营业税问题的通知》中就记载:"为统一税政,便于各地掌握,经研究,对上述业务征税问题规定如下:邮电部门以及办理电讯业务的其他部门,销售BP机和大哥大业务,按'邮政电讯'税目征税。"

如今,"大哥大"早已退出了历史舞台,但形如砖头块的老式"大哥大"却广受收藏爱好者的青睐,价格一路攀升。

温暖记忆

安徽西瓜"顶呱呱"

西瓜是夏天的解暑"神器"。在没有冰箱和空调的年代,"井水冰西瓜"更是人们的心头好。把西瓜泡在装满冰凉井水的桶里,给西瓜降温,等到足够冰凉再拿出来吃,一口下去透心凉。

20世纪60年代,合肥人平均能吃到20余斤西瓜

安徽种植西瓜的历史非常悠久,是全国西瓜主产区之一。历史上,淮北地区是个老瓜区,黄河故道、淮河流域及支流两岸的沙质土壤适合西瓜的生长。当地的农户也非常擅长种植西瓜,常外出承包土地种瓜。该地区常年种植西瓜的面积在20万亩左右,但当时主要种植品种是一些上市晚、味道差的黑西瓜、冰瓜、青皮等大型西瓜品种。此外,在江淮丘陵区和皖南山区也零星分布一些西瓜产区。

新中国成立前,西瓜的产量有限,价格相对较高,普通人家在一个夏天也难得吃上几次西瓜,能在炎热的夏天吃上几块冰凉的西瓜是许多人渴望的事。新中国成立后,随着人们生活水平的提高和西瓜产量的快速增长,西瓜已经成为很多家庭夏季解暑降温

的必备佳品。

安徽省档案馆馆藏的1965年《财贸简报(第19期):注意抓好水果经营工作》中记载:"预计早瓜七月上旬可以上市,上市总量可达到五百六十万斤。另外肥东部分地区西瓜生产也有较大发展,估计面积五百亩,供合肥市场销售的可达二百万斤,加上省安排调进二百万斤,按四十万人口计算,平均每人可吃到二十四斤西瓜。"

为了方便群众买西瓜,当时合肥还专门设置了西瓜供应点。"鉴于今年西瓜经营量大,上市集中,拟在东门和北门各设立一个批发市场。零售供应网点计划安排二百二十个,除供销社增设西瓜供应点以外,打算通过商业、粮食部门安排有条件的经营单位(特别是饮食服务行业)开展经营","对少数偏僻地方,组织有证商贩定点供应,方便群众"。

20世纪80年代,成立安徽省合肥西瓜经济技术开发中心

盛夏坐在凉席上吃着汁多味甜的西瓜,是人生一大乐事。如何选西瓜非常有讲究。看似简单的买西瓜,其实是一项技术活。挑选上好的西瓜离不开看、摸、掂、听这四步,只有做好了每一步,才能挑选出品质优良的西瓜。

吃完了可口的西瓜,很多人连西瓜皮也不愿意扔,稍作加工之后,它就能成为餐桌上的一道开胃小菜。凉拌西瓜皮、清炒西瓜皮、西瓜皮排骨汤……西瓜皮的味道并不输新鲜蔬菜,同样含有丰富的营养,并且还有美容护肤的功效。

汁多味甜的西瓜离不开科研人员的默默付出。据《安徽省志·

农业志》记载，20世纪70年代，安徽逐步提高西瓜品种质量，此时的早花、蜜宝、庆丰及无籽西瓜等不仅含糖量增加，亩产量也大幅增加。到20世纪80年代，随着优良品种的选育和应用、种植业结构的调整，西瓜生产出现了新的发展形势，已经能够满足人们对西瓜的需求了。

20世纪80年代，合肥市还成立了西瓜经济技术开发中心。据安徽省档案馆馆藏的1985年《关于同意成立"安徽省合肥西瓜经济技术开发中心"的批复》中记载："开发中心的主要任务是：组织建立西瓜良种繁育体系；建立商品瓜生产基地；开展专业性科技协作和经济协作；实行生产、科研、培训、推广和良种经营相结合的经济体系。其主要业务是：开展科学研究、推广先进技术，提供科技咨询和信息，组织技术培训，繁育杂交瓜种，经营瓜种及特需的生

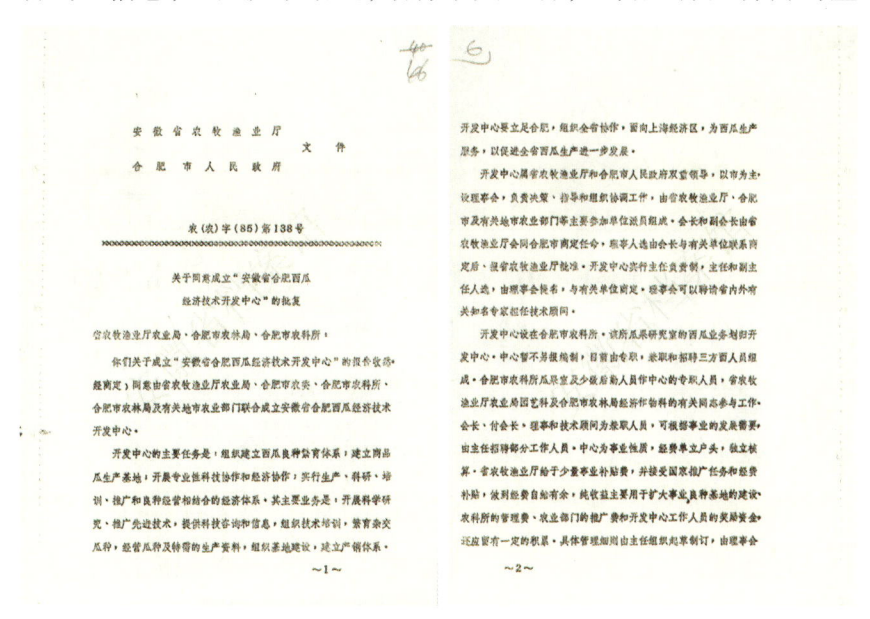

《关于同意成立"安徽省合肥西瓜经济技术开发中心"的批复》

产资料,组织基地建设,建立产销体系。开发中心要立足合肥,组织全省协作,面向上海经济区,为西瓜生产服务,以促进全省西瓜生产进一步发展。"

开辟西瓜销售渠道为瓜农排忧解难

随着西瓜品质和数量的提升,如何帮助瓜农更好地销售西瓜就提上了议事日程。相关档案中就记载了合肥市果品公司开拓西瓜流通渠道为瓜农解忧排难的故事。1986年,合肥地区西瓜种植面积高达16万亩,预计总上市量3亿斤左右,远远超出本地需求,产大于销的矛盾非常突出。为此,合肥市果品公司千方百计扩大西瓜购销渠道,既帮助瓜农多卖西瓜,又增加了企业的经济效益。

除搞好本市供应,合肥市果品公司还采取灵活多样的经营方式扩大外销。档案中记载:"三月中旬,公司经理带八名业务人员,参加商业部在南昌召开的干鲜水果订货会议,在这次会上就签订外销西瓜合同一千八百四十万斤。之后又向东北、西南等地区发出二百多份联系函件,并请新华社、《中国广告报》、《经济信息报》、《东南行情报》发布信息,同时派出大批人员到天津、武汉和成都等地上门联系,又增订四百六十万斤外销合同。"在收购价格上,则"不压级压价,保护瓜农利益。收购价一般都略高于市场销价,每斤保持在七分至一角一分,促进了瓜农交售的积极性"。

安徽西瓜的品质又如何呢?1992年《关于加强和改进"西瓜中心"领导工作的报告》中记载:"合肥地区西瓜的科研、生产和制种发展更为突出,市西瓜所和市种子公司近几年培育的聚宝一号获全国金瓜杯奖,聚宝一号、D29、皖杂四号、皖杂一号等杂交新组合在全国、全省多次评比中获奖。"可见,安徽的西瓜品质好、味道佳,顶呱呱!

徽风留韵

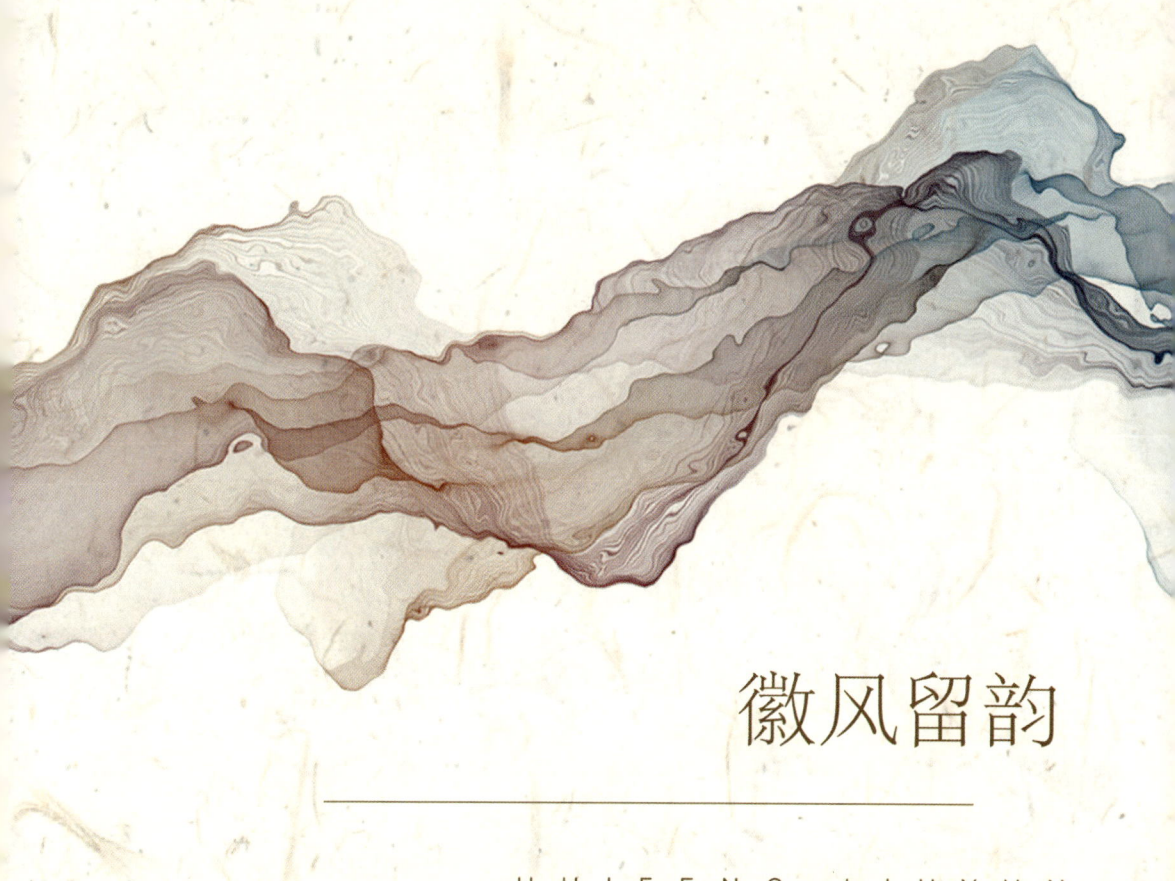

HUIFENG LIUYUN

皖产桂花香料曾驰名中外

"何须浅碧深红色,自是花中第一流。"这是宋代女词人李清照吟咏桂花的诗句。安徽各地都有人气颇高的赏桂胜地。桂花除了可供观赏、食用外,还能用于制作香料。20世纪80年代,安徽生产的奔月牌桂花浸膏、九里香桂花浸膏就曾驰名国内外。

满城尽飘桂花香

桂花是我国十大传统名花之一,深受人们的喜爱。我国桂花树的栽培历史在2500年以上,早在春秋战国时期,人们就用桂花酿酒,制作香料。历史上,桂花的典故、传说颇多,其中尤以"吴刚伐桂""蟾宫折桂""桂花仙子"等广为人知。

在江淮大地上,每到金秋季节,空气中便浸润着桂花的馥郁芬芳。我们合肥也有着浓厚的桂花情结。早在1983年,身为"全国四大苗圃"之一的合肥市苗圃就开始大规模引种桂花。为打响合肥桂花品牌,合肥市苗圃专门培育了2万株盆栽桂花送到北京,亮相北海公园,引起轰动。与此同时,肥西县许多农民开始研究桂花苗木的繁殖技术。花农们培育出的桂花苗成活率高,长势好,桂花树很快成为当地苗木产业的支柱。

20世纪80年代,合肥市开始广泛种植桂花树。桂花树因耐力好、易生长、养护成本低,成为合肥城市道路旁和公园绿地中种植最广泛的树种。1984年9月25日,桂花与石榴花一起被合肥市九届八次人大常委会定为合肥市市花。2003年,"全国首届桂花展览会"在合肥举办,来自全国各地的桂花争奇斗艳,为期一个月的展览吸引20多万游客参观。

如今,漫步合肥,小区、公园、街头、巷尾,或零零散散,或集中连片的桂花树随处可见。每逢秋高气爽,银桂打头阵,金桂、丹桂紧随其后,一茬接一茬,庐州遍地桂花开,花香阵阵扑面来。

舌尖上的桂花

安徽人对桂花情有独钟,他们将桂花融入食物,为各种点心、小吃增添芳香。在安徽,以桂花为重要原料的美食数不胜数。

每到桂花盛开季节,安徽人采摘桂花,制成糖桂花,广泛用于制作汤圆、稀饭、月饼、麻饼、糕点、蜜饯、甜羹等传统小吃和点心,色美味香。比如桂花赤豆糊、桂花酥糖、桂花酒酿圆子、桂花糖元宵、桂花糕等经典美味。其中,桂花酥糖还是合肥的三大特产之一。

合肥的桂花酥糖最早源于唐代,享有"茶罢一块糖,咽而即消爽,细嚼丹桂美,甜酥留麻香"的美誉,为历代名人所称赞。桂花酥糖"香、细、甜、松",打开纸包,清香扑鼻。桂花酥糖由"屑子"和"骨子"组成。"屑子"采用传统工艺碾制,利口不沾,入口细而爽口,原料以白糖为主,用面粉、纯熟芝麻仁、桂花等合制而成。"骨子"是用麦芽糖酿制的，经过原料配制、碾屑、熬糖、拉糖、压糖等多道特殊的传统工艺精制而成，呈长条形，块型整齐，松而不散，上口松脆，回味油润。

作为一道传统美食，每到过年，家家户户要备上桂花酥糖，招待亲友。特别是在20世纪六七十年代，桂花酥糖可是"香饽饽"。"以前只有过年才能吃到桂花酥糖，还是招待客人用的。小时候，我们要能吃到一点，都不知道觉得多甜了。"今年73岁的刘家德回忆起往事时笑着说。

安徽省档案馆馆藏的1963年《关于下达1963年第四季度加工糖桂花、果饯用糖计划联合通知》中提到："各地供销社对于加工品种必须注意提高质量，降低成本，做到物美价廉，以利销售。凡适合做糕点馅心的果饯，应优先供给当地糖业烟酒公司。糖桂花并应报省听候安排。"该档案中，还有一份《1963年第四季度加工蜜饯用糖计划表》，其中记录了合肥市供销社、芜湖市供销社等生产加工果饯、糖桂花的计划。虽然寥寥数语，但足见人们对桂花美食的喜爱程度。

贷款发展桂花基地

桂花是天然的香料植物，从桂花中提取芳香油，制成桂花浸膏，可用于饮料、糖果、酒、食品糕点、果酒、牙膏、香皂、加香洗涤剂、化妆品等。

安徽是中国香料油生产大省，拥有众多香料油生产企业。其中桂花浸膏更是远近闻名，畅销国内外。20世纪80年代，安徽省香精香料工业开始迅速发展。1981年,屯溪肥皂厂建立桂花浸膏中试车间,当年即产桂花浸膏3千克。同年,安徽省依托大别山和皖南山区等天然香料资源,加强对香精香料工业的扶持投资和贷款。1984年,轻工业部拨款、贷款共60万元支持原屯溪香料车间,易地扩建单独成厂,形成年产250千克浸膏浸提能力,并于当年投产。同年,安徽省拨给六安、屯溪两地无息贷款52万元,在两地发展桂花基地共500亩。

安徽省档案馆馆藏的1983年《关于屯溪香料厂发展桂花基地贷款的批复》中记载了当年需要在屯光公社增加50亩桂花基地,种植3000株桂花;在阳湖公社增加50亩桂花基地,种植3000株桂

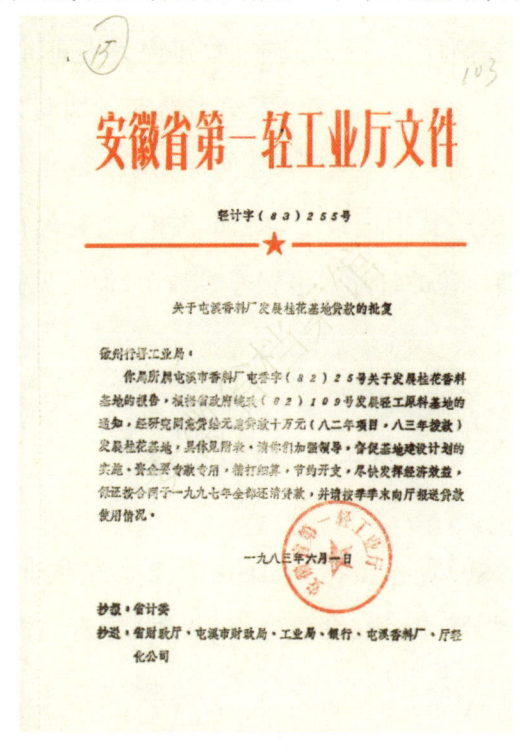

《关于屯溪香料厂发展桂花基地贷款的批复》

花;在占川公社增加80亩桂花基地,种植桂花4800株。此外,还对贷款用途做了规定:"经研究同意贷给无息贷款十万元(八二年项目,八三年拨款)发展桂花基地""资金要专款专用,精打细算,节约开支,尽快发挥经济效益"。

从《关于"84年桂花基地发展计划"的报告》的档案中,我们得知,由于市场对桂花浸膏的需求增长,为解决原料问题,发展自己的原料基地,1984年屯溪市香料厂计划建立桂花基地180亩。该香料厂1983年的10万元无息贷款也用于了桂花基地的建设。"我厂在1983年已发展桂花基地157亩,种植桂花苗和成树15737株,实际用款8.5万元,尚留有1.5万元准备作为1984、1985两年生产扶植费用。""我厂于6月初在我市阳湖乡(桂花基地)召开了桂花种植现场工作会,全面检查了桂花苗生长情况,成活率普遍良好……预计少数大树苗今年9月开花,大部分3—5年亦能产花以供香料生产。"

作为全国桂花浸膏主要生产厂之一的六安市香料厂,在20世纪80年代也得到安徽省轻工业厅的无息贷款,用于发展桂花基地。安徽省档案馆馆藏的1983年《关于六安香料厂发展桂花基地贷款的通知》中提到:"经研究同意,由六安市香料厂具体经办,在市小华山园艺场发展100亩,市良种羊场发展150亩,拨无息贷款15万元……""逐个落实基地,签订贷还款合同,精打细算,节约开支,以有限资金取得最佳经济效果……"

据了解,六安市香料厂在1981年就安装了一套日处理鲜花240千克的浸提设备。次年就批量生产桂花浸膏68千克,还生产香根油53千克。到1985年末,该厂生产香料486千克,香精1521

千克,产品畅销国内外。其生产的奔月牌桂花浸膏是中国名贵天然香料之一,1984年获安徽省优质产品证书,除供应上海、杭州、天津等地调香厂、日化厂外,还出口美、法、日等国及中国香港地区。而由屯溪香料厂生产的九里香浸膏,为安徽省独有的地方特色产品。九里香浸膏以皖南山区芳香九里香(亦称山桂花)为原料提炼制成,是一种深棕色膏状体,闻之清香扑鼻,略带甜味又有淡淡的桂花香,可供作食品、化妆品填充剂,1985年获轻工部"全国优秀新产品"称号。

"不持妖艳引蜂忙,碧叶含娇嫩蕊黄。"千百年来,安徽人种桂、食桂、赏桂,逐渐形成了具有地域特色的"桂花文化"。

徽风留韵

安徽"三菊"娇艳绽放

菊花是中国十大名花之一，也是花中四君子之一。中国人极爱菊花，历代咏菊名句更是不胜枚举。其实，菊花除了用于观赏之外，也极具药用价值。安徽产的黄山贡菊、亳菊、滁菊与杭菊并称"中国四大药用菊花"。

菊中珍品——亳菊

菊花不仅让人悦目，而且有药用价值。中国栽培菊花已有3000多年历史，最早栽培菊花就是为药用、食用，至宋代菊花始作为园林观赏用。宋代刘蒙《菊谱》（1104年）是最早记载观赏菊花的专著。

安徽地处华东腹地，江淮横贯，平原广阔，自然条件适宜菊花的生长和繁殖。据《安徽省志·医药志》记载，新中国成立前，菊花以杭州、亳县为主要集散市场，销路极广，内销全国各地；每年都有出口，走俏香港地区及东南亚各国。新中国成立初期，中药材生产以巩固传统地道药材为重点，1955年，安徽省药材公司在安排生产计划时，要求各地根据本地自然条件和种植习惯，抓住重点品种发展生产。比如当时的滁州专区主要发展滁菊花，徽州专区主要发展贡菊花、白术、山茱萸等。

作为四大药用菊花之一的亳菊，产于亳州地区。亳州是闻名遐迩的"中华药都"，中医药历史传承悠久。亳菊和亳芍、亳花粉、亳桑皮是公认的"四大亳药"。其中亳菊在《中药大辞典》中有记载："白菊主产安徽亳县，称亳菊，品质最佳。"亳菊疏风散热、解暑明目，多为春、夏两季用药，历来为中医首选的菊花品种。一般菊花都是用来做茶饮，亳菊却与众不同，不太适宜泡茶，因为它的味道偏苦，但是良药苦口利于病，亳菊具有清热解毒等多种功效，是常见的祛火中药。

作为知名的中药材，亳菊的价格自然受到了人们的关注。安徽省档案馆馆藏的1963年《关于调整亳菊花收购价格的通知》中记载："在全国物价会议期间，你省代表提出了调整亳菊花收购价格的意见。经我们研究，同意1963年亳菊花每担统货由100元调为150元。"由此可知，作为珍贵药材，亳菊价格还是较高的。

除了入药，人们还喜欢用干燥的亳菊制作枕头，能起到促进睡眠、养气避秽的药用功效。亳州华佗国药厂生产的"华佗药枕"就是用亳菊制成，行销全国。

一吨黄山贡菊曾售价四五千美元

黄山贡菊源于宋代，在黄山市已有700多年的种植历史，作为当地传统名特优农产品，主要产于金竹岭村。因清代将其作为贡品，故而得名贡菊，又称徽州贡菊、黄山贡菊等。黄山贡菊，花瓣洁白，萼片翠绿，花蕊金黄，香气清雅，药香浓郁，回味甘甜，是花中金镶玉，菊中岁贡品。

每年3月份贡菊栽种，10月底菊花盛开，菊香扑鼻。当地民谚曰："高山雪，低山霜。"到了贡菊采摘的季节，整个山坡都被雪白的菊花覆盖，亦雪亦霜，芬芳四溢。黄山贡菊具有清凉解毒、明目养颜、散热抗炎等多种药用价值，被《中国药典》誉为"菊中之冠"。

由于其独特的药用价值，黄山贡菊备受消费者青睐，价格也较高。安徽省档案馆馆藏的1964年《关于促进歙县贡菊生产的报告》中就有记载："歙县贡菊系名贵药材，国外售价很高，每吨均值4500—5000美元。为了保证出口和适当满足内销需要，经省财办同意划为外贸基地。"该档案还记载，当时正值贡菊栽培季节，为了促进贡菊发展，还增加了贡菊销售补助的标准。

黄山贡菊一直以来品质佳、销售旺，成为当地居民收入的主要来源之一。到了2000年，在歙县北岸镇金竹岭、高山、槐塘、呈东实施优质黄山贡菊开发基地建设项目。2004年10月，经当时的国家质量监督检验检疫总局批准，黄山贡菊实施原产地域保护和使用原产地域产品专用标志。到了2005年，黄山贡菊种植面积2万多亩，产量970余吨。如今，每到金秋，漫山遍野盛开的黄山贡菊不仅吸引了各地客商，也迎来了八方游客，成为秋日里一道亮丽的风景线。

滁菊发展重焕生机

滁菊素有"金蕊玉瓣、翠蒂天香"的美誉,因其独特的药用、保健价值而跻身全国四大药菊之列。清光绪《滁州志》记载:"甘菊产大柳者佳,谓胜于杭产而不可多得。"滁菊独特的生产环境和传统加工技艺,造就了滁菊的上乘品质,产品畅销苏浙一带。

滁菊的发展过程并非一帆风顺。菊花生长周期短,当年栽培当年就要收获,这类药材最容易受到市场影响。滁菊自然也不例外。据《安徽省志·医药志》记载,滁县地区1962年种植滁菊花仅315亩,但由于价格高、鼓励种植,到了1965年则猛增到了14000亩,远远超过市场需求,造成了滁菊库存过大,大量霉变,挫伤了药农的积极性,导致他们不愿意种植滁菊。

"近几年来我区滁菊生产发展很快,生产面积一九六二年为281亩,一九六三年增加到1035亩(实收450担),去年则发展到(不包括小量地)3522亩(实收5200担),比一九六二年的281亩增长12.5倍。""由于新滁菊价格高,与其他作物比价不合理,因而,促使菊花不按国家计划盲目发展,造成供过于求。"安徽省档案馆馆藏的《关于一九六五年滁菊花收购价格安排意见的报告》中就有这样的记载。

到20世纪80年代,受多种因素的影响,滁菊生产规模一度下滑。至20世纪90年代,滁菊种植面积萎缩,产量不稳定。为挽救这一传统地方产品,重树滁菊形象,1999年,滁州市成立了滁菊研

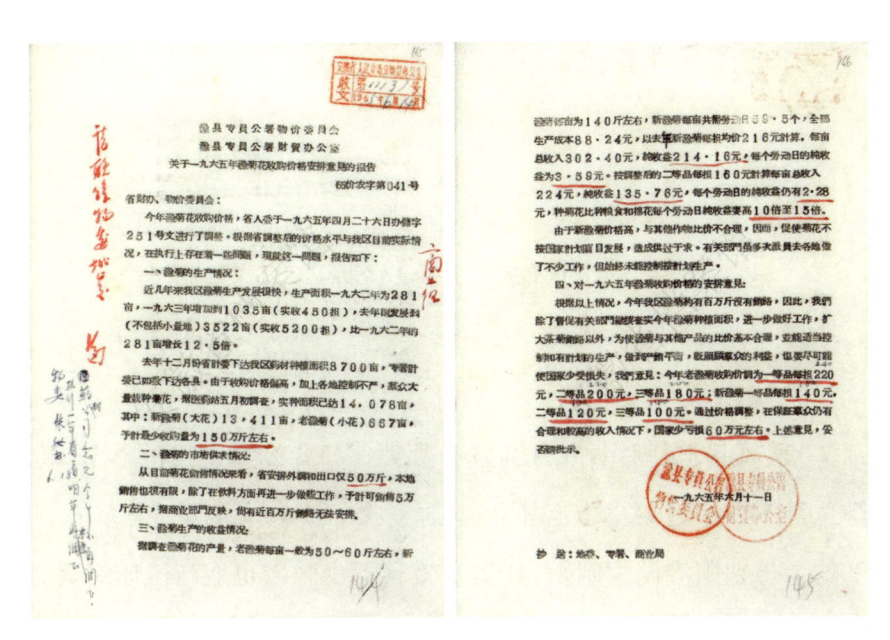

《关于一九六五年滁菊花收购价格安排意见的报告》

究所,加强滁菊的种植、制干、加工技术的研究,解决品种优选、高产栽培、标准化生产制干等技术难题,实现了滁菊的规模化种植、工厂化制干和产业化经营,有力推动了滁菊生产的恢复和发展。此后,滁菊研究所研发的金玉牌滁菊产品获得"安徽省十大名牌农产品"和"中国名牌农产品"称号。产品也由最初单一的滁菊茶发展到现在的滁菊茶、饮品茶、保健枕、养生茶四大系列。2002年,滁菊被批准为原产地域保护产品。如今,随着科技的进步和产品的改良,滁菊发展焕发了生机。

"蟹"逅安徽

"秋风起,蟹脚痒,九月圆脐十月尖。"每年螃蟹上市的季节,螃蟹总是不少家庭餐桌上必不可少的美味。说起大闸蟹,很多人一下就会想到阳澄湖大闸蟹,其实安徽有不少区域也盛产优质螃蟹。

安徽盛产优质螃蟹

中国人吃螃蟹历史悠久。古人诗曰:"九月团脐十月尖,持螯饮酒菊花天。"民间有"农历九月吃雌蟹,农历十月吃雄蟹"的习俗以及赏菊、吃蟹、喝黄酒的饮食文化。安徽襟江带淮,境内河流交织。好水好草养好蟹,良好的生态环境给安徽带来了许多优质的螃蟹产区,五河沱湖、当涂石臼湖、明光女山湖、凤台焦岗湖等地,都出产品质优良的螃蟹。

安徽各地饲养螃蟹的方式不同,螃蟹成熟时间也略有不同。通常自9月中旬开始,枞阳白荡湖大闸蟹开始捕捞,当涂石臼湖的螃蟹也开始登场。白荡湖大闸蟹号称"肥""大""腥""鲜""香""甜"。石臼湖大闸蟹膏腴丰满,肉质细嫩,味道鲜美稍带甜味。到了9月下旬,明光女山湖大闸蟹正当时候,"脂肥膏满、润甜清香"。

10月初,凤台焦岗湖、庐江黄陂湖、郎溪南漪湖的大闸蟹开始登上人们的餐桌。焦岗湖大闸蟹"个大、肚白、味鲜",黄陂湖大闸蟹"个大膏腴、黄满味美",南漪湖大闸蟹"体大肉多,肉质鲜美",都是大家追捧的美味。待到10月中旬,沱湖母蟹成熟,每一只螃蟹都是蟹黄满满,香甜可口,11月沱湖公蟹膏丰肉满,入口即化。

螃蟹养殖走上正轨

20世纪70年代开始,安徽一些地区开始尝试人工蟹苗养殖。据记载,1973年,五河水上公社从上海崇明岛购进蟹苗30千克,在沱湖进行人工养殖,次年,捕捞成蟹7500千克。此后每年都从上海崇明岛、浙江钱塘江口和江苏启东、常熟、南通等地采购蟹苗或幼蟹,投入沱湖放养。经过一年或两年生长,于9月下旬开始捕捞,一直延续到11月,产量由1974年的7.5吨,达到1982年的325吨,出口71.9吨。安徽省档案馆馆藏的1980年《放养旁(螃)蟹 大有可为》

《放养旁(螃)蟹 大有可为》

档案中就记载了五河县水上公社在沱湖养殖螃蟹："五年来从上海市崇明县引进蟹苗二千一百一十斤,捕捞成蟹一百二十四万斤,向国家交售三十二万斤,出口近八万斤,产值七十多万元。改善了渔民生活,增加了公共积累,支援了'四化'建设。"

无独有偶,从20世纪80年代开始,当涂县就依托自身优势资源,以市场为导向,大力发展螃蟹养殖。这份1994年《公开招标 股份合作 配套服务——当涂县三管齐下大力发展螃蟹生产》的档案中,有这样一组数据:"1993年产蟹820吨,比1985年增加了1.54倍,实现产值1.2亿元,农民人均增收近100元,位居全省榜首","1993年大部分大水面养殖亩创产值1000—1500元,精养水面5000—8000元。塘南乡吴村港吴祥水承包水面180亩,1993年收获成蟹3000多斤,收入20余万元;乌溪镇水产养殖公司1993年利用南圩7000亩水面,放流幼蟹3400斤,当年捕捞成蟹5万多斤,一年收回投资,获纯利300多万元"。

螃蟹虽然美味,但养殖并非易事。档案中提到,五河县水上公社从1973年开始就放养蟹苗,但当时不少人缺乏养蟹知识,掌握不了养蟹的规律:"一九七三年第一次引进蟹苗六十斤,全部放在县城附近的小沟小塘里。结果沟塘里放的旁(螃)蟹长得慢,体形(型)小,而且大部分都爬跑了,产量很低,基本没有收益。"五河县水上公社针对这样的情况,进行了教训总结。1974年250斤蟹苗被放到沱湖里,经过精心的饲养,取得了好收成:"捕获的螃蟹一般都有四五两重,最大的有八两,年产达到四十万斤,产值近二十七万元。这一成功,使干部、群众乐得喜眉笑眼,养蟹的劲头也大了。"不仅如此,为确保螃蟹品质,他们还从提高蟹苗成活率、搞好捕捞工作、加强湖泊管理、保护幼蟹等方面下功夫,发展养蟹产业。

另一份《蟹苗培育成效显著,螃蟹生产形成系列》的档案中,则记载了望江县武昌湖渔场组织精干的科研人员,攻克了培育蟹苗、控制水质和掌握饵料的科学投喂等关键技术,实现了蟹苗的稳产高产,"1993年还培育幼蟹种3890公斤、产成蟹2.5万公斤。全国十几个大中城市和20多个县的客户均来我场抢购优质的人工蟹苗"。

安徽优质螃蟹出口欧美

青壳,白肚,金爪,黄毛……安徽出产的大闸蟹,烹制后色、香、味俱佳,可谓鲜盖百味。特别是改革开放后,人们的生活水平逐年提高,对螃蟹的需求量也在不断增长。1982年《国庆、中秋合肥鱼货供应比去年好》的档案中提到,国庆、中秋两个节日共销售鱼货425366斤,主要包括带鱼、鲢鱼、螃蟹、鲜虾、海蜇皮等。为了丰富居民节假日的"菜篮子",市场供应部门特意安排了螃蟹和鲜虾,"鱼货品种比去年节日多一倍以上,而且有虾、有蟹,这是历年所没有的","多年来在节日期间,从未供应过的螃蟹、鲜虾,今年在两个节日期间从嘉山、巢湖、五河等地组织调进螃蟹二万八千斤……"

螃蟹的品质好自然不愁销路。安徽本地养殖大螃蟹不仅在国内市场占据了一席之地,还出口到美国、加拿大、日本等地。这份《一九八三年我省螃蟹出口工作取得较好成绩》的档案中记载:"对外出口的国家和地区增多。对前几年开辟的美国、加拿

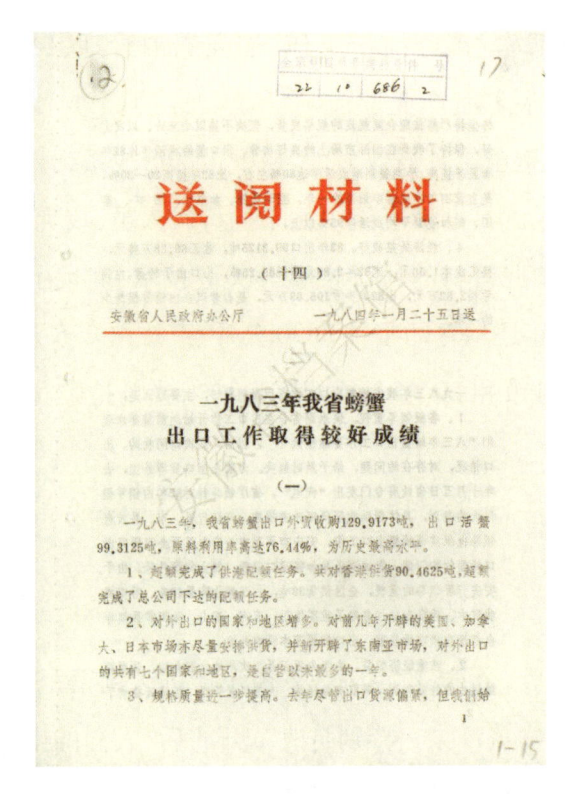

《一九八三年我省螃蟹出口工作取得较好成绩》

大、日本市场亦尽量安排供货,并新开辟了东南亚市场,对外出口的共有七个国家和地区,是自营以来最多的一年。"从档案中得知,1983年安徽省螃蟹出口外贸收购120余吨,出口活螃蟹近100吨。

在《公开招标 股份合作 配套服务——当涂县三管齐下大力发展螃蟹生产》的档案中也提到,当涂县建立了各类螃蟹市场,促进了螃蟹的销售:"在塘南、乌溪、石桥等乡镇建立了以河蟹为主的水产品交易市场""将触角伸向大中城市,部分水产品较大的乡镇在上海、杭州等地建立了河蟹批发市场,将河蟹直接销往城市"

徽风留韵

"开拓国际市场,塘南、护河两乡镇与港商合办的公司,直接将河蟹销往中国香港、东南亚、日本等地"。由此可见,在20世纪80年代,安徽出产的优质大闸蟹就畅销国内外了。

采茶工：为茶辛苦为茶甜

"千树万枝出芽新,将采未采更惜春。时人多识新茶好,一杯新茶值万金。"春茶贵如金,采茶更是讲究时机。每年进入茶季,采茶工们忙碌的身影就构成了一道道美丽的风景线。

采茶季缺采茶工

安徽的茶叶不仅历史悠久,而且品质优良。黄山毛峰、太平猴魁、六安瓜片、祁门红茶、岳西翠兰、舒城小兰花……可以说,在每个安徽人心中都有自己的一幅茗茶地图。

从一片叶子到一杯好茶,既是时间沉淀出的香醇,也是茶农辛勤与智慧的结晶。制茶有多道工序,茶叶采摘是茶叶生产的开始。采茶的时间非常讲究,"清明太早,立夏太迟,谷雨前后,其时适中。"明代许次纾在《茶疏》中谈到采茶的奥秘。经过了一个冬季的酝酿和春雨的召唤,茶叶的鲜嫩与清新被激发了出来。农谚说:"早采三天是个宝,晚采三天变成草。"茶叶采摘的时间直接影响着茶叶的品质。茶叶采摘、制作讲究适时,因而每逢采茶季,就是采茶工最忙碌的时节,也容易出现采茶工短缺的现象。

安徽省档案馆馆藏的1955年《中央转发安徽省委关于茶农雇请短工采茶问题的报告》中就记载:"每到采茶季节,茶农到产粮区雇请短工进山采茶的习惯是由来已久的。这是因为茶区劳动力严重不足,不如此,就不可能及时地把茶叶全部采摘下来。"另一份1962年《同意从屯溪卫校、初中、师范三校抽调五百人支援歙县采茶的批复》的档案中也有类似记录:"据歙县汇报,春茶已经开采,重点茶区因劳力缺乏,茶叶不能按时采下来,影响任务的完成,要求支援劳力。经地委研究,拟从屯溪卫校、屯溪初中、屯溪师范三校,抽五百人支援歙县采茶十五天……"

采茶是非常辛苦的。在采茶季,采茶工每日起早贪黑,争分夺秒。天晴时,他们顶着烈日、戴着草帽;下雨时,他们披着雨衣,掩着茶篓;降温时,他们往往裹着棉袄采茶。采茶更是门技术活,需要细心、耐心,眼要尖,手要快,落点要准。一片片茶叶在采茶工的指尖悠然跳动,被轻巧地抛到竹篓里,划出了一段优美的弧线。刚采出的新茶,芽叶肥硕,色泽翠绿,香气宜人。

培养手法娴熟的采茶工

俗话说:"明前茶,贵如金。"采茶的季节性极强,而且很有技术性。采茶讲究眼明手快,采下的茶叶要求芽叶完整,形态纤细饱满。从没干过的新手想要"上路",起码要经过一个采茶季的磨炼。为解决熟练采茶工短缺问题,各地纷纷通过举办采茶训练班、劳动竞赛等方式,来培养熟练的采茶工。

安徽省档案馆馆藏的1960年《团的工作情况(第12期):共青

团芜湖地委关于茶区青年开展"双高"红旗突击队、采茶能手活动的情况简报》中就提到各地组织学习全国青年采茶能手张青和、徐爱珍双手采茶的方法:"祁门县组织了二千五百多名青年参加了双手采茶训练班,通过采树叶来练习多指并用,双手采茶","宁国县红龙公社强联大队团总支组织的百女采茶突击队,在山上举办工地采茶技术夜校,采取'白天采,晚上学,时时练',请驻队茶叶技术干部上技术课等办法……"

档案中还提到,休宁县在茶区青年中开展茶叶采制"六好"(政治思想好、突破定额好、采制质量好、技术协作好、保护茶棵好、工具改革好)红旗手竞赛活动,层层开展评比,采取山头发奖,现场奖励,登光荣簿,上光荣榜、英雄榜、红旗手栏等办法推动竞赛活动。芜湖茶区青年还编了一首诗反映当时的情形:"万重茶山翻碧浪,东风漫卷红旗扬。口唱山歌身背箩,你追我赶竞赛忙。"

热爱劳动的采茶姑娘

"三月鹧鸪满山游,四月江水到处流。采茶姑娘茶山走,茶歌飞上白云头……"这首经典的《采茶歌》描绘了采茶姑娘在山中采茶的唯美画面。安徽省档案馆馆藏的1955年《热爱劳动的采茶姑娘——江月娥》中就记载了采茶姑娘江月娥爱茶采茶的故事。

安徽的祁门红茶在全国享有盛名。新中国成立前,祁门茶园大片荒芜。新中国成立后,茶叶生产逐步得到恢复和发展,祁门县和平乡江月娥一家就参加了开垦荒地茶园山的运动,学习管理茶

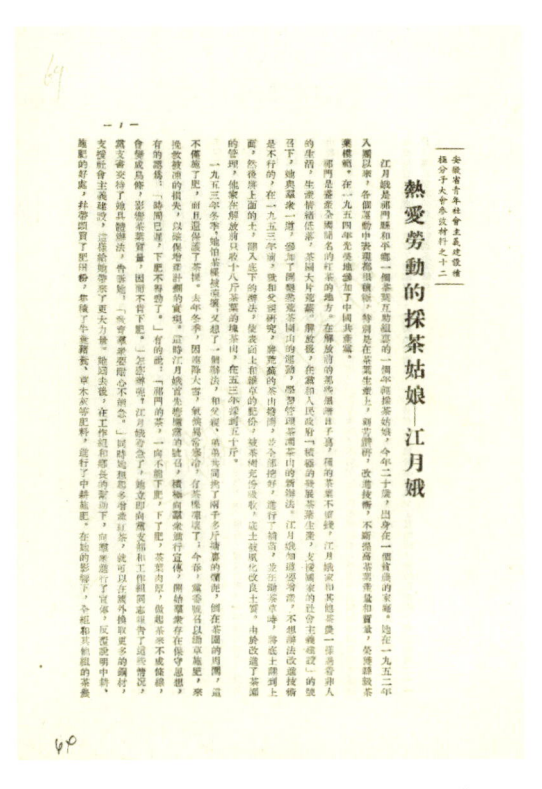

《热爱劳动的采茶姑娘——江月娥》

园新办法。江月娥一边和父亲着手给茶山补种茶苗,一边认真琢磨茶树生长规律,定时浇水施肥,改进茶园管理方法,这使得她家在新中国成立前只收18斤茶叶的那块茶山,1953年产量上升到50斤。

1953年冬季,她怕茶棵被冻坏,和父亲、弟弟共同挑了2000多斤塘泥放到茶园的周围,这不仅施了肥,还保护了茶棵。此外,她在除草的同时施肥,肥料主要有粪便、枯饼、草木灰等。就这样,她家的茶园茶叶产量不断地提高,1954年增加到144斤,1955年增加到150多斤。

此外，江月娥还动脑筋、找窍门，保障鲜茶品质。天热时，刚采下的茶叶放在茶篓内，久受阳光照射，江月娥担心质量会受影响，于是，她就将先采到的茶叶放在树荫下通风存放，十分有效地解决了这一问题。江月娥刻苦钻研，不断改进茶叶生产技术，使得茶叶品质不断提升，为此她荣获了县级"茶叶模范"的光荣称号，并参加了安徽省青年社会主义建设积极分子大会。

徽风留韵

妙"笔"生花有故事

铅笔我们都用过，一支支绿色笔杆、刻有华表图案及商标的铅笔，见证了许多人学习生涯中的难忘时刻。小小的铅笔，它有哪些故事呢？

铅笔行业快速发展

说起铅笔，它其实是一个舶来品。早在16世纪的英国，铅笔就已经出现了，不过那时还是一种木杆石墨铅笔。17世纪，德国建成世界上第一家铅笔制造厂。到了18世纪，法国人研究改革铅芯制造工艺取得成功，提高了铅笔的使用价值，促进了近代铅笔工业的发展。

小小的铅笔是怎样漂洋过海来到我国的呢？这还要从清末时期说起。清末"废科举、办学堂"，使得铅笔一类舶来文具开始出现在国人面前。由于铅笔使用方便，价格低廉，受到人们的喜爱，需求量大幅增加。

中国的民族铅笔制造业诞生于20世纪30年代。当年，身怀实业救国理想赴日留学的吴羹梅在日本的铅笔制造工厂实习，通

昔档今读（第二辑） XI DANG JIN DU

过钻研和学习,掌握了相关关键技术。1934年7月,吴羹梅与留日同窗郭子春和常州同乡章伟士联手创立中国铅笔厂。次年10月,铅笔厂正式投产,月产量2万罗（每罗144支）。新中国成立后,中国铅笔厂改组为中国铅笔一厂,从此中国铅笔制造业进入了全新的阶段,并且诞生了在全国有名的"中华牌"铅笔。

新中国成立后,安徽的铅笔生产也走上了正轨,其中最亮眼的"明星"当属蚌埠铅笔厂。据《安徽省志·轻工业志》记载,1958年蚌埠铅笔厂正式成立。1959年蚌埠铅笔厂年产铅笔达121万支。20世纪60年代初经轻工业部、省计委和市财政投资进行技改扩建,建成了制芯、制板车间及附属设施,实现了从行车带锯、断料、蒸煮、切板、烤板、烘板、刨槽、胶芯、磨头、刨杆、磨光、油漆、印花、切光、上皮头、打印等全部工序机械化流水生产,至1965年,年产达到4000万支。其间,1963年蚌埠铅笔厂被列为轻工业部定点厂,原材料供应纳入国家计划。

蚌埠铅笔厂的快速发展从档案中也可以得到印证。安徽省档案馆馆藏的1965年《关于蚌埠铅笔厂扩建设计任务

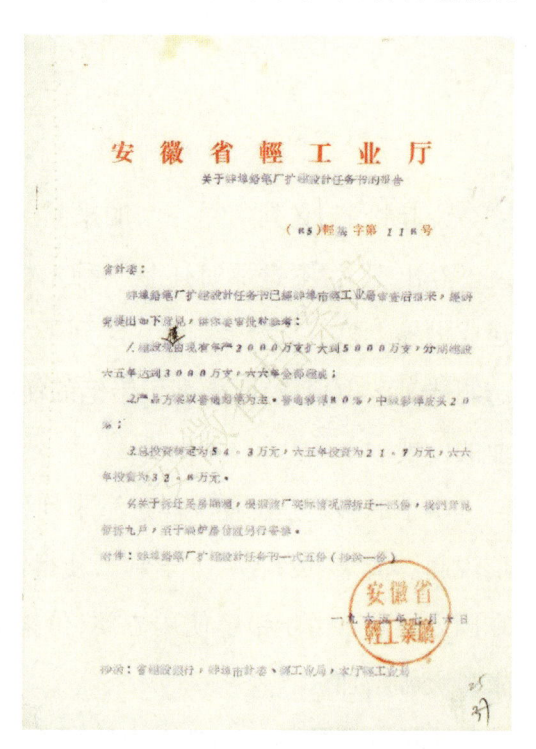

《关于蚌埠铅笔厂扩建设计任务书的报告》

书的报告》中就提到:"建设规模由现有年产 2000 万支扩大到 5000 万支,分期建设,六五年达到 3000 万支,六六年全部建成","产品方案以普通铅笔为主。普通彩杆 80%,中级彩杆皮头 20%"。从 1975 年起,轻工业部拨付资金支持蚌埠铅笔厂进行技术改造,采用了刨杆、磨头联合机等新设备,使年产能力增加到 1 亿支。到 1982 年,蚌埠铅笔厂生产能力已达 1.3 亿余支。"我厂从八四年以来,产品产量由八四年的 15140 万支,八七年达到 19000.824 万支,每年递增 7.87%……"在 1988 年 4 月 15 日《安徽省先进集体登记表(蚌埠铅笔厂)》的档案中如是记载。

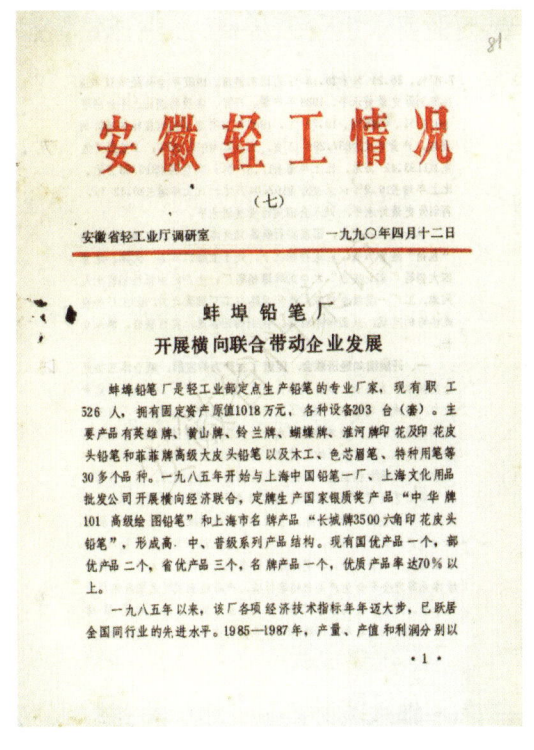

《安徽轻工情况(七):蚌埠铅笔厂开展横向联合带动企业发展》

蚌埠铅笔厂还凭借自身的实力,获得同行肯定。在 1990 年 4 月 12 日《安徽轻工情况(七):蚌埠铅笔厂开展横向联合带动企业发展》的档案中记载:"八五年七月,经上海市轻工业局技术鉴定,蚌埠铅笔厂工装设备、工艺文件、标准化工作、计量工作、质量管理体系等完全符合生产高级铅笔标准,产品达到或超过国家银质奖的水平。"

安徽铅笔品牌众多

随着经济发展和人们需求量的增加,铅笔的种类和品牌日益丰富。20世纪90年代,安徽生产的铅笔种类就有30多种。在《安徽轻工情况(七):蚌埠铅笔厂开展横向联合带动企业发展》的档案中记载:"主要产品有英雄牌、黄山牌、铃兰牌、蝴蝶牌、淮河牌印花及印花皮头铅笔和菲菲牌高级大皮头铅笔以及木工、色芯眉笔、特种用笔等30多个品种。"

不仅如此,人们对铅笔品质的要求也逐渐提高,高中档铅笔越来越受到人们的青睐。《安徽省先进集体登记表(蚌埠铅笔厂)》中记载:"由于社会需求向高档铅笔发展,因此,将过去生产中、普级为主的产品结构,改变为高、中、普级多种类的系列配套产品结构,而以高、中级铅笔为主。"为此,蚌埠铅笔厂开展横向经济联合,打出拳头产品:"我厂于一九八五年与上海中国铅笔一厂、上海文化用品批发公司签订横向经济技术联合,生产国家银奖产品——中华牌101高级绘图铅笔为龙头,后来又扩大生产长城牌3500六角印花铅笔及我厂新产品菲菲牌8611高级大皮头铅笔三个品种。"

这些拳头产品一经投放市场,就获得了良好的社会声誉。档案中记载:"一九八八年英雄牌7002铅笔被评为轻工业部优秀出口产品铜奖""一九八九年在首届北京国际博览会上,菲菲牌大皮头铅笔、黄山牌、英雄牌印花皮头铅笔双获博览会银质奖"。

涂写答题卡要用 2B 铅笔

说起铅笔,许多人的脑海中还会立马浮现两个字母,"H"和"B",尤其是考生们再熟悉不过的 2B 铅笔。那么"H"和"B"究竟代表什么意思呢?原来,石墨铅笔是由木头和铅芯组成,铅芯由石墨和黏土制成,其中 B=BLACK(黑度),H=HARDNESS(硬度),硬质铅芯用"H"表示,软质铅芯用"B"表示,普通硬度用"HB"表示,"F"的硬度是在"HB"与"H"之间。B 数越多就越黑越软,H 数越多就越浅越硬。一般书写用的黑芯铅笔,其铅芯硬度以"HB"为主,绘图、绘画用的以"H"为主。

铅笔制作还需遵循行业标准规范。安徽省档案馆馆藏的 1959 年《关于颁发铅笔国家标准的通知》中就记载,我国对铅笔的基本尺寸及笔杆用木材性质的要求、铅芯的挠曲强度、芯尖受力、铅芯的硬度、铅芯的滑度、铅芯的浓度、包装计量单位等方面制定过标准。比如关于铅笔的滑度,"在 1958 年全国铅笔质量评比中测定的结果,绝大部分厂的产品的滑度指标均在 0.33 左右,接近国际先进产品水平"。

20 世纪 80 年代,从开始用铅笔涂写答题卡后,2B 铅笔就被选定为考试专用笔。为什么 2B 铅笔能从众多铅笔型号中脱颖而出呢?

原来,机器阅卷是光标阅读机利用光反射原理对答题卡进行扫描,是依靠红外线感应碳(石墨)来工作的,我们的涂抹就必须要被读卡机识别,不然就会导致误判。机器阅卷识别选择题答案靠两点,一是铅笔碳(石墨)的浓度,另一个是被涂黑区域面积的大小。2B 以下浓度不够,机器不好分辨;2B 以上浓度够,但石墨含量多,容易扩散黏附到其他答题卡上;2B 铅笔的浓度适中,正符合机器阅卷的要求。

徽风留韵

百炼化为绕指柔

大家都知道"水墨丹青",那你可知道还有一门技艺"铁墨丹青"?它就是芜湖铁画,"以锤为笔,以铁为墨,化砧为纸,锻铁成画"。

铁画作为观赏艺术品出现在清代

铁画是以铁为材料,经锻打成立体折枝花卉,并涂以金色、黑色或彩漆而成。在明朝末年,芜湖已有铁画制作,品种有莲花、菊花、梅花、竹枝等。山西省五台山寺庙中,曾发现刻有明天启年号并有施主姓名落款、注明购自芜湖的"铁花灯"。安徽省档案馆馆藏的《试谈中国铁画档案的特点与分类》中记载:"中国铁画,原名叫铁花,是我国民族工艺百花园中一枝风貌独特、别具一格的奇葩,也是我省特有的传统工艺美术品。"

铁画保持铁的颜色,又采用白色作为底衬,画面黑白分明,虚实相生,层次清晰,立体感强,显得苍劲古朴,典雅俊逸,极具观赏性、艺术性。题材多为人物、山水、花卉、鸟兽、草虫、书法等。品种有传统的成组条屏、挂屏、座屏、灯屏、横幅、条幅等,以及新开发的

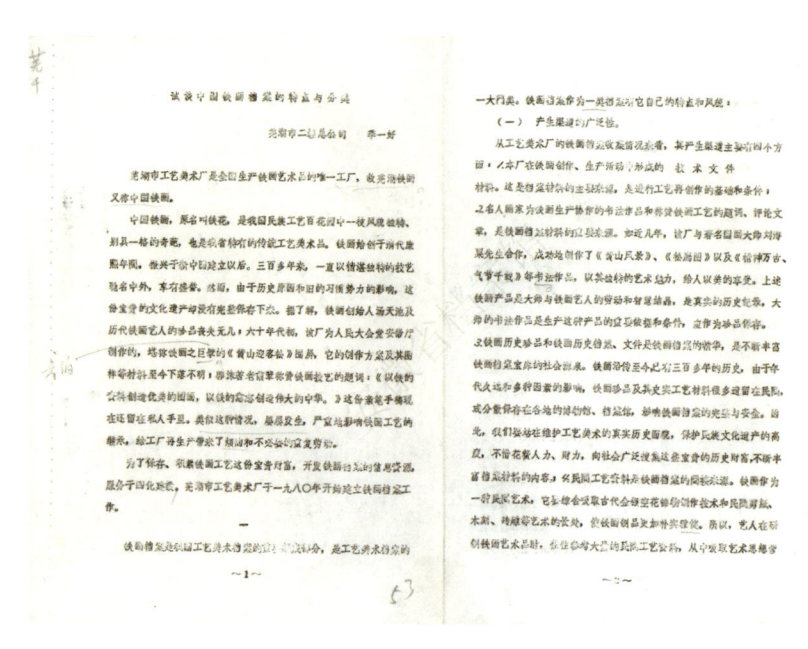

《试谈中国铁画档案的特点与分类》

立体盆景、壁饰(画)、建筑装饰件等,或为鸿篇巨幅,或为尺幅小品。

铁画这种艺术形式为何出现在芜湖?以芜湖为界,沿长江上溯武汉,下至南京,历代盛产铁矿,芜湖有较高水平的冶炼技术,又能够提供优质的铁,这为芜湖铁匠行业的发展创造了得天独厚的条件。相传在春秋时期,芜湖东北方向五六里的赤铸山,又叫火炉山,就是吴人干将铸剑的地方。如今,在芜湖神山公园内仍保留着"淬剑池"遗址。芜湖许多地名也与铁的冶炼相关,如铁石墩、打铜巷、铁山、赭山、赤铸山以及曾经香火鼎盛的铁佛寺。

芜湖地处长江、青弋江交汇处,是鱼米之乡,交通便利,经济发达,工商业繁荣,汇集了各行各业的能工巧匠。明末清初之际,文人名士云集,书画家众多,文化气息浓郁,这也为铁画的诞生创造了良好的环境。

铁画作为观赏艺术品,出现于清代康熙初年。安徽省档案馆馆藏的1985年《铁的艺术——芜湖铁画访问记》中记载,铁画的创始人不是画家,而是一位本来同书画无缘的铁匠,名字叫汤鹏,号称汤天池。传说汤天池聪明过人,他的铁匠铺子正好在明末清初著名画家萧云从家旁边,汤天池一有空就去看萧云从泼墨作画,受此启发,创造了前所未有的铁画。后来,汤天池又得到萧云从的指导,技艺更为精湛。

铁画的问世,震动文坛,当时许多文人雅士纷纷作诗赞美铁画,称颂汤天池是"冶铁神工",达官贵人都来抢购,名噪一时。此后芜湖多家铁工坊争相仿效,在清乾隆、嘉庆年间,铁画盛极一时。

铁画技艺别具一格

铁画用料是低碳钢。铁画以画稿为本,以锤代笔,以砧代案,以炉为墨,讲求心到、手到、力到。铁画锻制过程十分烦琐和精细,是铁画艺术表现力成败的关键。铁画在数以万计的锤击下,由点到面,由线到体,从构件到组合,逐渐从雏形到成型。从选材到锻制工艺,从铁锤击打的节奏,到铁件的淬火,无不表现铁画艺术的精髓所在。

另外,铁画融合了古代新安画派和姑孰画派两大国画派别的艺术风格,吸收了民间剪纸、木雕、砖雕、浮雕、金银首饰等工艺品制作的艺术技巧。同时,铁画借鉴传统国画的章法布局,远景采用疏细线条,近物采用粗犷布局,使整个画面浓淡轻重适度,阴阳反侧相宜,炉锤之巧与画理相通,把绘画同工艺结合得恰到好处。

1964年,郭沫若在参观芜湖铁画后,挥毫题词——"以铁的资料创造优美的图画,以铁的意志创造伟大的中华"。这个评价表达出了铁画最本质的艺术风格和精神内涵。

部分传世珍品藏于安徽博物院

随着时代变迁,汤天池留下的传世作品不多。安徽博物院收藏有一副汤天池的铁字草书对联。此联长115厘米,宽29.5厘米,上联为"晴窗流竹露",下联为"夜雨长兰芽",上联右上角处有"丁卯春三"年款,即康熙二十六年(1687年),下联左下角有"鸠江汤天池"落款。鸠江,即今天的芜湖,作者是汤天池。该对联从头至尾用一根铁条锻制而成,字体流畅,一气呵成,刚柔兼备,充分显示了高超的炉锤技巧,为铁字艺术的开创之作。

除汤天池之外,历史上还有一位铁画大师,他寄技于铁、以文锻画,其文人画风格的铁画一直影响着后人的创作,他就是铁画发展史上里程碑人物——梁应达。

梁应达,字在邦,清康熙至乾隆年间建德市人(今池州地区)。《建德市志·人物·艺术》卷十六记载:"梁在邦,性聪颖,多才能,能善诗画,艰于进取,乃弃旧业,居于铁工邻,因寄技于铁以自娱,凡画工之所不能传者,皆能以铁传之……"梁应达能诗会画,通晓丹青意境、章法及笔墨的趣味,他所作的铁画作品题材广泛、构图巧妙、造型别致、富于诗意、艺韵深厚。他吸收前人铁画之长,自出新意,多以平面结构呈现半立体感,着重于体现笔意和质感,画面景物逼真,线条生动自然,把铁画工艺推向新的高度。

梁应达所制的铁画作品,流传下来的不多。其中的《芦蟹图》《花鸟》《山水》等被安徽博物院收藏。经典之作《芦蟹图》构图简练,一枝芦苇垂折,两只蟹一正一侧,在芦叶边爬行,其妙处是芦叶转折锻打自然,叶面现出霜打枯痕,一只正面爬行的螃蟹是平面结构,却有爬出画面的感觉,是难以用笔墨表现的。

外国客商和传教士将芜湖铁画传到海外

随着铁画技艺的成熟,其影响力也在进一步扩大。清乾隆年间担任过一品大臣的黄钺回芜湖省亲,发现了汤天池铁画,如获至宝,将其带入朝廷,受到乾隆皇帝的喜爱和朝野人士的一致赞誉。就这样,铁画传到了北京,并有艺人对芜湖铁画进行仿制。清朝末年,王府井的春茂山古玩铺是当时专门设计铁画图样的店铺,但仍以芜湖铁画的图样为主。而锻造北京铁画,要数裕升和最有名。晚清时期,裕升和的铁画生意十分兴隆,掌柜赵连生为了扩展门面,招收了徒弟郭武珊。郭武珊后来成为著名的"铁画大王"。

1876 年,芜湖被辟为通商口岸,铁画为外国客商和传教士所购而流传至国外。铁画越过重洋,因其鲜明的黑白对比,兼有西方雕塑美和东方墨笔美,在当时的西方社会上引起强烈反响。如今,国外一些博物馆中还展出有清末、民国时期的芜湖铁画。这也佐证了 100 多年前芜湖铁画已在世界范围流传。

芜湖铁画：老树发新芽

"一九五八年和一九五九年，铁画作品先后出国参加了社会主义国家造型美术展览和巴黎世界博览会，以后每年都有铁画新作出国展出。""芜湖市工艺美术厂是全国生产铁画艺术品的唯一工厂。"在安徽省档案馆，一份份珍贵的档案再现了芜湖铁画的往事。

新中国成立后，芜湖铁画重获新生

1959年5月，一封来自法国巴黎的信让一位安徽芜湖的老人心潮澎湃。这位老人叫储炎庆，是芜湖铁画的传人。这是一份盛情邀约他的铁画作品赴法国巴黎参加展览会的邀请函。很快，储炎庆铁画小组将《花蝶》《牛郎织女笑颜开》《松鹰》三幅作品送去参展。这是新中国成立后，芜湖铁画第一次走出国门向世界展示其独特的艺术魅力。

储炎庆是何许人？他跟芜湖铁画有什么关系？这就要从芜湖铁画的传承说起。继汤天池、梁应达之后，芜湖铁画仿制者虽不及汤、梁之神工，但其工艺世代相传，亦有精品。1881年，芜湖铁工沈国华开设沈义兴铁画铺，专制铁画。其子沈德金继承父业，自称

"汤派嫡传",一直营业到民国初年。由于旧社会经济凋敝,民间艺术不被重视,加之艺人思想保守,技艺不愿外传,至新中国成立前夕,芜湖铁画生产中断,几近失传。新中国成立后,党和政府十分重视古代艺术遗产。1955年,在"百花齐放"方针的指引下,各地开始抢救和保护民间传统文化,其中就包括芜湖铁画这门传统技艺。铁画枯木逢春,重获新生。

安徽省档案馆馆藏的1985年安徽台广播稿第4期的文章《铁的艺术——芜湖铁画访问记》中就提到芜湖铁画相关情况:"在抗日战争前,芜湖铁画就濒临人亡艺绝的境地。解放后,党和政府对恢复和发展民间工艺美术十分重视,早在五十年代初期,芜湖市人民政府就组织专门班子,开展社会调查,寻找铁画艺人。后来找到了一位歇业很久的老艺人,名叫储炎庆,才使铁画绝处逢生,重放

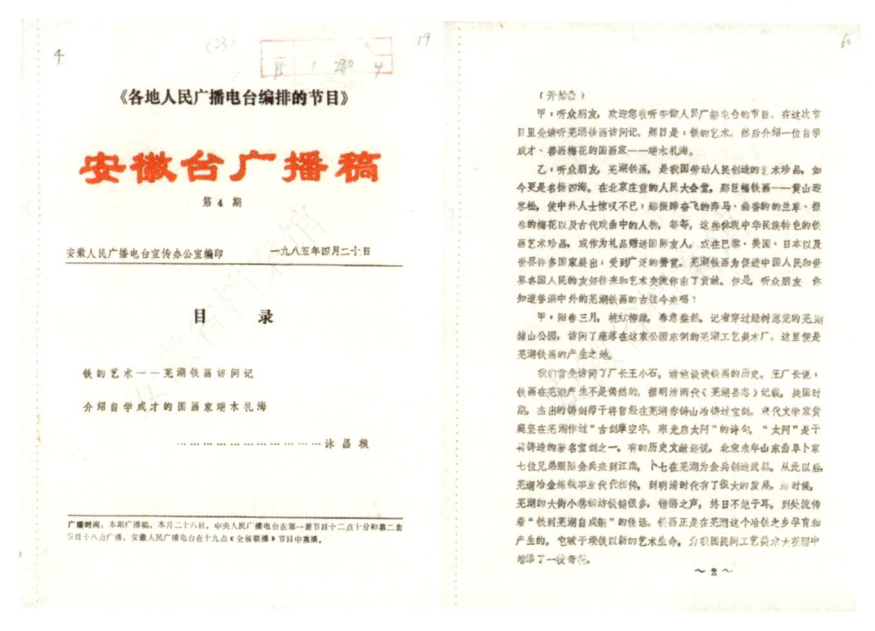

《铁的艺术——芜湖铁画访问记》

光辉。"

储炎庆曾在沈义兴铁画铺当帮工,于是以储炎庆为骨干,成立铁画复业小组,并请当时安徽师范学院教师帮忙,恢复铁画生产。储炎庆起初试制了铁画《断桥相会》,将濒于失传的铁画技艺挖掘出来。此后,他又凭着记忆带领着几个徒弟锻制出了沈家祖传的《梅兰竹菊》《渔樵耕读》以及扁平书法。

这些作品的诞生,激发了储炎庆的创作热情。他在继承传统技艺的基础上大胆创新,创作了不少现代题材的作品,如以徐悲鸿名画为摹本的《奔马》《黄山莲花峰》等。这才有了1959年应世界和平理事会之邀,铁画《松鹰》《花蝶》《牛郎织女笑颜开》三幅作品被选送到法国展出的事。

20世纪50年代,成立企业生产铁画

为了传承铁画这一艺术瑰宝,1956年芜湖成立了芜湖市工艺美术厂,专门生产铁画。安徽省档案馆馆藏的《试谈中国铁画档案的特点与分类》中提到:"芜湖市工艺美术厂是全国生产铁画艺术品的唯一工厂,故芜湖铁画又称中国铁画。"

为了让铁画艺术得到更好的发展,储炎庆招收一些徒弟,手把手地将锻制铁画的技艺毫无保留地教给了他们,培养了一批人才。他的徒弟张德才、杨光辉等继承铁画技艺,不断创新。张德才创作了一批表现工笔画风格的人物造型铁画,有《蔡文姬》《木兰从军》《天女散花》《洛神》等,技法工整,纤细生动,构思别致。杨光辉则创作了一幅立体铁画《墨竹图》,可做全方位观赏,使铁画造型由最

早的简单立体,经半圆立体、平面、半立体,发展到一种更为完美的立体造型。

改革开放以来,芜湖市工艺美术厂通过技术改造,铁画生产采用部分机械锻打和流水作业,提高了产量。在题材和形式方面,既有传统的花鸟虫草,也有现代名家名画;既有挂屏等大型铁画,也有供案头摆设的小型铁画和微型旅游纪念品;既有以宣纸衬底、木框或金属框镶嵌的,也有以瓷盘、瓷板为底板的。安徽省档案馆馆藏的1987年《关于芜湖市工艺美术厂扩建铁画等产品项目实施方案的批复》中提到:"铁画是安徽省芜湖地方传统工艺产品,历史悠久,驰名中外,供不应求。目前生产能力5万件,比1980年年产0.8万件有较大进步,远不能满足国内外市场需求,亟待扩大生产能力。"

铁画《迎客松》驰名中外

如果问在众多的铁画作品中哪一幅最有名,给我们留下深刻印象的莫过于陈列于人民大会堂的铁画《迎客松》。

铁画《迎客松》是1959年为庆祝中华人民共和国成立十周年而作。北京人民大会堂落成后,需布置陈列各地具有特色的传统工艺品。安徽省委仔细研究,多方征求意见,最后决定以芜湖铁画作为本省的代表。

铁画《迎客松》是根据挺立在安徽黄山玉屏峰东侧的迎客松的形象制作的,由以储炎庆为首的铁画制作小组和国画家王石岑通力合作完成。整个作品高2.5米,宽4.5米,由200多根铁的枝干

昔档今读（第二辑） XI DANG JIN DU

和 2 万多枚铁的松针锻接而成，展现了黄山迎客松苍劲古朴、雄伟挺拔和热情好客的风姿。

这么巨幅的铁画作品对锻造技艺要求非常高。铁画《迎客松》的打制是在合肥设炉进行的。由储炎庆率领众弟子以及木工、助手共几十人，在合肥模型厂最大的近 500 平方米的木工车间进行制作。他们造了一座 20 米长的钢板台，8 座冶锻烘炉，日夜练兵试锤，几经练锤，开始了《迎客松》的创作。

铁画《迎客松》已问世 60 多年了，正如周恩来总理评价的那样："这幅铁画做得太好了！铁打的迎客松，象征我们祖国的万古长青。再说我们中国人好客，迎客松的寓意很好。它既有政治气派，又有艺术魅力，是美与力的最佳结合。"

徽风留韵

《熊猫"盼盼"》见证铁画流金岁月

2022年北京冬奥会吉祥物"冰墩墩"一经面世就十分火爆,憨态可掬的它让人不禁想起1990年北京亚运会的吉祥物熊猫"盼盼"。当时"盼盼"受到了民众空前的喜爱与追捧,而芜湖市工艺美术厂生产的瓷盘铁画《熊猫"盼盼"》还被选定为国家礼品,赠送给参加北京亚运会的中外贵宾。

在传承中创新

新中国成立后,芜湖铁画在艺术神韵、工艺手段、题材内容、品种形式等各个方面都在前人的基础上做了创新。画面更讲究传神意蕴和透视,注重点、线、块、面的虚实、粗细、巧拙对比和层次,以跌宕起伏半立体的锤技突破了前人简单的平面式锻打和裁剪,使作品更具立体感、动感和惟妙惟肖的逼真感。

安徽省档案馆馆藏的1985年《铁的艺术——芜湖铁画访问记》中记载:"芜湖铁画近几年来在老艺人储炎庆的四位徒弟杨光辉、张德才、颜昌贵、吴智祥的苦心探索中,在艺术和作品种类上都有了新的突破。他们先后自己设计、锻制了工艺品与日用品相结合的实体铁画、盆景铁画、日用铁画和磁盘摆件等别开生面的新品种。"

铁画大师储炎庆在传授技艺时,选招了数名高级掌钳铁工为艺徒,悉心传授传统铁画技艺,共同研讨新的艺术表现手法。同时,安徽师范大学艺术系王石岑、宋肖虎二位画家,向他们传授国画画理和绘画技巧,将其引入美术的殿堂,使他们胸有诗情画意,笔可丹青吐翠,手能锤底生花,成为集铁艺与画艺于一身的铁画工艺美术师。继储炎庆之后,他的艺徒张德才、颜昌贵、杨光辉、吴智祥等继承了师傅衣钵,成为芜湖铁画发展的生力军,集中创作了一批优秀的铁画作品,如反映人民生活的《饮水思源》《丰收》,以工笔画为基础制作成的《蔡文姬》《西厢记》等。

作品题材更加丰富

改革开放后,芜湖铁画出现了新的繁荣,题材更加广泛。唐寅的仕女、郑板桥的竹子、齐白石的虾、黄胄的毛驴、唐云的芦蟹和安徽名胜黄山、九华山等旅游胜地纷纷成为铁画创作素材。同时以飞禽走兽为素材锻制成的各种旅游纪念品,如猴、牛、金鸡、仙鹤等深受游客喜爱。此外,铁画创作还推广至盆景、瓷板、瓷盘摆件等领域。《试谈中国铁画档案的特点与分类》这份档案中对此也有所记载:"该厂自八二年来,研究了大量前人的作品,从题材到形式都在前人的基础上作了广泛的开拓,研制成功了实体铁画,使之从斋壁雅玩之物一跃成为现代建筑和园林工程的装饰品。"1983年,该厂为铜陵市天井湖公园锻制成功了第一幅全立体铁画《墨竹图》,让铁画艺术走向浮雕、高浮雕的范畴。

徽风留韵

另外,名人书画也是芜湖铁画素材的重要来源。档案中记载:"该厂与著名国画大师刘海粟先生合作,成功地制作了《黄山风景》《松鹰图》以及《精神万古、气节千载》等书法作品,以其独特的艺术魅力,给人以美的享受。"

瓷盘铁画《熊猫"盼盼"》成为国礼

随着时代的发展,铁画艺人在继承传统的基础上不断进行探索,为适应市场需求,按照"工艺品日用化,日用品工艺化"改革思路,创造出彩色铁画、立体铁画、瓷盘铁画、铁画摆件、金画、银画、壁饰画等形式,丰富了铁画的艺术表现形式。现代铁画品类大致分为尺幅小景、大幅铁画屏风、灯彩、铁字、立体铁画等几大类,以及座屏、壁画、书法、装饰陈设和文化礼品等系列品种。铁画品类不同,功能也会不同。尺幅小景、铁字、彩色铁画极具审美功能,立体铁画、灯彩和混合铁画兼有实用功能和审美功能。

瓷盘铁画《熊猫"盼盼"》(资料图片)

1990年,第十一届亚洲运动会在北京举行,这是新中国成立以来第一次举办的综合性国际体育大赛。熊猫"盼盼"作为亚运会吉祥物,一经面世便博得亿万人民喜爱。其中,由芜湖市工艺美术厂生产的瓷盘铁画《熊猫"盼盼"》被选定为国家礼品,赠送给参加亚运会的中外贵宾,轰动一时。

这说起来还有一段故事。1988年秋,全国工艺美术旅游品秋季交易会在广州举行。芜湖市工艺美术厂得知即将在北京召开的亚运会要在全国范围内征购一批亚运礼品,为突出特色,该厂决定向亚运会组委会推荐礼品——瓷盘铁画。图案为浮雕状的熊猫"盼盼"身穿背心短裤,系着腰带,竖着大拇指,高举金牌,欢快地奔向北京。亚运会前夕,该厂将铁画制品送往北京参加亚运会礼品竞选。由于瓷盘铁画《熊猫"盼盼"》寓意深刻,再加上雪白的瓷盘与墨黑的铁画交相辉映,格外引人注目,而且体积小易于携带,非常适合作为礼品,因而被一举选中,定为国礼。一时间,瓷盘铁画《熊猫"盼盼"》产销两旺。这件礼品是芜湖传统工艺产品铁画与亚运会吉祥物"盼盼"巧妙结合的产物,充分体现了芜湖铁画的无穷魅力。

第一批国家级非物质文化遗产

"芜湖铁画锻制技艺"以锤为笔,以铁为墨,以砧为纸,锻铁为画,是铁的艺术,2006年被国务院批准列入第一批国家级非物质文化遗产。经过300多年的传承和发展,芜湖铁画以其与众不同的风格和魅力在艺坛独树一帜。随着时代的发展,芜湖铁画也面临着机遇与挑战。为更好地宣传和展示铁画艺术,2021年,芜湖赭山铁画博物馆建成揭牌。该馆由芜湖市工艺美术厂旧厂房改建而成,占地面积1601平方米,建筑面积3115平方米,藏品数量近1500件。馆内环境优美,有"花园式博物馆"之称,博物馆与工艺美术厂实现馆厂共建完美结合。展馆陈列按接待区、展示区、多媒体区、体验区、存储区等无缝连接，紧邻生产区域，参观时能够亲临铁画制作现场进行观摩与互动，同时设置专区销售芜湖铁画及其他文创产品。该馆策划展览了"芜湖铁画历史展""芜湖铁画艺术精品陈列""铁画艺术馆"等，呈现了芜湖铁画的历史，以及芜湖铁画深厚的文化内涵和精湛的手工技艺，让参观者最大限度地感受芜湖铁画的艺术魅力。

戏曲改革让安徽戏剧大放光彩

"为救李郎离家园,谁料皇榜中状元。""秦雪梅,坐绣楼愁愁闷闷,想起了,终身事常挂在心。""老寇准心腹事他怎知情!"……这一段段脍炙人口的黄梅戏、庐剧等经典唱段,想必您一定能哼上几句。这些优秀剧目之所以能够历演不衰,新中国成立初期的戏曲改革功不可没。

新中国成立初期进行戏曲改革

戏曲一直以来都是人们喜爱的艺术形式。安徽戏曲文化历史悠久,除了徽剧、黄梅戏、泗州戏、庐剧等四大剧种,还有花鼓戏、青阳腔等中小剧种。

新中国成立前,合肥城内有大小戏院(包括固定戏班)三家:一是位于旧文昌宫(原合肥剧场旧址)的新民大剧院,二是位于旧东双井巷16号原市立五小对面的平民剧场,三是位于东门外原凤凰桥前街的人民剧场。当时不少戏曲演员沾染了旧社会的习气,也缺少必要的文化知识和艺术修养。

新中国成立后,戏剧事业受到党和政府的重视。伴随着1951

徽风留韵

年"百花齐放,推陈出新"方针的提出,中央人民政府政务院发布关于戏曲改革工作的指示。原有的戏班整合为国家或集体所有制的剧团,艺人在经历了思想提高与识谱认字的改造之后,成为新中国文艺工作者,大量带有封建糟粕思想的旧戏被禁演或改编,反映社会主义新生活的剧目不断涌现。

安徽省档案馆馆藏的1951年《抄发中央政务院一九五一年关于戏曲改革的指示的令》中记载:"人民戏曲是以民主精神与爱国精神教育广大人民的重要武器。我国戏曲遗产极为丰富,和人民有密切联系,继承这种遗产,加以发扬光大,是十分必要的","必须分别好坏加以取舍,并在新的基础上加以改造、发展,方能符合国家与人民的利益"。

《抄发中央政务院一九五一年关于戏曲改革的指示的令》

这一时期的戏曲改革工作还十分注重对人的帮助和教育,使旧艺人在政治、文化、艺术上都得到提高,使他们接近人民的生活,了解社会的需要。以合肥市为例,1949 年合肥市新成立的皖北区合肥市文化馆受命接收和管理民间职业剧团和民间艺人,对合肥市戏院、民间剧团和艺人进行"改制、改戏、改人"。同年 10 月,合肥市艺人戏曲研究会成立,并组织戏曲艺人集中学习了一个月,使绝大多数艺人思想觉悟、文化水平有了很大提高。

1951 年 3 月,皖北行署文教处发布皖北地区戏曲改进工作要点,提出了广泛团结戏曲艺人及新文艺工作者,为人民的戏曲事业服务,建立各级戏曲改进协会,审定改编传统剧目与创作新戏曲等具体措施。这一年,以庐剧作为改革试点,把合肥市庆寿班改为安徽省地方戏实验剧场,增设导演、音乐、舞美设计等,后改称安徽省庐剧团。1952 年,该剧场大胆改革,推陈出新,在上演移植新剧目《梁山伯与祝英台》时,建立了民族管弦、打击乐队和导演制度,提高演出水平,连续演出 100 多场,观众夜间排队购票。1952 年 12 月 16 日《安徽日报》刊出《谈〈梁山伯与祝英台〉一剧的演出》,文中说:"在演出过程中,观众都很踊跃,有的看过十几次,剧中的唱词和曲调,已在群众中到处流传。在这以前,还没有任何地方戏的演出,在人民群众中引起这样广泛的影响。"

老戏旧貌换新颜

在"百花齐放,推陈出新"方针的指引下,安徽戏曲界挖掘整理、改编移植,创作和演出了大批各种类型的剧目,题材广泛、风格多样,其中有不少成为历演不衰的优秀剧目。

安徽省档案馆馆藏的1951年屯溪市人民文化馆《戏曲改革工作会议提案》中提到:"由各地文教机关遴聘富有戏剧经验的专业人才,并聘请新旧文艺工作者加强戏改会的组织","专人负责经常与文艺工作者取得联系,并广征广大群众的意见,逐步进行剧改"。

这一时期,戏曲艺术焕发出蓬勃生机。戏曲剧目更加丰富多彩,各具特色,广受观众欢迎。黄梅戏小戏《打猪草》《闹花灯》,大戏《天仙配》《女驸马》《罗帕记》成为全国有影响的剧目。一些剧目堪称戏曲中的经典,常演不衰。比如,庐剧小戏《讨学钱》《借罗衣》《小艾送饭》,大戏《休丁香》;泗州戏《拾棉花》《走娘家》《三蜷寒桥》《樊梨花》;徽剧《水淹七军》《百花赠剑》;皖南花鼓戏《当茶园》《假报喜》;淮北梆子《寇准背靴》;含弓戏《刘二姑吵嫁》;坠子戏《小包公》;曲剧《花庭会》等。

1951年5月,为了举办"红五月"联合大演出活动,合肥各戏院连演十天。新民大戏院赶排的京剧《江汉渔歌》《唇亡齿寒》《花木兰》,平民剧场赶排的倒七戏《官逼民反》和本班编剧的《英雄儿女》,人民剧场自己编剧的倒七戏《江汉好儿女》等,无论是剧本还是演出台风都发生了前所未有的改变,吸引了众多观众,上座率甚佳,影响颇大。

1952年11月,安徽戏曲界组成"安徽省地方戏曲观摩演出团"在上海大众剧院演出,深受好评,轰动全城。演出的剧目有黄梅戏《打猪草》《路遇》《柳树井》,泗州戏《小女婿》等。黄梅戏演员严凤英、王少舫,泗州戏演员李宝琴、霍桂霞的表演更是受到观众的追捧。

话剧受到追捧

解放初期,除了黄梅戏、庐剧等地方戏曲广受欢迎外,话剧也成为群众喜闻乐见的艺术形式。当时的安徽分为皖南、皖北两个行署。皖北行署设在合肥,皖南行署设在芜湖。在此期间,各地均无专业话剧组织,拓展话剧主要靠各地的业余剧团和文工团。比如,合肥市业余话剧团演出的《夜店》《李闯王》,受到观众的欢迎。皖北文艺干校在不长的时间内,演出了大戏《棠棣之花》《大渡河》《思想问题》,独幕剧《十六条枪》《钥匙在谁手》《不愿当炮灰》等,深受群众喜爱。1953年3月23日,安徽省成立了江淮地区第一个专业话剧组织——安徽话剧团。安徽话剧团建团伊始,上演了老舍的《龙须沟》和反映开始工业建设的《在新事物面前》,开启了安徽话剧之门,让人民群众开始关注和喜爱话剧这个贴近生活、贴近百姓的艺术种类。

1956年春,北京举行全国话剧会演,安徽话剧团创作的剧目《搏斗》和《归来》参加了演出。《搏斗》表现了两淮人民治理淮河和与洪水斗争的情况。周恩来总理给予很高的评价,这让话剧演员们很受感动和鼓舞。《归来》是一出独幕剧,描述了干部进城后作风忘本的故事,获得了演出一等奖,演员二等奖、三等奖。

此后,借着全国话剧会演这股东风,该剧团还排演了话剧《家》,在合肥掀起了一场话剧热潮。剧场门庭若市,一票难求,有

徽风留韵

的观众甚至带着被子睡在售票厅里,为的就是能买到一张《家》的门票。《家》在省内外成功演出 100 多场,好评如潮。此后,《毒手》《年轻的一代》《兵临城下》等话剧的上演,掀起了一阵又一阵的话剧热潮,使话剧成为老百姓生活中一种重要的娱乐方式。

青阳折扇：方寸之间显风骨

骄阳似火，酷暑难耐。记得在空调还未普及的年代，若想清爽度过炎热的夏天，必定少不了一把扇子。

青阳折扇的起源发展

安徽省档案馆馆藏的《一九八一年全省轻工业优质产品申请表（普通纸折扇）》的档案里，一张保存完好的荣誉证书让人眼前一亮。这张荣誉证书是当时的轻工部工艺美术公司给安徽省青阳县九华工艺厂颁发的，记录了该厂生产的竹骨纸折扇在1981年全国扇子质量评比中，被评为同期产品并列第三名。这里提到的竹骨纸折扇就是大名鼎鼎的青阳折扇。安徽制扇历史悠久，早在明代，青阳折扇就因品质上乘、穷工极巧，跻身全国名扇之林。

古往今来，扇子与人们的日常生活结下了不解之缘，一把小小的扇子，融实用价值、美学价值于一体，蕴藏着丰厚的文化内涵。扇子在我国已有3000多年的历史，中国历来就有"制扇王国"之称。晋崔豹的《古今注》记载，最早时，殷代就有用雉尾制作的长柄扇，因此汉字"扇"里面有一个"羽"字——早期的扇子取材于雉鸟的羽毛,而且像翅膀一样,可以张合。随着工艺的发展,扇子有了更多的形态和用途。隋唐两代盛行于世的主要是纨扇、羽扇以及少量的纸扇。宋代之后,折扇渐渐流行。明清时期,在折扇上题字作画的风气兴盛起来。

扇子可以分为两大类:一类是平扇,包括团扇、葵扇、麦草扇等,不能折叠;另一类是折扇,可自如收叠。

古人称折扇为"聚骨扇",聚头散尾,是一种用竹、木或象牙做扇骨,韧纸或绫、绢做扇面,可以折叠的扇子。青阳折扇属于折扇的一种。一柄青阳折扇,需要历经选料、破篾、成型等二十多道工序,其中最为独特的便是"水磨玉骨"。匠人们用蘸水后的沙树叶,反复打磨扇骨骨坯。粗糙的叶面与水的细腻,最终赋予折扇光滑透亮、温润如玉的外形特质。正是这一道独一无二的工序,使得青阳折扇赢得了一个美誉——"大九华水磨玉骨绢扇"。

青阳折扇又称"九华折扇",多生产于九华山周边乡镇,在清朝时为上呈朝廷的岁贡之物。黑面扇、水磨玉骨扇、黑面描金九华山全图扇颇为畅销,宣纸面扇更是远销日本。民国时期,青阳折扇的制作工艺一度失传。新中国成立后,安徽省有关部门便着手组织恢复纸折扇和羽毛扇生产。20 世纪 50 年代,青阳县成立九华折扇厂,继承传统工艺,恢复九华折扇生产。随着生产的发展和壮大,1979 年,九华折扇厂进行了改造和扩建,成立了青阳九华工艺厂,生产"九华山"牌折扇。

"水磨玉骨"非遗传承

"正如北京用户称,你厂扇骨色泽鲜亮光滑,具有'还其庐山真面目'的独特风格","扇面印有九华山、黄山、北京等风景画及部分花鸟的扇面便于全国各地销售,尤其是九华山全景扇面,不仅是游览九华山的很好纪念品,而且兼有九华山游览指南之妙用"。《一九八一年全省轻工业优质产品申请表(普通纸折扇)》的档案,不仅反映了青阳折扇生产发展的情况,也让大家从丰富的信息中捕捉到当时社会生活的点滴。

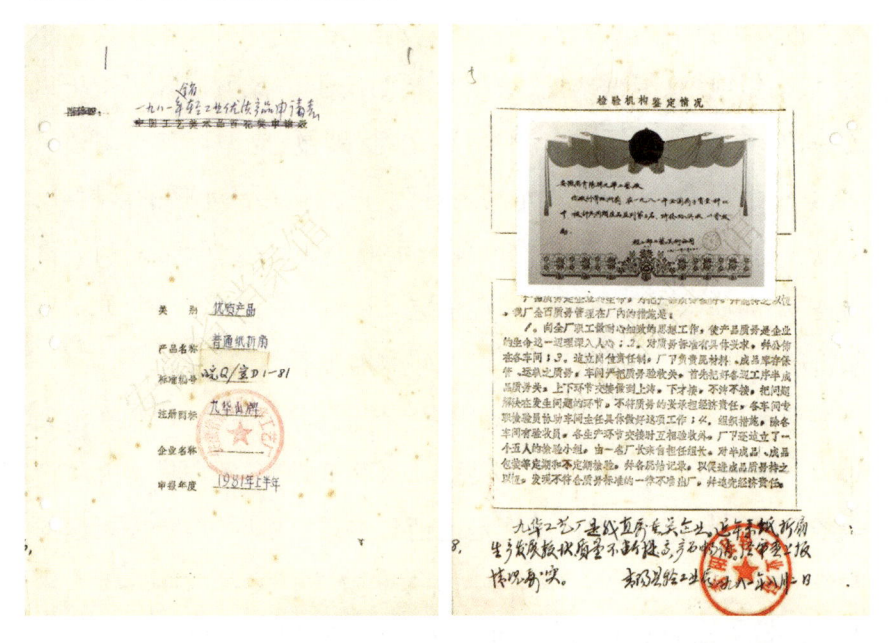

《一九八一年全省轻工业优质产品申请表(普通纸折扇)》

"出入君怀袖,动摇微风来。"明清以后,折扇成为文人手中的必备品。文人把玩折扇,扇面上通常附以书法、国画、诗词等内容。青阳折扇之所以经久不衰,有两点原因:从实用性上来说,青阳折扇结实耐用,具有实用性强、好携带等特质,用来纳凉再好不过。从文化性上来说,它是文化用品,扇面上有名家的字画,拿在手上还可以把玩一番。

青阳折扇以九华山区所产毛竹剖篾制骨,矾表宣纸为扇面,加绢边精制而成。青阳折扇分普通扇和高档水磨玉骨折扇两大类。高档扇制作讲究,又分水磨云母、水磨绢矾、女绢扇等。传统产品泥金九华全图黑折扇,扇面用高级皮纸制成,遇水不沾,上绘黑底描金九华山导游图,背面有李白名句"昔在九江上,遥望九华峰。天河挂绿水,秀出九芙蓉",也是黑底描金,精巧雅致,为当地旅游纪念佳品。1980年以后,青阳折扇生产大部分工序已实现机械化,日产量最高可达1万把,商品远销北京、佛山、西安等旅游商业点,供不应求。

据史料记载,1981年,青阳九华工艺厂纸折扇获轻工业部优质产品证书,1983年产量100多万把。泾县工艺厂的水磨玉骨折扇在1985年全国同行业质量评比中名列第二,为安徽省优质产品。1985年,安徽纸折扇产量为56万把,羽毛扇为45万把,产值41万元(包括戏剧、舞蹈道具用扇),主要生产企业为青阳九华工艺厂、泾县工艺厂、肥西三河羽扇厂和当涂湖阳羽制品厂。

随着时代的变迁,青阳折扇不断推陈出新,工艺折扇渐成新宠,成为人们珍藏的艺术品。青阳折扇2007年被列入池州市市级非物质文化遗产名录,2010年被列入安徽省省级非物质文化遗产名录。

千年舒席:竹香润盛夏

盛夏到,凉席俏。作为家居必备消暑"神器",竹席编织有着上千年的历史。安徽竹编业历史悠久,竹席品牌众多,舒席就是其中的佼佼者。

细说舒席由来

古人把凉席叫"夏簟"或"凉簟"。簟是一种竹制的席子,也指用细芦苇编织的席。在早期,席和簟是有严格区分的:席子性温,是冬天用的,而簟性凉,是夏天用的。夏簟祛暑降温、凉爽宜人,所以古人又称其"夏清侯"。

安徽竹编业历史悠久,源远流长,驰名国内。安徽竹材资源丰富,皖南、皖西及沿江一带均有竹编专业生产厂家或从事竹编副业生产的农民。其中,以舒席和徽州工艺竹编最为著名。1988年在潜山潘铺乡彭玲村发现的西汉古墓中就有竹席残片,由此可见,安徽竹席生产已经有2000多年的历史。

唐代舒州诗人曹松赞颂家乡物产舒席:"细皮重叠织霜纹,滑腻铺床胜锦茵。八尺碧天无点翳,一方青玉绝纤尘。蝇行只恐烟粘足,客卧浑疑水浸身。五月不教炎气入,满堂秋色冷龙鳞。"宋代,今潜山、怀宁、舒城一带,编织竹席也已相当普遍。

明代,舒席作为特产贡品,被称为"龙舒贡席"。相传明朝天顺年间,有一篾工借宿于平顶山上孝子庙(舒城北门外),曾取此山水竹编龙纹花席,赠予方丈以答借宿之情。后有吏部尚书秦民悦(舒城人)上山焚香,见到此席十分欣赏,遂问其故。方丈回答:"此席乃取本山小叶水竹精工制作而成,冬暖夏凉。"秦将此席带到京城,进贡给皇上,竹席被赐名为"顶山奇竹,龙舒贡席"。此后,该县生产的竹席,即以"龙舒贡席"称名于世,亦简称"舒席"。

舒席以当地盛产之小叶水竹为原料,先将水竹剖成竹坯,经刮、煮、晒,成为光篾,然后用以织席,需经十几道工序。舒席篾丝细密,编织精致,柔软光滑,凉爽消汗,不生蛀虫,可折可卷。舒城工匠不断探索技法,将传统的纹样图案、字画翎毛花卉编织为惟妙惟肖的精美竹编画。

舒席曾多次参加国际、国内展览,都得到很高的荣誉:1906年作为中国名产在巴拿马国际商品赛会上获得篾业一等奖;1912年获得芝加哥商品赛会一等奖;1926和1934年分别参加上海、杭州两次全国展览会,均获得一等奖,分获银质奖章和金牌。

舒席远销国内外

舒席的发展也经历过起伏和波折。民国时期,舒席一度衰落。新中国成立后,在党和政府的大力支持下,1953年专业工匠走合作化道路,全县组织篾业合作社17个。1956年成立地方国营舒城县舒席制造厂，编织技艺不断提升。舒席编织人在技艺与装饰素材上不断探索，图案日趋多样，像动物、植物、自然、几何以及书画等均可编入席间。后来，编织人引进苏绣挑针编织法融入舒席编织技法中，制作出了一系列图案精美、造型典雅、篾纹细腻、形态优美的竹编工艺品。

20世纪50年代，舒席作品《克里姆林宫钟楼》《和平鸽》《天安门》等曾送北京展出。1953年，舒席参加了莫斯科国际经济展览会，获工艺美术金奖。北京人民大会堂安徽厅《五谷丰登》《牡丹》两幅巨型竹编画均由舒城县舒席厂设计编织。档案中还记载："1951年起相继编制'宝塔''丹凤朝阳''和平鸽子飞地球''新绿''鸳鸯''松鹤'等多种多样的花纹、图案、模型、风景的高级艺术品。"

在老艺人的传授下，许多青年人也熟练地掌握了竹编画的技术。如郑板桥的《兰竹图》、徐悲鸿的《奔马图》、现代画家刘继卣的《虎》和神话传说故事《嫦娥奔月》《天女散花》等竹编画作品，既保持了原作的风格，又显示出竹编特色，赢得了大家的喜爱。

舒席的优点很多。安徽省档案馆馆藏的1959年《跨上了千里马的舒席制造厂》中就提到，舒席是用竹子编制的名特产品，是人们在炎热时期的最好卧具。其优点是规格好、质量佳，篾纹细致，柔软光滑，凉爽消汗，从不沾身，睡在上面使人感到心情愉快，并能折成五六寸长的小卷子，或小方块，携带旅行，极为方便。

舒席产品远销东南亚等地区，深受海内外人士的喜爱。档案中就记载了，1958年舒席制造厂接到中国出口公司转来的泰国商

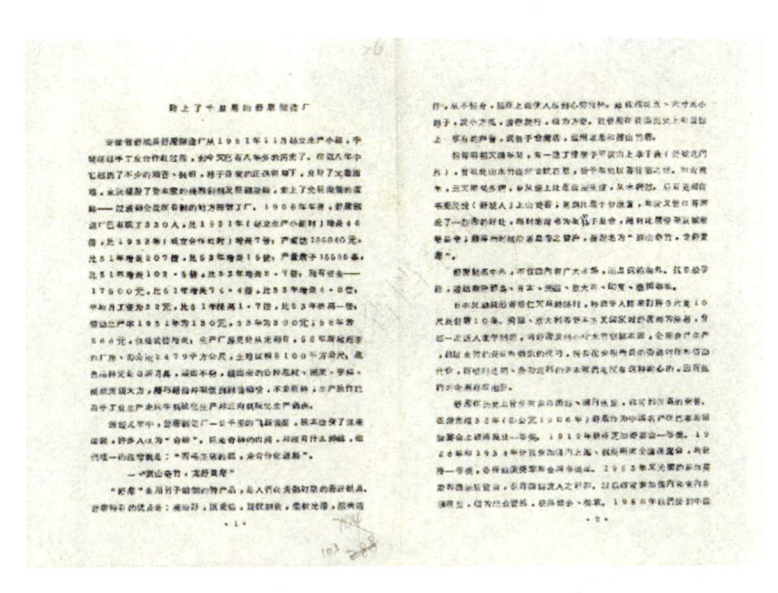

《跨上了千里马的舒席制造厂》

人的一封信,信上说:"龙舒竹席,质地优美,清凉柔软,铺上精神愉快,梦境甜蜜。舒席一到,竞买一空。"

舒席成为安徽省非物质文化遗产

改革开放后,舒席贸易日益开放,生产得到迅速发展。1955年,潜山县竹席产量为 60 余万条。到 20 世纪 80 年代,潜山竹席年产量就高达 200 万条,成为当地家庭的主要副业。

潜山县汪河乡因盛产水竹而为竹席传统产区。当地有谚:"家住梅湖(王河乡)不用讲,剖篾编席是内行,男剖女编个个会,早晚竹席伴身旁。"到了 20 世纪 90 年代,随着舒席需求量进一步加大,舒席生产作坊和家庭小厂如雨后春笋般涌现,仅王河乡舒席家庭小厂就有 1.2 万多家,从业人员 3 万余人,年产值 2500 多

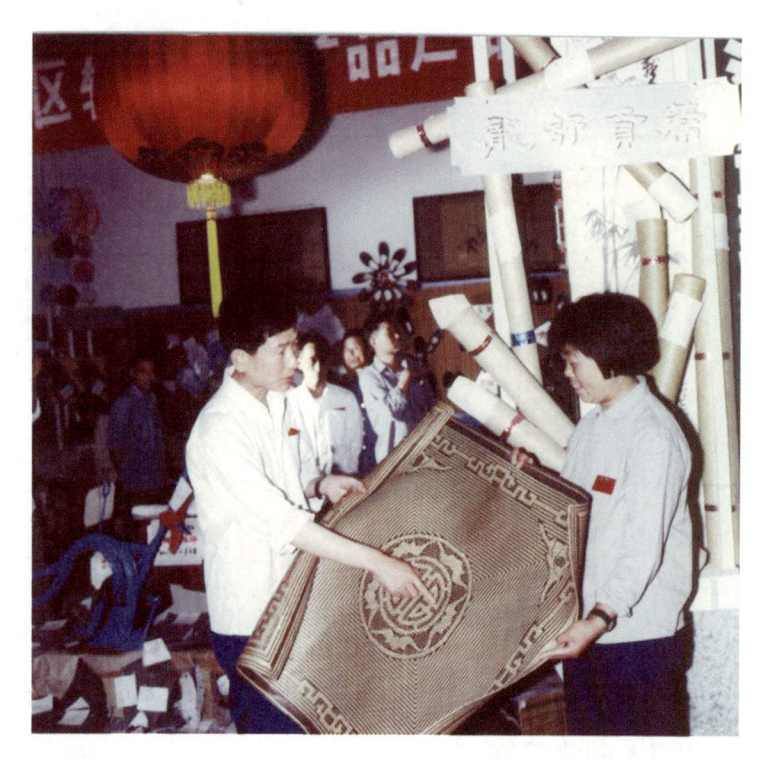

昔档今读
（第二辑） XI DANG JIN DU

1977年，安徽轻工业产品展销会上展出的龙舒贡席

万元。

《安徽省委负责同志在舒席生产原料亟待解决问题上的批示》中有记载，潜山县王河乡是久负盛名的舒席之乡，远在唐宋时期，这里的农民就开始编制竹席，"据1985年乡政府的年报统计：全乡四千四百多户就有四千二百多户编织竹席，从七八岁的小孩到六七十岁的老人，不分男女人人会编。一九八五年竹席产量达六十万条，竹席收入占总收入的百分之五十六点五，算得上是舒席专业之乡。"

舒席之所以受欢迎，还是因为其品质过硬。在人们心目中，一条好的舒席，可以用上几十年都不会损坏，色泽莹润，且越用越凉爽。

2008年，舒席因其独特的制作工艺、产地优异的水竹原料和蕴含深厚的文化内涵被列为安徽省非物质文化遗产。2018年3月，舒席成功入选"国家地理标志保护产品"名录。

"四季"里的徽菜

三餐四季品味徽菜美食,人间烟火创造滋味生活。2022年,安徽省启动"新徽菜·名徽厨"暖民心行动,着力培育徽菜师傅,发展徽菜产业,打造徽菜品牌,让"皖美味道"服务群众,走向全国。

徽菜的起源与发展

徽菜是中国饮食文化宝库中一颗璀璨的明珠,为中国"八大菜系"之一,起源于歙县(古徽州),原是徽州山区的地方风味。《徽州府志》记载,宋高宗问大学士汪藻"歙味",汪藻回答:"雪天牛尾狸,沙地马蹄鳖。"徽州在宋以前称为歙州,宋徽宗宣和三年(1121年)改名为徽州,治所在歙县。可见早在南宋时期,用徽州特产做菜已较为闻名。

古徽州商业兴盛,徽菜因此而起。位于新安江畔的屯溪小镇成为当时"祁红""屯绿"等名茶和徽墨、歙砚等土特产品的集散中心。一些经营徽菜的名师也转战到屯溪,徽菜在屯溪开始兴起。一些徽商致富后逐渐"食不厌精,脍不厌细",客观上促进了徽菜烹调方法的改进创新,也培养了一批技艺高超的徽菜厨师,对徽菜的发展起到了促进作用。

随着徽商影响力向外拓展,徽商与徽州士绅集团的地方口味使徽菜声名远扬。明清两代,徽商进入鼎盛时期,商人足迹遍布苏、浙、赣、闽、沪、鄂等地,其言谈举止自然影响到当地人们的生活方式,徽菜这种地方风味也逐渐进入当地市场。

如今徽菜的概念有所扩大,包括皖南菜、皖江菜、合肥菜、淮南菜、皖北菜等。

绿水青山造就独特风味

《关于传统徽菜情况调查汇报》中记载的徽菜有 200 多个品种,其中烧清鱼头尾、烧划水、烧肚当、青螺炖鸭、火腿炖鞭笋、黄山

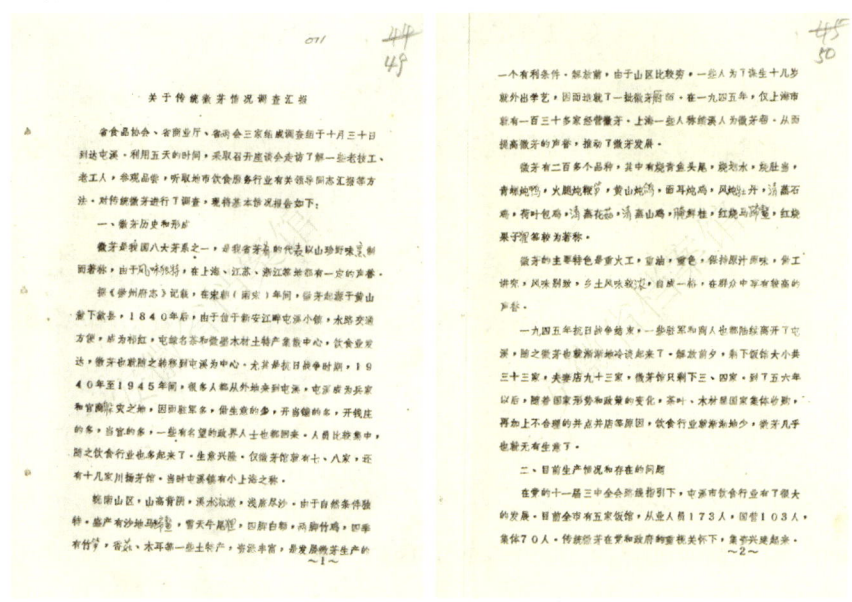

《关于传统徽菜情况调查汇报》

炖鸽、凤炖牡丹、清蒸石鸡、荷叶包鸡、清蒸花菇、腌鲜鳜、红烧马蹄鳖等较为著名。从这些菜名中，不难看出有不少食材取自当地特产青螺、竹笋、火腿、甲鱼、花菇等。

徽州多山，山蔬野味是徽菜的一大特色。徽州地区植物有上千种，其中不少可以食用，比如花菇、平菇、香菇、白木耳、黑木耳、石耳与高山石耳等，还有蕨菜、黄花菜、金针菜、水芹菜……这些食材既可做主料，也可做配料，味道鲜美。

如果说"居不可无竹"是一种风雅，对于徽州人来说，食不可无笋是生活的真实写照。徽州人一年四季都可以吃到嫩笋，正如宋人诗句赞美的"好竹连山觉笋香"。笋的种类有数十种，尤以歙县问政山出产的竹笋为佳，笋箨红肉白，异常鲜嫩，坠地即碎。在《安徽通志》中有这样的记载："笋出徽州文邑，以问政山者味尤佳。"

竹笋品种各异，吃法不同、切法不同、配料不同。徽菜以竹笋为主料做的菜较多，火腿炖鞭笋、绿笋鸭煲、炒三片、炒笋丝等都是以笋为食材的名馔。鲜嫩淡黄的毛竹笋可用来炖老鸡、烧排骨、油焖，而如同纤纤玉指的水竹笋、筅竹笋、紫竹笋、金竹笋，可同腊肉、青蒜、红椒煸炒，色彩丰富，惹人喜爱。火腿炖鞭笋是选用六七月间未出土的笋鞭嫩头，佐以火腿细炖，汤清味醇，肉鲜笋嫩，异常芳香。而细长的燕笋还可用盐腌制，作为未来的食物储备。温泉山笋选用之笋是秋季大雁来时刚出土的笋尖（又名雁来笋），去皮水煮，煮后切块，加调味品拌之，笋色淡绿，味醇清香，松脆鲜甜，特别是在罕见鲜笋的秋季，实为难得的佳肴。

就地取材，以鲜制胜，是徽菜的一大特点。绿树丛荫、沟壑纵横、气候宜人的自然环境，为徽菜提供了取之不尽、用之不竭的食材原料。档案中记载:"资源丰富,是发展徽菜生产的一个有利条件。"

四季时鲜成就经典徽菜

安徽省档案馆馆藏的1984年《有关徽菜简况》中有这样的表述,目前经营的徽菜,主要依据山区的天时、地利和季节变化,随之更换徽菜品种,如春天有腌笃鲜、炒二冬、桃花鳖等,夏天有清蒸石鸡、清炒鳝糊、清炖沙地鳖等,秋天有清蒸花菇、冰糖板栗、徽州栗球等,冬天有冬笋山鸡片、卤兔肉、腌鲜鳜鱼等。"这样徽菜菜品平常供应的有五十个左右,再加上季节的变化,原料多一些,那么品种也相继而增加。"

春天,草长莺飞,万物复苏,"桃花流水鳜鱼肥"。三四月份正是鳜鱼上市旺季,可蒸可红烧,也可制成名菜臭鳜鱼,鲜嫩肥厚的肉质,让食客唇齿留香,久久不能忘怀。春季里的野菜成为香饽饽,如香椿芽,无论是凉拌、炒土鸡蛋,还是做香芽春卷,或放在火锅里涮一下品尝,清香扑鼻,纵然住在高楼大厦,也好似身处大自然绿色的怀抱之中。

另据档案记载,春茶也是徽菜的常用原料,可用鲜嫩清香的茶尖,佐以白玉般的虾仁,也可用香油清炸,撒上糖粉,是下酒的上品。

春季又是制作徽菜特制调料——焖酱的最佳季节,把黄豆、蚕豆、青豆煮后,用新长出的黄腊草捂盖,使之充分发酵。经过整个夏天的暴晒、夜露,到了秋天就成为咸鲜可口的焖酱。还有家家户户制作的豆腐乳、晒干菜、磨楂粉，都是在春季里进行的。

夏季是黄花菜盛开的季节，生长在海拔800米以上的高山环境中的黄花菜品质尤佳。黄花菜洗净、蒸熟、晒干，无论是拌、炒，还是炖汤，都是提鲜的佳品。另外，蕨类植物随处可见，其嫩茎可与肉丝同炒，称龙爪肉丝；采其嫩茎入沸水氽过后晒干，制成干蕨菜，易于存放；其鲜根经棒槌砸碎或石臼打成蕨渣后，放入布袋，入水过滤，搓洗沉淀取粉，称蕨粉，可制成蕨粉汤圆，内包芝麻糖，民间宴席有以其做甜点心，也有做蕨粉粿或蕨粉羹等。

秋天是板栗上市的季节，软糯香甜的板栗是菜品中必不可少的主角。香菇板栗、板栗烧鸡是食客们必点的美味。

在冬季，清炖汤菜备受欢迎。从山崖上采摘灰褐色的石耳可以制作石耳炖鸡、石耳老鸭煲、石耳豆腐丸等名菜。

徽商舌尖上的"乡愁"

沿着新安江这一黄金水道,徽州人把茶叶、文房四宝、漆器等货物带入市场,更把独特的家乡风味带到了全国各地。有徽商的地方就有徽菜。徽菜之于徽商,与其说是一种偏好,不如说是一种乡愁。

徽菜红遍神州

"徽菜是我省的代表菜,是全国八大菜肴之一,在全国都有很大声誉。徽菜不仅在徽州经营,而且在解放前,上海、浙江、江苏等地也有经营。例如上海,在抗战初期,开设徽菜馆就有一百三十多家。其他还有苏州、南京和长江下游大小城市均开设有徽菜馆。解放后,随着社会主义事业的飞跃发展,徽菜又发展到了山西、陕西、河南、湖北等省。"安徽省档案馆馆藏的《有关徽菜简况》中就有这样的表述。

徽菜是如何走出徽州的呢?徽菜与徽商有着千丝万缕的联系。徽州自古以来山多田少,农业收入不足以自给,人民转而从事手工业和商业。且徽州地处新安江上游,水路交通发达,利于贸

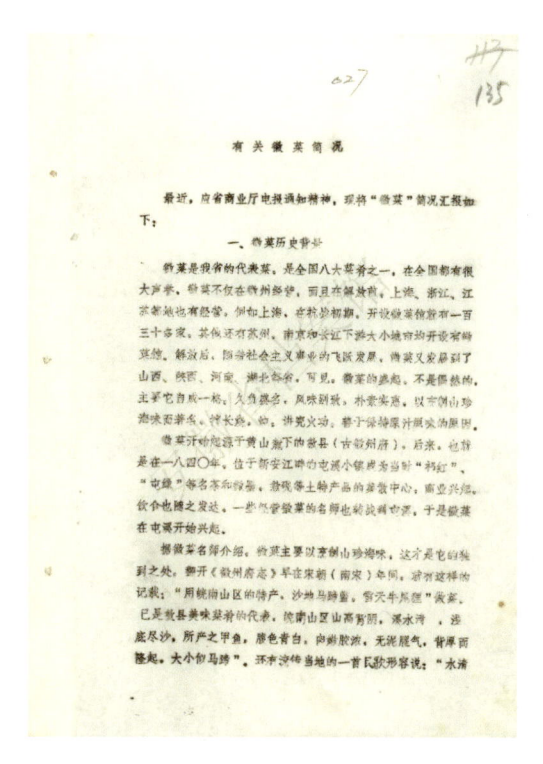

《有关徽菜简况》

易。徽商将竹、木、茶、文房四宝、漆器等地方特产源源不断地输送到市场,促进了徽商的繁盛。随着徽商财富的不断积累,在外安家置业的徽商,对饮食的要求也逐步提高,并且他们也有足够的财力投入其中,而最让他们眷恋的莫过于家乡的菜肴。

徽商的崛起促进了全国各地徽菜馆的出现,徽商常常用徽菜招待客人,在一定程度上促使一群人去学习烹饪徽菜,从而培养了一大批出色的徽菜厨师。名厨也带动了徽菜烹调方法的创新,为徽菜的发展起到了至关重要的推动作用。

绩溪县素有"徽厨之乡"的称号。清代,绩溪伏岭下村可谓家家户户出徽厨,他们作为徽帮厨师的主力军,把徽菜馆开遍了大江南北。《绩溪县志》中就提到了绩溪人旅外经营徽菜馆的历程：清初县人多营此业于徽州府、屯溪。后来沿徽宁路与徽杭路向外拓展，创店于宁国、宣城、杭州、嘉兴、湖州、金华、兰溪，初为面馆。清乾隆末徽班进京，徽州烹饪业伴入京都，遂名徽馆，为徽州面馆、酒菜馆的统称。咸丰、同治年间进入杭、嘉、湖、苏、沪、宁一带城镇码头。清末扩展至武汉三镇。抗战期间开拓川、湘、桂、云、黔等地。新中国成立后部分转迁豫、晋、甘、辽等省。绩溪县人历200余年在全国14省、市开办徽馆412家。仅清咸丰年间至新中国成立初百年中就有350家，从业者近8000人，为庞大旅外商业队伍中的劲旅。有名的徽菜馆非常多，如上海的大中国、大中华、第一春、大富贵、丹凤楼，武汉的大中华，南京的别有天，各地的同庆楼等。徽菜之兴盛由此可见一斑。

徽菜馆曾云集上海滩

2022年，安徽省开展"新徽菜·名徽厨"暖民心行动，主要目的之一就是发展壮大一批"新徽菜"特色餐饮龙头企业，繁荣餐饮文化市场。其实早在一百多年前，作为中国"八大菜系"之一的徽菜是最早进入上海餐饮市场的。上海徽菜馆追溯起来最早的要算小东门的大铺楼。此馆是1885年绩溪上庄村的胡善增领头所办，采取集资入股的办法，每股收银一百元开设而成。大铺楼开张后一举成功，菜品以红烧见长，名菜有方块肉、仔鸡、蹄髈、鳜鱼、火龙锅等，且很快增开了"东大铺楼""南大铺楼"两家分店。这也让其他徽州人效仿，徽州名厨师纷纷前来掌勺，徽菜馆应运而生。

徽菜烹调讲究火功,注重保持原色、原汁、原味,菜肴朴素实惠、醇浓可口,高低档次齐备,深得沪上食客青睐,徽菜馆声名鹊起。据《老上海》资料称,1925年前后,"沪上菜馆初唯有徽州、苏州,后乃有金陵、扬州、镇江诸馆"。这里的"苏州"馆指原在姑苏的徽商邵之望、邵家烈迁移到沪开设的天福园、九华园、鼎半园等菜馆。无独有偶,上海名记者曹聚仁在其《上海春秋》中说:"本来独霸上海吃食业的,既不是北方馆,也不是苏锡馆子,更不是四川馆子,而是徽菜馆子,人们且看近百年笔记小说,就会明白长江流域的市场,包括苏、杭、扬、宁、汉、赣在内,茶叶、漆、典当都是徽州人天下,所谓徽州人识宝,因此,饮食买卖,也是徽菜馆独霸天下。"

据记载,20世纪40年代,仅上海一地的徽菜馆就有130家之多。这里就不得不提到现今沪上历史最久、规模最大的徽菜馆老字号丹凤楼。1881年,安徽绩溪伏岭下人邵运家在上海创办丹凤楼。邵运家早年来上海做面馆生意。他头脑比较灵活,经营得当。丹凤楼因为物美价廉,生意红火,成为当时绩溪旅沪徽面馆中享有盛誉的店家。1920年,丹凤楼老店新开,从早期传统的面馆转型为徽菜馆。1930年,绩溪伏岭同乡邵在杭接盘丹凤楼菜馆,经精心运作,一时间宾客盈门。抗战期间,丹凤楼风雨飘摇,勉强维持。1940年,绩溪乡人邵之林、邵增仁等8人集资盘下丹凤楼,易名为大富贵酒馆,重新组织经营。经理邵增仁善经营、会管理,通过翻制各式新品种,不断提高菜品质量,赢得了顾客的喜爱。

抗战后,大富贵经过升级改造,一度门庭若市,成为与上海大中华、大中国、鸿运楼等齐名的徽菜馆,旺市的时候有员工200余人。一到开市,总是熙熙攘攘,嘉宾满座,除了本市的吃客外,还有许多外地食客慕名而来。新中国成立后,大富贵酒楼迎来新生,1956年底完成公私合营。大富贵先后易名为延安饭店、安徽饭店、实验饭店,曾是首屈一指的厨师培训基地,被誉为"厨师的摇篮"。1994年,大富贵酒楼入选国内贸易部第一批"中华老字号"企业。此后,大富贵转型为大型餐饮连锁企业,成为上海历史最久、规模最大的老字号徽菜馆。

民俗活动促进了徽菜的发展

除了徽商的促进与推动,徽菜的兴起也和当地风俗息息相关。徽州地处山区,历少战乱,自唐宋以来中原大批移民南迁徽州一带,聚族而居,建祠修谱,形成严密的宗族制度,于是便形成了时节多、神会多、仪礼多的风俗。时节有春节、元宵节、清明节、端午节、安苗节、中秋节、谢灶烧年等20多个,神会有花朝会、赛花台、花灯会、祀堂会等15种,可谓"月月有节""四季有庆"。这些民俗活动衍生出了复杂的饮食文化,由此便促成当地练就了菜肴、面点、糕点等食品的烹饪与制作功夫。

徽州人重情义,民间宴席的形式也十分多样,以各个吉数组合成各种档次的民宴,计有一品锅、六大盘、九碗六盘、十碗八盘等。无论是盘、碟还是碗、锅,其菜肴均讲究荤素、咸甜、菜点的搭配,既调节口味,又寓意祝福。比如徽州人待客办酒席必上四个名菜:鸡、鱼、肉、圆,上菜也特别讲究程序,先上鸡后上鱼,俗称"鸡头鱼尾",间或上一道甜食(枣栗汤等)或点心(南瓜饺、冬瓜饺等),最后上圆子汤,寓意团团圆圆。

在民间活动中,最能体现徽菜特色的莫过于"赛琼碗"活动了。"琼碗"最初来自山民或经商之家,一家一户,锅灶碟碗,形色齐备,或素或荤,品种繁多,琳琅满目。家家户户争相以当地最好的山珍野味、园蔬瓜果、面食糕点、干果水果等精制供仪。为使自己制作的供品菜肴更加美观、夺目,当地人会充分利用冬笋的嫩黄、豆腐的玉白、香菇的熟褐、蕨菜的青紫、辣椒的艳红烹制出多彩的菜肴,以提高观赏性,同时也形成了菜肴的"重色"观念。讲究形色是与徽州人宁静致远的心境、聚族而居的人伦节庆氛围分不开的。可以说,"赛琼碗"活动既集中展示徽菜各式精制供品,又造就了一代又一代的民间烹饪家。

徽风留韵

徽菜，浸润着文化的底色

"手捧苞芦粿,脚踏木炭火,除了皇帝就是我。"这是流传在徽州的民谣,透露出徽州百姓对徽菜的喜爱以及他们由衷的自豪感。关于徽菜的故事、传说和文人雅士的趣事一直在民间流传,已成为徽菜饮食文化中的一部分。如今,安徽省"新徽菜·名徽厨"暖民心行动聚焦打造徽菜美食文化品牌,推动徽菜文化内涵拓展升级,让徽菜品牌在传承中不断创新。

徽菜故事多

"徽菜的主要特点是重火功、重油、重色,保持原汁原味,做工讲究,风味别致,乡土风味较浓,自成一格,在群众中享有较高的声誉。"安徽省档案馆馆藏的《关于传统徽菜情况调查汇报》中这样叙述徽菜备受群众喜爱的特点。作为中国"八大菜系"之一,徽菜的饮食文化内涵丰富,包罗深广,很多徽菜名菜都有来历和出处。"鱼咬羊"就很好地体现了这一点。"鱼咬羊"是一道著名的徽菜,又名"鲜炖鲜"。相传,清代徽州府有个农民带着几只羊乘渡船过江,由于船舱太小,十分拥挤,一不小心就把一只羊挤掉进了河里。

昔档今读（第二辑） XI DANG JIN DU

羊不会游泳,挣扎了一会便沉入水中,引来了许多的鱼争食羊肉。恰巧,有位渔夫驾小渔船从此经过,看到很多鱼在此戏水乱窜,便撒网捕捞。回家后,渔夫处理鲜鱼,竟然发现鱼肚子里有羊肉。惊奇之下,他便将鱼连同鱼腹中的羊肉一道烧制,没想到烧出的菜品香气扑鼻,鱼酥肉烂,不腥不膻,汤味鲜美,风味独特。消息传出后,当地人都学着烧这道菜,果然鲜美无比。从此,大家将此菜命名为"鱼咬羊",逐渐成了徽菜中的一道名菜。

另一道名菜"虎皮毛豆腐",据说与朱元璋有关。相传朱元璋一次行军至徽州地域,因腹中饥饿,随从便四处寻找食物,寻了半天只在草丛中寻得几块豆腐,且已发酵长毛。无奈之下,随从将其置炭火上烘烤,不料豆腐异常鲜美,朱元璋吃了很高兴。因烘烤后的毛豆腐菌毛收缩,表皮如虎斑,便称其为"虎皮毛豆腐"。此后,朱元璋下令用毛豆腐犒赏三军,一时间毛豆腐声名大噪,当地人纷纷效仿制作毛豆腐,就这样毛豆腐在徽州流传了下来。

"臭鳜鱼"是徽州传统名菜,也称"腌鲜鳜鱼",闻着臭,吃着香。明清时期,外出的徽商希望将鲜鳜鱼带给家人品尝,为了克服食物腐烂变质问题,通过腌制和发酵,对鱼进行保鲜。抹盐后的鳜鱼需要装入当地特有的杉木桶,并用鹅卵石压制。烹调时以小火细烧,鳜鱼入味透骨,鲜美异常。由此逐渐创造出"臭鳜鱼"这一徽州标志性美食。《有关徽菜简况》中就有这样的记载:"如传统风味菜'腌鲜鳜鱼'先将鱼用淡盐水腌制,再用油稍煎,最后用小火久烧,鲜味透骨,别有芳香。"

戎马数十载的明朝抗倭名将胡宗宪返回徽州故园,将携带的海味与家乡山珍同烩一锅,烹制了带有深情厚谊的"全家醢";乾隆

徽风留韵

《有关徽菜简况》

皇帝微服私访上川村,成就了岭北名肴"一品锅";红顶商人胡雪岩启发了上海大醺楼徽厨创制了"腐乳炸肉"……可见,徽菜文化底蕴之深厚。

菜肴里的人文色彩

徽菜的很多菜肴都带有浓郁的人文色彩,在菜肴形成的过程中,衍生出很多动人的故事。比如"胡适一品锅"背后就有着有趣的故事。相传 200 多年前,乾隆皇帝到江南一带微服私访,来到安

昔档今读（第二辑） XI DANG JIN DU

徽绩溪乡村一农户家里，好客的主妇就把家里所剩食物放在锅中一起煮。乾隆皇帝吃后，觉得味道鲜美，便问此菜的名称，农妇答曰"一锅熟"。乾隆皇帝说此名不雅，不如叫"一品锅"。后来，当地居民按这种烹制方法，加入其他配料，制成徽州名菜"一品锅"。

为何"一品锅"后来又称为"胡适一品锅"呢？这是源于胡适对家乡菜的钟爱。胡适的夫人江冬秀擅长烹饪徽菜。一次，梁实秋去胡适家做客，江冬秀下厨做了"一品锅"。铁锅端上来，香气扑鼻。铁锅里摆了七层菜，从上到下，一层层吃下去。第一层是蒲菜叶子，第二层是煎过的鸭块，第三层是卤鸡块，第四层是蛋饺，第五层是油豆腐，第六层是半肥半瘦的大片猪肉，第七层是徽州特产的竹笋。整道菜味道层层递进，香嫩适口。梁实秋吃后赞不绝口，专门写文章称赞。由于胡适招待宾朋经常烹制"一品锅"，渐渐地"一品锅"就名声在外，后来人们就把这道菜称为"胡适一品锅"了。

徽菜菜名还有传递信息的作用。比如"如意鸡"，是儿子出门母牵心之意。"前世不修，生在徽州，十三四岁，往外一丢"，徽州商人外出经商，准备干粮的时候，母亲把鸡加作料油炸之后沥油用竹筒装好，这样可食用的时间延长了。"金丝琥珀蜜枣"寓意妻子守家，年年摘家中枣子送夫君，盼望"早"归。丈夫说："枣虽大不甜。"妻子用糖煮过捎上，丈夫说："虽甜不能长存。"妻子便精心制作"金丝蜜枣"，又甜又可长期保存，还能让丈夫时时想起妻子盼夫"早"日归家团圆。徽菜菜名经过数百年的演变，形成耐人寻味的饮食文化。

徽风留韵

美好祝福融入菜品中

在博大精深的徽文化浸润下,人们把对生活的美好祝福融入菜品中。在徽州宴席上,都会有鸡、鱼、圆三道菜。"鸡"与"吉"谐音,鸡菜寓意"吉祥";"鱼"与"余"谐音,鱼菜意味"有余";鱼圆或肉圆,则寓"团圆"之意。比如,炖全鸡象征"吉祥如意",烩肉圆子象征"一家人大团圆"。年夜饭中的烧全鱼,鲤鱼寓意"得利有余",鲢鱼寓意"连年有余",且必须留一部分转到明年再吃,象征着"家庭越来越富裕""年年有余(鱼)",而且烧好的鱼在餐桌上的摆放也非常讲究,为了体现尊敬长辈,往往鱼头要对着贵宾或长辈。而红烧肉象征"生活红红火火",以此寄托人们美好的寓意。

此外,在大年初一要吃浇头面祈祷"长寿",喝红枣、板栗、莲子汤象征"新年新气象",吃茶叶蛋寓意"财源(元宝)滚滚",还有年糕寓意"一年更比一年高",蒸发糕寓意"蒸蒸日上"。清明节时裹粽子吃清明粿,立夏要吃鲜蚕豆、小竹笋加糯米焖制的糯米饭,端午节要喝雄黄酒,吃咸鸭蛋、绿豆糕,冬至要吃饺子等。妙趣横生的饮食民俗,给千家万户带来美好的祝愿。

徽菜中有许多菜肴的名称富有诗情画意,比如"雪天牛尾狸""沙地马蹄鳖""腌鲜桂花鱼""凤炖牡丹"……这些菜名不仅能表达出美味,同时也给人以美的遐想。

值得一提的是,徽菜在发展过程中始终继承和弘扬了食物养生和中医学上"医食同源,药食并重"的传统。徽州医学发达,明清两代有700多位中医学家,有600多部医著,因此徽菜无论在烹饪方法上还是在原料的选择和搭配上,都十分讲究营养与养生。枸杞子炖乌骨鸡、冰糖炖百合、紫苏炒瘦肉、沙炒银杏果……这些具有健身强体、营养均衡、滋补保健功能的食谱早就纳入了徽菜,但徽菜却不是单纯地菜肴中配药材烹调,而是注重烧、炖、焖、蒸,常以整鸡、整鸭、整鸽、整鳖煮汁熬汤,以保证原汁原味,滋补养生,这也是徽菜的另一大特色。

《有关徽菜简况》档案中就提到沙地马蹄鳖的制作手法和滋补功效:"皖南山区山高背阴,溪水清(澈),浅底尽沙。所产之甲鱼,腹色青白,肉嫩胶浓,无泥腥气,背厚而隆起,大小似马蹄。还有流传当地的一首民歌形容说:'水清见沙地,腹白无淤泥,肉厚背隆起,大小似马蹄。'就是说:用甲鱼配以火腿同烧,不仅滋补营养,而且特殊芳香,味鲜美,为远近闻名的传统菜肴。"

千年非遗墨飘香

"'徽墨'也是我国的宝贵遗产。古代和近代我国许多名书画家,用徽墨作成的字、画,灿若群虹,如宋代诗人苏东坡的黄州(寒)食诗二首,米友仁的《潇湘白云图》等书画,至今墨色泽润如新。"从安徽省档案馆馆藏的1959年安徽省博物馆罗长铭写的《宣纸与徽墨》这份档案的字里行间,可以看出徽墨的前世今生。

1959年安徽省博物馆罗长铭《宣纸与徽墨》

徽州出佳墨

我们约定俗成地以"书墨飘香"赞誉美文佳作,但"墨"并不是生来就那么"香"的。自徽墨诞生后,"墨香"一词才传扬开来,并为世人所认可。

在人工墨发明之前,人们一般都利用天然墨或半天然墨作为书写材料。人工墨的历史起始于周宣王,墨的原料开始取自松烟,之后是漆烟和桐烟。徽墨起源于唐朝末年,易州(今河北易县)墨工奚超带儿子廷珪、廷宽避乱到徽州,见徽州松林茂密、溪水清澈,便决定安居下来。奚氏父子本是制墨能工,此时得皖南古松为原料,不断改进捣烟、和胶、配料等制墨技术,创制出"丰肌腻理,光泽如漆,经久不褪,香味浓郁"的佳墨。南唐后主李煜得奚氏墨,视若珍宝,封奚廷珪为墨务官,并赐姓"李"。从此,李墨名扬天下,文人雅士莫不仰慕以求,以至后来出现了"黄金易得,李墨难求"的盛况。全国的制墨中心也由此南迁至此,李廷珪也就被誉为"徽墨之父"。

至宋代,各地书院林立,印刷术突飞猛进,出现了一个文化高潮。尤其是宋室南渡后,徽州的制墨业获得了一个千载难逢的机遇,达官显贵、名门望族聚集江南,文人墨客纷纷南下,科举制度更直接拓展了徽墨的市场。据《徽州府志》记载,北宋时期,徽墨每年均以千斤进贡朝廷,宋仁宗为徽墨亲题"新安香墨"。

徽州制墨业在宋代已是"家传户习""遍地开花",仅歙、休两县就有墨坊120多家,故有"华夏墨都"之誉。当时,制墨从业人员众多,名家辈出、高手云集。油烟墨的创始者张遇便是其中的翘楚,他以制"供御墨"而闻名于世。他制的墨因加入了麝香、金箔而称为"龙香剂",成为墨中极品。漆烟墨的创始者沈桂,以松脂、漆滓烧得极黑的漆烟为原料,人称其墨"十年如石,一点如漆"。吴磁所造之墨的妙处在于"滓不留砚",曾得宋孝宗犒赏缗钱两万的奖励。制墨高手潘谷,被世人誉为"墨仙",他制的"松丸""狻猊"等墨品,"香彻肌骨,磨研至尽而香不衰",被称为"墨中神品"。

徽墨制作技艺入选非遗

"拈来轻,磨来清,嗅来馨""坚如玉,研无声""一点如漆,万载存真",徽墨以优良的品质誉满人间。一份《向中共中央及毛主席报告我们徽墨的情况》的档案中记载:"徽墨之所以受人欢迎,在使用上优点很多,如携带方便,不畏寒热,气味芬芳,光泽鲜明,经久不退。"

徽墨有这样美誉,与其繁复的制作工艺分不开。2006年,徽墨制作技艺被列入国家级第一批非物质文化遗产名录。以松烟、桐油烟、漆烟、胶为主要原料,经炼烟、制胶等工序制作而成的一种供传统书法、绘画使用的特种颜料,集绘画、书法、雕刻、造型等艺术于一体,使墨本身就成为一种综合性的艺术珍品。

原料种类丰富,制作工序繁杂,不同流派又有自己独特的配方和精湛的工艺,这让徽墨制作在传承中不断创新发展。不同历史阶段徽墨的特点也不尽相同,如南唐李廷珪用黄山、松萝山的古松烧制徽墨,宋代潘谷在墨中加入麝香、冰片等增香剂,明代罗小华用桐子油烧烟。徽墨发展到明清时期,桐油烟、漆烟被广泛采用,徽墨普遍加入麝香、冰片、金箔等十几种贵重原料,使墨的质地达到一个新的水平。档案中记载:"明朝正德嘉靖年间,公元1506年到1566年,徽墨分为歙县、休宁两派,歙县派以罗小华为祖,他以桐油烟制墨,提高了徽墨的质量。"

明清时,徽墨的竞争主要集中在精工制作和墨面的创意、设计以及产品的包装、装潢创新上,并形成了不同的流派。地处徽州府治所在地歙县的歙(县)派徽墨,历朝贡墨、达官显贵用墨几乎为其包揽,产品端庄儒雅,烟细胶清,重香料、重包装,代表人物为罗小华、程君房、方于鲁、方瑞生等。休(宁)派的产品则雅俗共赏,墨品华丽精致,多套墨、丛墨(集锦墨),墨面重彩饰,深受文人墨客的喜爱,代表人物为汪中山、邵格之、叶玄卿、吴去尘等。为了迎合市场的需求,婺源一带,尤其是詹姓墨工,利用当地盛产松烟的优势,所制墨品大众化,价格低廉,深受百姓与学子的欢迎。清代时,先后出现了制墨"四大家",即曹素功、汪近圣、汪节庵、胡开文,都是徽墨业中的翘楚。

新中国成立后,徽墨制作传承了中国古代制墨的优良工艺,并在技术、艺术上不断推陈出新,赋予了徽墨全新的生命。

方寸之间展现气象万千

徽墨是书画家至爱之物。古人曾云:"有佳墨者,犹如名将之有良马也。"徽墨制作技艺非常考究,工序复杂,一般要经过墨模雕刻、配料熬胶、制墨、晾墨、打磨、描金等多个环节,其中墨模雕刻是徽墨所有工艺中艺术表现最强的一个环节。墨模制作的难度大，常在方寸之内，表现人物、舟楫、屋宇亭榭、花草翎毛，线条细若毛发，十分考验功力。

徽墨不仅具有实用价值，还具有观赏和收藏价值。在《宣纸与徽墨》这份档案中还提到，徽墨不仅质好，形式也极为美观。现存的有1200多种墨模，如"百子图""棉花图""黄山胜景"等，雕刻精细，耐人欣赏，用这些墨模压出的墨，不但可用于书画，而且是珍贵的工艺品。

徽墨的样式、内容丰富多彩，无不带有时代的烙印，传递着岁月的温情。徽墨的创作题材多来自古代人物、神话传说、典故、地域景色等。它将绘画、书法、雕刻融合在一起，形成了独特的文化魅力。自从制墨业繁荣以来，各个时期主要名画家几乎都参与了墨模、墨谱和名墨的制作，其中，宋代著名书画家米友仁参与徽墨图式的设计，被后世誉为将书画艺术与雕版艺术融合的第一人。

徽墨进入繁盛期后，模式、绘画、雕刻、装饰诸方面都精益求精，出现了"集锦墨"，成套系推出供文人收藏，进而创造了很多著名的墨模，如清代的"新安大好山水"（共32锭）、"黄山图"（共18锭）。值得一提的是"御制铭园图"这套墨模，全套64景，都选自紫禁城、中南海和北海、圆明园等处风光，目前已成为传世珍宝。

徽墨图式有很浓厚的文化气息，"四君子"题材就是其中的代表，宁折不弯的竹子、凌霜傲雪的梅花、苍劲挺拔的松树、优雅高洁的兰花均体现出文人的雅趣。在徽墨的装饰中，有丰富的"求吉纳祥"的主题纹饰，比如"灵花异草""祥禽瑞兽""博古器物"等，最常见的纹饰有"龙凤呈祥""花开富贵""寿星""八仙""灵芝"等,表达了人民对美好生活的追求。还有以名胜风景为主题的装饰纹样,如"黄山圣迹""天门山""新安山水墨""西湖十景""寒山寺墨"等。

民国纪事

MINGUO JISHI

民国时期的"夏令卫生运动"

民国时期,霍乱、伤寒、天花等传染病曾肆虐安徽。由于卫生状况普遍较差,当时的国民政府卫生部规定,每年夏冬两季,各地都要开展卫生运动,保障全民身心健康。

"夏令卫生运动"的由来

夏天,空气潮湿,细菌繁殖快,蝇蚊起势,正是疫病流行之时。故此,每至夏令,防疫工作就被提上了重要的议事日程。夏令卫生运动是指民国时期开展的一项以预防时疫、促进民众健康为宗旨的活动,通常为每年的5月到10月。

1928年,南京国民政府颁布《污物扫除条例》,规定各省于每年5月15日和12月25日各举行一次大扫除。同时《卫生运动大会施行大纲》规定,这两日为各城市举办卫生运动大会之期。后者明令卫生运动应为期两日:第一日以陈列卫生标本和书画、邀请卫生专家演讲为主,目的在于引起民众对卫生运动的重视,宣传公共卫生知识;第二日为游行与大扫除。这些规定对卫生运动的时间、基本内容和方式都提出了明确要求,成为各地开展卫生运动的依据。

据安徽省档案馆馆藏资料显示,1928年,安徽省会夏令防疫委员会在安庆市预防时疫委员会基础上成立,内设医务组、事务组、宣传组、检查组,下设临时诊所(省会公安局医务所)和分诊所(同仁医院、博儒医院、健生医院、广仁医院、惠民医院)数处。委员会定于每年6月1日至10月31日开展疫病防治、预防接种工作,为患霍乱、伤寒、赤痢、白喉、猩红热、斑疹伤寒、流行性脑脊髓膜炎等传染病者免费治疗。

1929年,安庆的夏令防疫模式逐步推广到其他市、县。从1929年到1933年,全省有22个市、县陆续成立夏令防疫委员会。从档案中我们看到,夏令卫生运动的开展以政府为主导,社会各界广泛参与,其间出台卫生禁令、向民众传播卫生清洁常识,并举行消毒、扑灭蝇蚊鼠、施医施药及防疫注射等活动。各市、县政府对清洁卫生状况进行检查并评判,并将开展情形上报省级机关。

夏令卫生以注射防疫针为首要

天花、霍乱和鼠疫等是安徽省当时流行比较严重的传染病。以天花为例,1929年,金寨县仅一个月就有80余人死于天花。1934年,霍山和含山县有近600人死于天花,休宁、蚌埠、绩溪和贵池等地也有较高的死亡率。

各县成立夏令防疫委员会后,通过给居民注射疫苗来进行疫病防控。在安徽省档案馆中,一份名为《安徽省第十区行政督察专员公署关于黟县夏令卫生运动情形准予备查及防疫药苗已转函第三区救济分会拨发》的档案中强调"夏令卫生以注射防疫针为首要"事宜,并请求"第三区救济分会拨发防疫药苗,以便施行注射"。

当时安徽省各市、县夏令防疫委员会开展预防伤寒霍乱运动、预防白喉猩红热运动等专项防疫活动,主要是种痘及霍乱预防疫苗、霍乱伤寒预防疫苗、白喉类毒素预防疫苗注射等。

据史料记载,1945年底,省立立煌医院迁至合肥,改名为省立合肥医院。次年成立省传染病医院,开始组织居民进行身体检查,对疑似传染性疾病进行隔离治疗,并开展种痘,注射伤寒疫苗、霍乱疫苗等工作。以合肥市为例,1946年春季种痘36467人次,夏令注射35204人次;1947年春季种痘12799人次,夏令注射21864人次。

清理街区、消毒饮用水有招数

民国时期,安徽省民间就有传统的卫生习俗。例如,春逢三月开窗户,打扫房屋;夏临端午节,家家户户饮雄黄酒除邪驱毒;秋交七月,浆洗被褥衣裳;冬至腊月,扫尘洗刷,干干净净迎新春等。然而,由于受到社会生产发展及群众思想认识等的制约,社会卫生状况仍较落后,夏令时节,时疫时有发生。为此,当时安徽省积极部署夏令卫生运动,各县进行卫生宣传、清洁检查,并对饮用水进行消毒,管理沿街摊贩和餐饮食品店的卫生等。安徽省档案馆馆藏档案中就记载了1939年7月黟县夏令卫生运动委员会从宣传、防疫、消毒、清洁检查等多方面组织实施夏令卫生运动。

纵横的河网，散落的湖塘，滋养了当地的百姓，却也是疟原虫的绝佳滋生地，曾给黟县带来了深重的疟疾灾难。历史上常见的恶性疟多为按蚊叮咬所致，其主要症状为全身发冷、发热、多汗，并呈周期性规律发作，长期多次发作后，可引起贫血和脾肿大，严重影响生活生产，甚至对生命安全造成重大威胁。"以本县蚊虫特多，为害较甚他县，因此每年夏秋两季患疟疾者成为普遍之现象，号称地方病。"档案中记载，"城区自七月一日设常用清洁夫四人，每日扫除两次"，"另设垃圾推运车一具，现正制作中。至渔亭、际村、古筑等街市之经常的清洁事务，正由区乡发动"。

霍乱、痢疾等疫病通过饮用水传播，河水、土井水是霍乱的主要传播媒介。隔离问题水源，切断传播路径，保障水源清洁与安全饮食也是重中之重。但在当时，大部分居民饮用的是河水与土井水。当局采取了加大饮用水消毒力度，"自七月一日起至十日止，由各乡镇公所责成各保分别大扫除并疏通沟洫（沟洫在夏秋季内由各保每星期以石灰水消毒一次）。嗣后各保每月扫除一次，以保永久之清洁"。

垃圾也是滋生和传播病毒的一大源头，定期清理垃圾必不可少。档案中记载："所有大小沟洫，禁止倾倒垃圾。由各乡镇指定地点堆晒垃圾，每星期焚化一次。"

收购苍蝇兑换铜圆

为了减少传染病的发生，各级政府也积极向苍蝇宣战，组织灭蝇运动。"由本会置办苍蝇拍，委托各保按户以成本推销，俾利灭蝇,现正赶制中。并订于七月五日起,城乡同时收购苍蝇,每头五十个付铜圆一枚。"档案中如是表述。

为求根绝苍蝇,黟县卫生局希望民众定期清理容易滋生蝇类的地方,如垃圾堆、厕所、粪坑等。对付蝇蛆和成蝇的方法,从喷沸水、撒石灰到制作捕蝇纸,均详细介绍给民众。

暑假期间,小学生组织扑蝇小分队,携带捕蝇器具,消灭苍蝇。"请各小学学生于暑假期内组队扑蝇,俟结束时奖励之。"灭蝇运动起到了良好的社会宣传教育作用,使消灭蝇虫、杜绝疫病的观念广为人知。

黟县夏令卫生运动委员会还发放卫生宣传资料,召集教育人

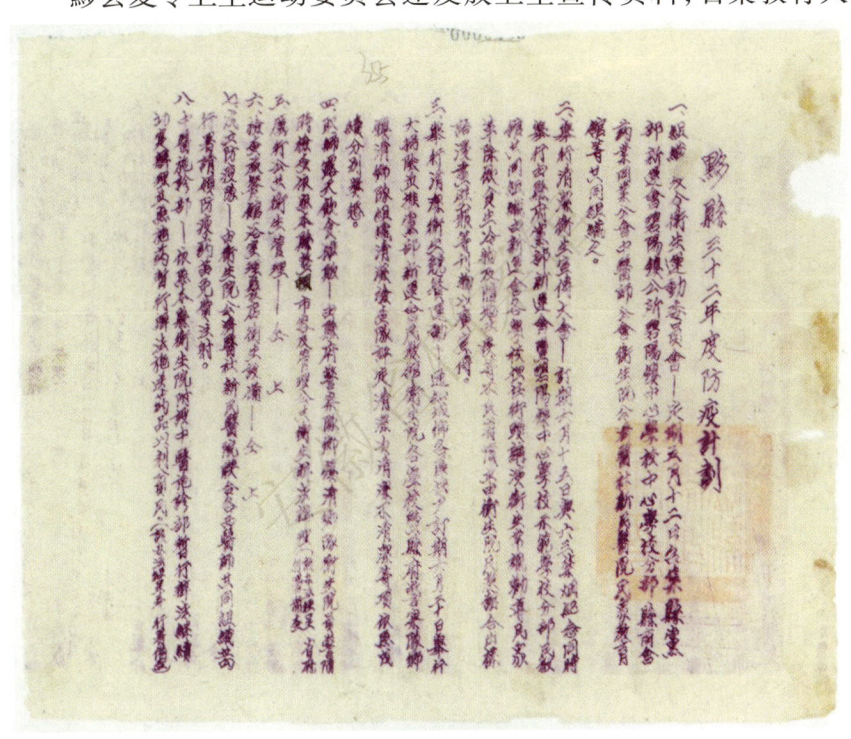

《黟县三十二年度防疫计划》

士和学生到各个乡镇宣讲卫生知识。档案中称:"青工国民教馆各小学组队分赴乡镇普遍宣传,以期人尽晓谕。"

  在保障饮食安全卫生方面,黟县夏令卫生运动委员会也采取了诸多措施,要求饮食店及水果摊贩严格采用纱罩玻璃柜进行防护,"至酒馆饭店、水果摊铺及一切食物商店,统限于七月一日至十日内,督促为纱罩纱橱之设备"。告知民众茶水要煮开,菜食要烧熟,勿吃生冷食物;饮用食具,用开水消毒;用纱罩纱橱防蝇,用蝇拍蝇笼减蝇;染疫病人,及时送时疫医院医治。这些措施实施后,该县还专门组织人员进行督查。

民国纪事

民国时期的安徽省医疗防疫大队

2020年伊始,突如其来的新型冠状病毒感染打乱了人们正常的生产生活秩序,病毒防控的艰辛让我们每个人都感同身受。其实,早在民国时期,安徽省就成立了医疗防疫大队,专门从事巡回医疗和预防疾病的工作。

1946年元旦,安徽省成立医疗防疫大队

历史上,安徽是个疫病流行频繁的地区。淮河两岸容易发生水旱灾害,长江流域则常有水患,且战乱不已。天灾、战乱的直接后果是饿殍遍野,疫病流行,当时泛称"时疫"。旧志记载,从明宣德九年(1434年)至民国三十七年(1948年)的500多年间,安徽境内平均每6年就有一次大的疫病流行,在民国期间,几乎每年都有流行性疫病发生。安徽流行性疫病种类较多,主要有天花、霍乱、疟疾、结核病、痢疾、伤寒、副伤寒、白喉、麻疹等。这些疾病严重危害人民的身体健康。

鸦片战争后,现代医学教育萌芽。清光绪年间,安徽始有现代医学教育。清末民初,安徽各地开始零星分布着专门治疗天花的

公私牛痘局，以及种痘的官医局类的机构，但规模尚小、功能单一，接种范围有限。直到南京国民政府成立后，安徽才推进卫生防疫机构建设工作，从临时机构、零星分布转换成常规设置、初步体系。

1928年，当时的安徽省省会安庆市成立了夏令防疫委员会，设立诊所1处、分诊所数处，并另设隔离所，开办的时间是5月到10月。随后全省各市、县纷纷效仿，设立夏令临时防疫机构。1933年6月底，省会夏令防疫委员会改称省会夏令临时防疫所，设立医务、事务、检查三组，并在省立同仁、健生、惠民、广仁、博儒等医院设立诊所5处。到了1933年底，22个市、县成立了夏令防疫委员会开展防疫活动。之后，省会成立了夏令防疫队，各市、县组织建立了夏令临时防疫所或巡回防疫队，主要负责预防疫病及注射事宜。1940年至1943年，安徽陆续设立了以防疫为重要事务的常规诊疗机构，如省立立煌医院、省立桐城医院、省立阜阳医院、省立屯溪医院及县级卫生院。在此基础上，1945年底到1946年初，安徽成立省医疗防疫大队一队暨第一、二、三医防分队，专门从事巡回医疗和预防疫病的工作。

安徽省档案馆馆藏档案《安徽省民政厅转呈医疗防疫大队交接情形的指令》中，就记载了安徽省医疗防疫大队从1946年1月1日到1947年3月1日移交工作的主要情况。由此得知，安徽省医疗防疫大队成立于1946年元旦。

一万多人接受疫苗注射

在《安徽省民政厅转呈医疗防疫大队交接情形的指令》这份档

民国纪事

案中,还包含了一张《交代证明书》。从中可以看出,安徽省医疗防疫大队总共有 26 名人员,其中包括大队长、秘书、技正、视察、技士、干事、事务员、雇员、会计和工友。该大队主要开展医疗、防疫、环境卫生、妇婴卫生和学校卫生等工作。在一年的时间里,该大队"初诊人数 14236 人、复诊人数 19894 人、出诊人数 1258 人"。

当时疫病经常暴发,影响人们的健康,防疫工作是重中之

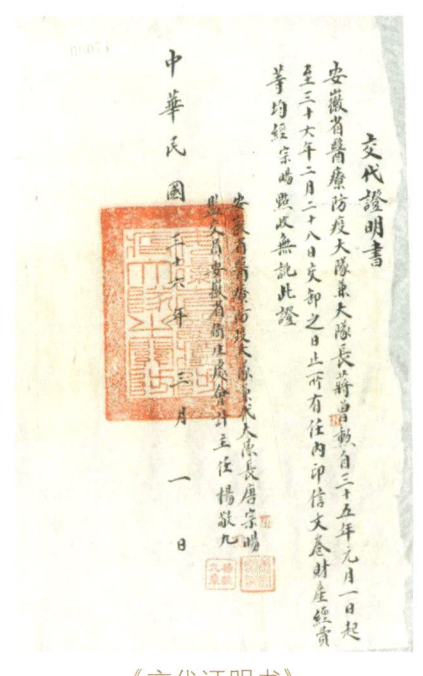

《交代证明书》

重,接种疫苗则是预防疾病的最好办法。种痘、霍乱伤寒预防疫苗注射、白喉类毒素预防疫苗注射、传染病调查、传染病隔离以及家庭消毒等,是该防疫大队的中心工作。

天花是由天花病毒感染人引起的烈性传染病,别称"痘疹""痘疮"。因为那些出过痘的人往往满脸麻斑,所以被称作"麻子"。从民国开始时人就以"西法痘苗"给小孩子"种牛痘"。档案记载,在一年的时间里,种痘 3450 人,另外,注射霍乱预防疫苗 4638 人,注射霍乱伤寒预防疫苗 7783 人,注射白喉类毒素预防疫苗 597 人,传染病调查 566 次,传染病隔离 206 人,家庭消毒 514 次,并且"预计五年内全省普遍种痘逐步增加,霍乱预防疫苗注射逐渐增加"。

推广新式助产,灌输卫生助产常识,为孕妇检查接生,普及产妇婴儿护理知识,以此保护产妇,提高婴儿的存活率。这也是该大队的常规工作,档案中就有这样的记录:"产前检查次数88次,产后检查次数79次,接生人数34人,且产前检查次数今后预计做到500次,接生人数今后预计做到350人。"

环境卫生同民众的生活息息相关,像霍乱等疾病往往是通过不清洁的饮用水来传染,且当时城乡居民饮水多依赖井水或者河水,一旦水源被污染,便容易滋生病菌。该防疫大队经常检查环境卫生,对水井进行消毒,并对水井和厕所进行改良。据档案记载,该防疫大队共检查环境卫生157次,水井消毒182次,改良水井3座、厕所1间。同时,他们预计在今后将检查环境卫生500次,水井消毒1000次,改良水井20座、厕所15间。

1瓶青霉素相当于0.9克黄金

由于当时民众普遍缺乏卫生知识,进行卫生教育也成为当务之急。据档案记载,在1946年一年间,安徽省医疗防疫大队就进行卫生演讲14次,家庭访视26次,散发传单2800张。在"经办未成事项"中,他们预计将来卫生演讲次数在1000次以上,家庭访视每年做到2000次以上,散发传单达到每年1万张。在学校卫生工作中,他们在4所学校给1078人做了卫生宣传工作,给823人进行了健康检查,检查出缺点案例783例,矫治了351例,并且预计在未来对10所学校的学生进行健康检查,改善学生的健康状况。

防疫自然离不开防疫药品。安徽省医疗防疫大队也肩负着分发防疫药品的重任。从档案中可以看出,他们一共分发了牛奶237箱(每箱48罐)、奶粉284箱(每箱6罐)、牛痘苗920打、盘尼西林(青霉素)10盒、白喉类毒素疫苗480瓶、伤寒疫苗825瓶等。

这当中,以盘尼西林最为珍贵,只有10盒。牛奶、奶粉及牛痘疫苗均分配到各个卫生院,而盘尼西林等药品则分配较少。资料显示,盘尼西林(20万单位)每瓶价格:1946年7月6日为法币0.75万元,1948年8月19日涨至法币720万元。根据《申报》相关资料记载,以1946年10月1日、1947年4月1日、1948年8月19日、1949年4月30日这四天行情表价格计算,1瓶盘尼西林相当于0.9克黄金或13.1千克大米。从这里也可以看出当时的盘尼西林有多珍贵。

从档案中我们可以看到,这些珍贵的药品分别分配给了当时的省立合肥医院、省立芜湖医院、省立蚌埠医院、省卫生事务所,以及颍上、霍邱、岳西、霍山、怀远、立煌、桐城、滁县、太平、南陵、休宁、巢县、全椒、宁国、贵池等近50个县的卫生院。

惠及安徽的东南防疫处为何没有建成

民国时期,疫病流行,人口损失,极大地影响了社会的发展。众所周知,疫苗是控制疫情的最有效手段之一。民国时期已经有中央防疫处、西北防疫处等传染病研究和生物制品生产机构。1944年,包括安徽在内的我国东南地区鼠疫猖獗,防疫不力,导致数万人感染身亡。为了控制疫情的发展,便有了增设东南防疫处的提议,但最终该防疫处却未能建成。

中央防疫处的由来

1910年10月,东北暴发了严重的鼠疫,疫情沿着铁路快速蔓延至直隶、北京、山东等地,短短几个月,死亡人数就超过6万人。著名鼠疫专家伍连德被任命为防疫全权总医官,赴哈尔滨组织防疫。1911年,疫情平息。此次鼠疫事件促进了民国时期卫生防疫事业的发展,防疫机构由此设置。

1919年3月,中央防疫处正式成立,地址设立在北京城南的天坛神乐署旧址内。中央防疫处下设秘书室和三个科:第一科设疫务和经理两股,负责防疫计划和行政管理;第二科设研究和检诊两股,负责对各种传染病进行细菌学免疫研究和临床标榜的检验诊断;第三科设血清、疫苗和痘苗三股,负责生物制品的制造、保管和实验动物的管理。

1928年,中央防疫处由南京政府接管,划为卫生部直属机关。此时,三科重新划分:第一科掌管毒素、血清的制造,制品检定,各项生化研究实验,免疫学研究检查等事项;第二科掌管疫苗、菌苗、抗原的制造,细菌学的检查研究,原虫寄生虫研究,菌种保管,培养基制造等;第三科掌管牛痘疫苗、狂犬疫苗、兽苗血清疫苗制造,滤毒研究等。

早在1922年,中央防疫处能生产的生物制品有抗脑膜炎血清、抗链球菌血清、白喉抗毒素、霍乱疫苗、伤寒疫苗、牛痘疫苗等15种,到1934年,已能生产各种治疗和防疫用血清、疫苗和诊断材料48种。

1935年12月,中央防疫处迁到南京。1937年,中央防疫处迁至长沙,借湖南省卫生试验所的房子生产狂犬疫苗等部分产品,并在汉口设办事处,负责生物制品的运输发送。武汉沦陷后,防疫处又从长沙迁到昆明。1945年1月,卫生署改组,中央防疫处改名为"中央防疫实验处"。1950年,中央防疫实验处改称"中央人民政府卫生部生物制品研究所",成为一个以研究为主、以制造为辅的传染病研究机构,从此掀开了防疫工作的新篇章。

先后增设多个防疫机构

为了加强防疫工作,在中央防疫处建立之后,卫生防疫机构大量增加，先后设立了西北防疫处、蒙绥防疫处、中央卫生试验所、全国经济委员会下的卫生实验处、全国海港检疫管理处及中央医院等。

1934年，民国政府在兰州设立西北防疫处，主要制造预防及治疗兽疫应用之疫苗及血清。西北防疫处下设两科：第一科掌管传染病的防治及生物学制品的制造；第二科管理兽疫的调查扑灭及兽疫血清疫苗的制造等。抗日战争全面爆发后，该防疫处专职从事疫苗类、血液类、毒素类等生物制品生产，供应十余省。解放战争时期，西北防疫处曾先后更名为"西北生物学制品实验厂"和"中央防疫处兰州分处"。

1949年8月26日，兰州解放。西北生物学制品实验厂由人民解放军接管，被改编为"军区西北防疫处"，1951年1月更名为"西北军政委员会卫生部生物制品实验所"，经过长期的发展，成为集科研、生产、营销为一体的国家医药生物技术主要研究机构，2011年9月更名为"兰州生物制品研究所有限责任公司"。

1935年8月1日，蒙绥防疫处成立。该防疫处制造出了牛瘟疫苗及血清，为中央防疫处提供了大量血清，并第一次发现蒙地牛、羊胸膜肺炎，同时在疫情调查防治及血清疫苗制造等方面都取得了一些经验。1937年七七事变后，日寇进犯绥远，蒙绥防疫处难以为继，在南迁长沙途中遭日军拦截，人员设备流散。几经周折，1938年4月，蒙绥防疫处部分人员来到兰州，暂驻西北防疫处办公。

东南防疫处未建成之因

由于疫情严重,急需加强防疫力量。安徽省档案馆馆藏的1944年《关于福建参议会建议中央增设东南防疫处根绝疫氛问题的代电》中记载:"议题:建议中央增设东南防疫处根绝疫氛案。理由:近年东南各省疫病盛行,死亡相继。尤以去年本省鼠疫猖獗蔓延二十余县市,死亡人数以万计。省卫生处设法扑灭,仍未能根绝",究其原因,"实由于人力及防疫药品器材之缺乏所致。中央虽有西北防疫处之设立,但亦感鞭长莫及",由此建议"东南各省之适中地点,设立东南防疫处一所,大量制造疫苗血清,储备施

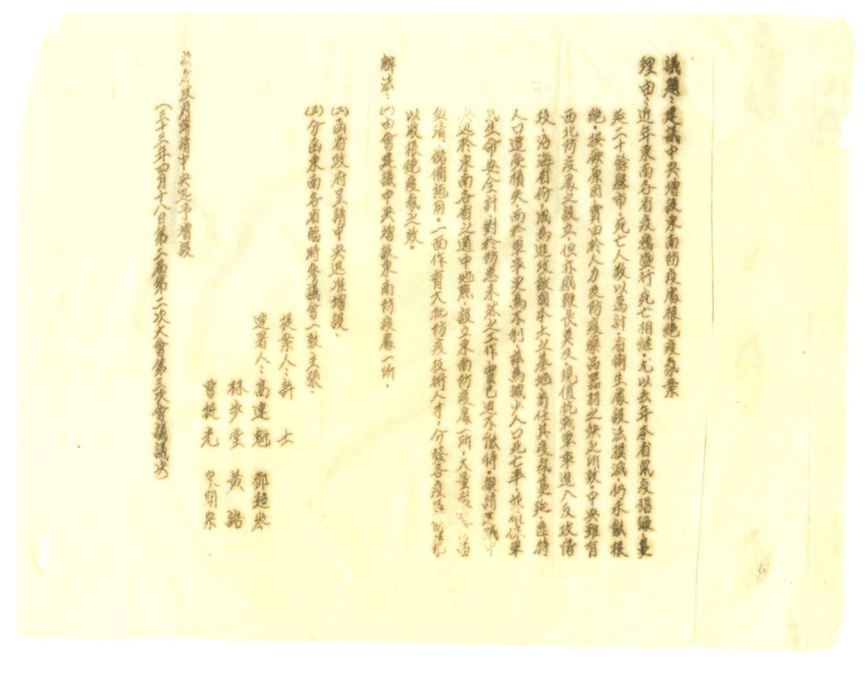

《关于福建参议会建议中央增设东南防疫处根绝疫氛问题的代电》

用。一面作育大批防疫技术人才,分发各疫区防范以收根绝疫氛之效"。

然而,在1944年《关于筹设东南防疫处提案问题的公函》中,却明确了东南防疫处缓建,最终该防疫处也未能建成。究竟为何呢?

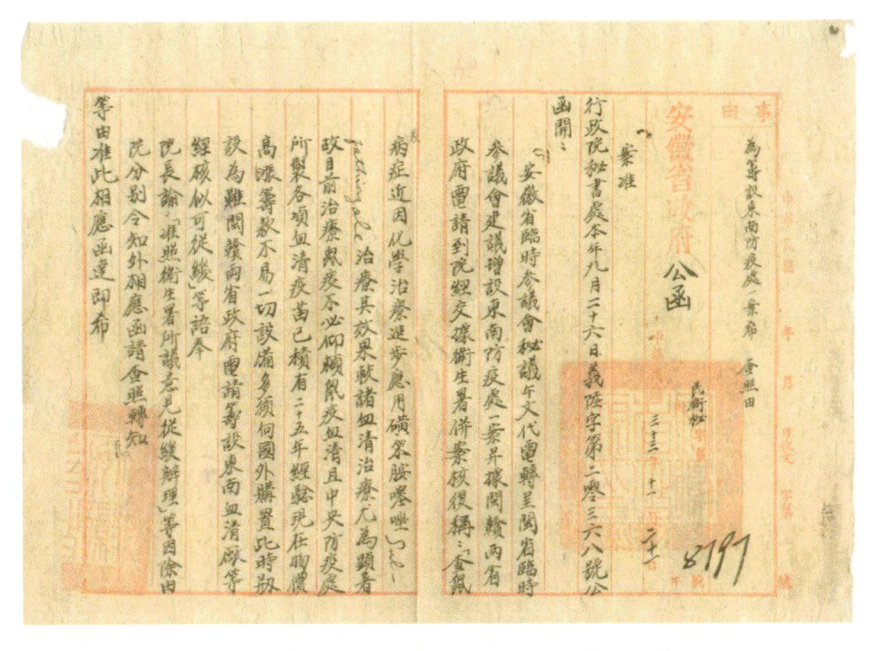

《关于筹设东南防疫处提案问题的公函》

防疫工作是专业技术性工作,需要人才的支撑。就拿安徽来说,新中国成立前,安徽医务卫生技术人员极少。据现有资料,解放时,遗留在省内主要城市医疗卫生单位的人员共310人,各县城公办的卫生院每院几人至十几人不等,全省共计不到400人;个体开业行医经过登记注册的中西医务人员约1100人(内有一半是中医)。

当时不仅医护人员少,而且各级医疗机构也不足。安徽各县及县以下卫生工作由县公安局或公安科及各驻巡所兼管。1937年前,全省在县一级只有合肥、宣城两个人口在10万以上的县,各有公办县卫生院1所。之后,安徽省着手组建县级卫生机构,1940年先令各县设立诊疗所,1941年按国民政府中央规定,将各县诊疗所一律改为综合性的县卫生院,所有县卫生院均担负医疗、防疫业务,兼管卫生行政工作。这一年改组成立县卫生院36所,以后陆续增设。到1947年时,全省62个县都有1所卫生院。虽然安徽省初步搭建了一个医疗防疫网络,但因设备简陋、财力有限、医疗技术人才缺失,导致整体覆盖面小。

长期的经费紧张也是当时防疫事业的"拦路虎"之一。在很长一段时间内,安徽省各县地方行政费中,没有专项列出卫生事业费用和防疫费,直到1936年才把卫生事业费用和防疫费用列入地方预算,在此之前,遇到疫病流行,各县只能自筹经费,结果可想而知。

1936年之后,安徽虽然把卫生费用和防疫费用列入了预算,但卫生费所占比例极低。抗战中后期,安徽省的卫生费大约只占总行政费用的1%。1947年,安徽曾计划增设和充实传染病医院,加强疫病的防治,设立卫生人员训练所,增强各县卫生工作人员的技能,但苦于经费所限,该计划未能实施。甚至在1948年,安徽省唯一的省立传染病院,也因技术力量薄弱和经费不足而停办。由此可见,卫生经费的窘迫严重阻碍了卫生防疫事业的开展。

人才和资金的短缺是东南防疫处未能建成的主要原因,《关于筹设东南防疫处提案问题的公函》的档案也能印证这点。该档案中记载，建议增设东南防疫处一案已经转呈卫生署，卫生署经过审核回复认为："查鼠疫病症近因化学治疗进步，应用磺苯胺噻唑治疗，其效果较诸血清治疗尤为显著，故目前治疗鼠疫不必仰赖鼠疫血清，且中央防疫处所制各项血清疫苗已积有二十五年经验，现在物价高涨筹款不易，一切设备多须向国外购置。此时创设为难，闽赣两省政府电请筹设东南血清厂等，经核似可从缓。"

民国纪事

民国时期曾有过两个教师节

教师节,旨在肯定教师为教育事业做出了的贡献。1985年,第六届全国人大常委会第九次会议通过了国务院关于设立教师节的议案,确定1985年9月10日为新中国第一个教师节。尊师重教一直是中华民族的传统美德,9月10日教师节并非中国历史上的第一个教师节,早在民国时期我国就有了教师节的说法。

教育界人士自发倡议设立六六教师节

"查本年六月六日全县各校教师,援例举行教师节,选据环呈请拨临时费……"安徽省档案馆馆藏的1939年《关于广德县六六教师节聚餐费用改在第一特别费内动支仍难照准问题的指令》中记载,"当经考察六六教师节相沿迄今,已达八届,每年集中全县教师欢聚一堂,各以教学所得互相交换,共同研讨,以作下年度施教之方针,最后并欢宴一次以示慰藉……尽本县自承战乱之后,经竭力筹维,恢复各级学校达九十余所,而各教师不以待遇菲薄,均愿为桑梓尽义务,共体时难,尤能供职不懈,任劳任怨,清苦异常。"这份落款为"皖南行署"的档案中提到了六六教师节的说法,并且

"已达八届"。

六六教师节的来源,还有一段故事。1931年5月,时任南京中央大学教授的邵爽秋、程其保等人,鉴于国难日益严重,教师工作艰巨而责任重大,发起并联合京沪教育界热心人,倡议以每年6月6日为教师节,并认为尊师重教是中国的传统,以此提升教师的待遇,提高教师的专业知识,振兴教育事业。当年6月6日,不少教育界人士聚集到南京中央大学的致知堂,召开了第一次庆祝大会。此后不少地方的教育界人士都自发地开展活动,教师聚集到一起相互交流学习,讨论教学心得。

从《关于广德县六六教师节聚餐费用改在第一特别费内动支仍难照准问题的指令》中,我们能看出,六六教师节聚餐费用很难报销。那么,当时教师薪水是多少呢?据史料记载,1934年,广德县全县公立小学教师月薪分为三个档次:5元、5—20元和20元以上。其中5—20元的人数最多。中学教师的月薪30—120元不等。1941年9月,广德初级中学教员月薪为50—110元,职员月薪30元。1944年,中学教员月薪增至300—1000元。此后几年,教师月薪虽有增加,但因通货膨胀,货币贬值,教师生活十分清苦,时常陷入难以糊口的窘境。

虽然教育界人士热衷过六六教师节,但令人遗憾的是,六六教师节由于种种原因自始至终都未得到国民政府的认可。

将孔子的诞辰日定为教师节

抗战时期,重庆国民政府为了巩固国统区,开始重视教育事业。1939年5月，时任教育部部长的陈立夫向国民党中央提出，拟定每年8月27日，即孔子的诞辰日为教师节，提议中说："既以表彰圣德，亦以振奋群伦。"很快，该提议就得到批准。安徽省档案馆馆藏的1939年《安徽省教育厅关于检发孔子诞辰与教师节合并纪念秩序单及办法等问题的代电》中就提到："查每年八月二十七日定为教师节。"这份档案中还有一份《先师孔子诞辰与教师节合并纪念秩序单》，里面记载有学生或学生代表向教师及尊师致敬，行鞠躬礼，唱孔子纪念歌和教师节歌等。

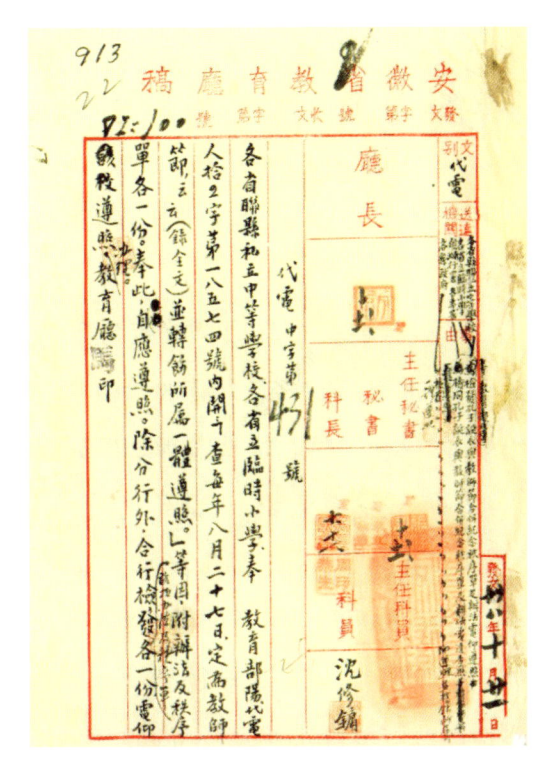

《安徽省教育厅关于检发孔子诞辰与教师节合并纪念秩序单及办法等问题的代电》

另一份《教师节纪念暂行办法》中记载："本节举行纪念以鼓励教师服务精神，融洽师生情感并唤起社会尊敬教师之观念为宗旨。"日期是"每年八月二十七日即先师孔子诞辰"。该办法还提到"教师节纪念仪式与孔子诞辰纪念仪式合并举行""表扬著有劳绩之优良教师""提倡改善小学教师待遇""发表奖学金得奖学生名单"等。此外,国民政府为显示对教师的重视,还要求新闻媒体刊登教师节特刊,著论阐述尊师重教的社会氛围。

发行教师节纪念邮票

自从每年8月27日被确定为教师节后,各地均开展各种纪念活动,传播尊师的意义。有的给教师发放奖金、纪念品,一些商店给教师打折,并请教师看电影。比如,1946年的八二七教师节,南京市招待教师看电影,还减价优待教师购买日用品及图书,并由"中央日报社"印发了纪念教师节特刊。

安徽各地也广泛开展纪念活动以庆祝八二七教师节,安徽省档案馆馆藏的《安徽省旌德县动员委员会关于在西门外小学教师暑期讲习班举行孔子诞辰与教师节纪念大会请准时参加的通知》中就提到,该县在西门外小学教师暑期讲习班举行纪念大会,政界、工商界人士均参加纪念活动,庆祝教师节。在《安徽省教育厅关于检发先师孔子诞辰纪念办法及教师节纪念暂行办法暨先师孔子诞辰与教师节合并纪念秩序单的代电》中还提到:"各中小学校于每年举行教师节纪念仪式时,应由学生家长率同学代表向教师行谢礼。"

为了表示对教师的尊重和认可,当时还发行了教师节纪念邮票。安徽省档案馆馆藏的1947年《安徽邮政管理局关于发行教师节纪念邮票事项的通告》中就有记载:"为尊师重道起见,交通部核准本年八月二十七日发行教师节纪念邮票。该项邮票图案设计四种:(一)孔子造像(面值国币五百元,印红色);(二)杏坛(面值国币八百元,印青莲色);(三)至圣墓(面值国币一千二百五十元,印绿色);(四)大成殿(面值国币一千八百元,印蓝色)。"

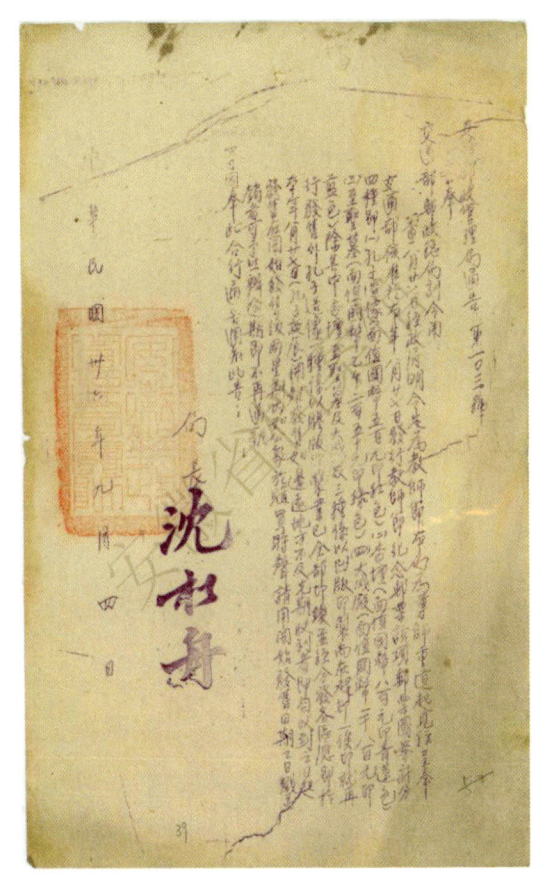

《安徽邮政管理局关于发行教师节纪念邮票事项的通告》

民国时期曾经禁止烫发

老舍《四世同堂》曾说："永远到最好的理发馆去理发刮脸。"理发可视为七十二行中的一行。修剪头发，除了让人看起来清爽利落，还有修饰脸形、美化容颜的效果。各种流行的烫发造型更是众多爱美、追求时尚人士的"心头好"。

烫发由西方传入中国

爱美之心人皆有之。女性的发式随着时代的变迁呈现出不同的特点。在清代，女性主要是将头发于脑后盘成髻。民国初年，在革命进步、妇女解放、男女平权等思想的带动下，剪发开始在女性中流行。作为美化发式的一种方法，烫发在短发流行的基础上应运而生。烫发起源于西方的发型塑造艺术，起初是用碱和蒸汽使头发卷曲，但蒸汽调节稍有不当，头发就会有被烧焦的风险。随后，电烫法被发明并流行起来。"十里洋场"上海第一时间就有了欧洲最新的烫发技艺。

随着国外电影、杂志等传入，西方女性妩媚动人的卷发形象不断影响着国人的审美。理发店紧跟潮流，运用新的烫发技艺，开展烫发的营生。在当时,烫发是电影明星扮靓的首选。在20世纪30年代的上海,女明星胡蝶十分热衷于烫发,她留下的经典荧幕形象中也有不少以烫发造型示人。此外,一些经济能力较强的女性也对烫发情有独钟。

起初,烫发价格高,多的要一百多大洋,少则数十大洋,普通人消费不起。此后,随着理发店的增多,烫发技术的提高,价格逐渐降低,很多女性走进理发店,跟随时髦的烫发潮流。关于发型,年轻女性喜欢将头发束成马尾辫,烫出刘海儿,拉出波浪,更为流行的是从额前到脑后纵向烫出许多波浪。从现存的许多民国图片中,我们能一睹这些发式的风采。

值得一提的是,民国时期热衷烫发的并非只有女性,其中亦不乏追求"蓬松有致"或"油光可鉴"之发型美的摩登男子。当时追求时尚的男士若是留发,往往要在剪理之后再吹"蓬"或是烫"蓬",还有的要在烫好的头发上涂抹发油以使发型持久,"油头烫发"不仅是摩登女郎的扮靓之选,还是追求时髦的男士修饰自身的一种途径。

民国时期还曾禁止妇女烫发

尽管烫发风靡一时,但在民国时期曾有一段时间被明令禁止。1934年6月,随着新生活运动的发起,江西省政府曾制定《取缔妇女奇装异服办法》,其中要求女性头发须向脑后贴垂,发长不得垂过衣领口以下,长发者须梳髻。官方之禁止烫发,由此发端。1935年1月,南京市政府出台取缔办法,规定"禁止妇女烫发,以重卫

昔档今读
（第二辑） XI DANG JIN DU

生"。同年 5 月初，北平厉行取缔奇装烫发，于交通要道和公共娱乐场所加派警察，随时劝导来往民众。1940 年，"烫发器"被列入禁销品目录，并且"禁止烫发"还被列入民国时期的"八不主义"中。所谓"八不主义"，就是不涂胭脂不抹粉，不画眉毛不烫发，不着高跟鞋不赤脚，不学跳舞不打牌。

此时的安徽也不例外，出台了相应措施，不准妇女烫发。安徽省档案馆馆藏的 1942 年《关于请翻印、转发有关推行赤足草履、补着旧衣、禁止烫发等三项节约运动之传单标语并广为宣传的代电》中记载："通过了三件节约运动的办法：一、赤脚穿草鞋。二、补着旧衣。三、禁止妇女烫发。"

1942 年《庐江县党政军联席会议第十五次会议录》中，也提到了禁止烫发的相关情况："为推行赤足草履补着旧衣禁止烫发三项运动应如何推行案，议决：（一）由本会议分函各机关公务人员首先倡行。（二）由县府党部会同党政分队扩大宣传。（三）并于下星期纪念周召开民众大会扩大宣传。（四）由县府通知所属一体遵行。"可见针对妇女们烫发，国民政府采取了干预的态度，试图以行政命令的方式杜绝妇女烫发。

烫发并未伤及他人利益，只是个人的爱美行为，为何会被明令禁止呢？《关于请翻印、转发有关推行赤足草履、补着旧衣、禁止烫发等三项节约运动之传单标语并广为宣传的代电》中提到了部分原因："无论电烫、火烫、水烫都是有碍于身体和神经的，并且烫发一次，所花费的钱也不少……"

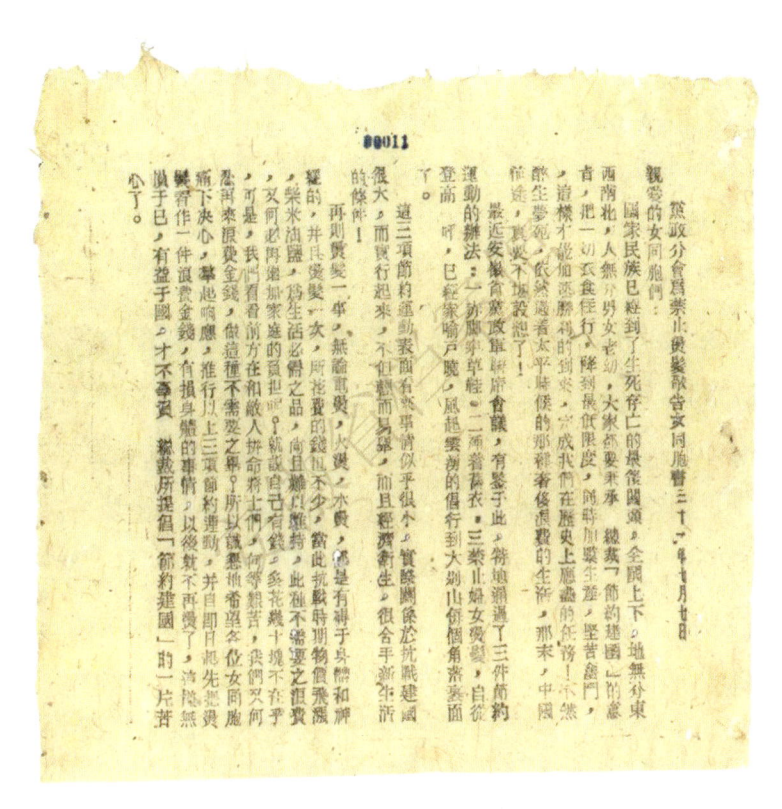

《党政分会为禁止烫发敬告女同胞书》

徽州的理发店生意红火

除了烫发之外,其实民国时期,理发已是一个成熟的行业,服务细致入微。当时的理发,包括剪发、洗头、刮脸、吹风等内容。如果遇到技术好的理发师,还能享受到采耳、按摩等服务项目。如果你落枕了,理发师还会免费"扭脖",效果又快又好。

据相关资料记载,20世纪30年代末,屯溪有一乐也、东亚理发馆、ABC、丽华、白玫瑰等理发店铺三十多家,较大的有一乐也、丽华、ABC、白玫瑰等,这些理发店设备齐全,店铺里布置得富丽堂皇,丝毫不逊色于上海一流的理发店。

不仅如此,一乐也理发馆与东亚理发馆曾在《徽州日报》上做广告,聘请的是上海理发师,烫发则有火烫、汽烫、电烫,并有留声机、电器摩面、电器捶背等,此外,夏天配有电扇提供服务,可谓开屯溪理发业未有之先河。为了招徕顾客,一乐也与东亚理发馆开展打折促销活动,吸引顾客光顾,生意很是红火。

有如此成熟的理发业,因此虽然禁令一度让烫发顾客减少,但未能真正禁绝。烫发禁令之所以难以推行,一方面是禁令超出了民国政府的职权范围,另一方面则是人们的生活方式和观念受到时代的影响,行政命令难以强行改变。时间一长,这一禁令也就不了了之了。

民国纪事

民国时期学生的暑假作业

记载家庭日用账、调查柴米盐油及日常生活用品价格、采集植物标本、搜集邮票、练习小楷……看到这些,你或许难以想象这是1940年高年级学生们的暑假作业内容。

暑假是一个舶来品

关于暑假,很多人以为是自古以来就有。其实不然,暑假是舶来品。清朝末年,在西学东渐的大背景下,清政府派人出国考察新式教育,将体育课、实验课、学期制和寒暑假制度等一起引入国内。大约从20世纪初开始,在创办的新式学堂里,放暑假作为一项制度得以推广。

1929年,政府颁布新定的《学校学年学期及休假日期规程》,其中规定:"暑假,专门以上学校至多不过七十日,中等以下学校至多不得过五十日,其起止日期于学校历内规定之。各学校寒假一律为两星期,其日期于学校历内规定之。"

1931年,当时的教育部门又颁布了《修正学校学年学期及休假日规程》,学期设置未变,但对寒暑假却统一了日期,规定:"暑假,专科以上学校以七十日为限(起六月二十三日,讫八月二十四日);中等学校以五十六日为限(起六月三十日,讫八月二十四日);小学以五十日为限(起七月五日,讫八月二十一日)。寒假,各级学校一律定为十四日(起一月十八日,讫一月三十一日)。"

据《安徽省志·教育志》记载,民国时期还有学校开始印发校历。那时校历先是由国民政府教育行政委员会制定,全国统一,不过从1928年起就改为教育厅制颁。在《民国五年校历规程》中就有对开学和放假时间的规定,并且民国时期还曾将一学年分为三个学期,具体的安排就是:一月一日起至三月三十一日,为一学期;四月一日起至七月三十一日,为一学期;八月一日起至十二月三十一日,为一学期。

私立学校也放暑假

民国时期,除了公立学校,还有不少私立学校。不同学校间放暑假的起始时间略有不同。

安徽省档案馆馆藏的1942年《关于安徽省立屯溪小学暑假开始日期及各级儿童暑假作业纲要备查的指令》中,就有对省立屯溪小学放假时间的记载:"本校本学期教导事项于七月四日办理完毕,遵于七月六日起开始暑假……"

1944年《关于安徽私立海峰女子初级中学放假日期及规定学生暑假作业情形的指令》中,则记载了私立海峰女子初级中学放暑假时间:"查本校本期遵于二月八日开学,随即开始注册,十一日正式上课,业经呈报备查在案,自开课以来并未因若何情形中途

民国纪事

《关于安徽私立海峰女子初级中学放假日期及规定学生暑假作业情形的指令》

停课,现实际授课时间业经满足二十周,经于七月十日开始暑假……"

民国时期的暑假作业有这些

"暑假到,离学校,回家休息乐逍遥。钓鱼儿,捉知了,青草池边洗回澡。风儿吹,云儿飘,闷人的暑气全消。树荫里,来坐下,读完故事画图画,大家拍手笑哈哈。"这是民国时期一首比较出名的儿歌《暑假歌》,当时学生们的暑假真如歌中所唱的那样吗?

其实,民国的假期并不像儿歌中唱得那样逍遥,学生们也是有

211

暑假作业的。1947年商务印书馆发行的六年级学生暑假作业名叫《假期作业课本》，全书共有197页，需要学生在假期内全部完成。除了这本《假期作业课本》，不少学生还有学校布置的其他作业也需要完成，比如写日记、练字、熟读课本等。

在《关于安徽省立屯溪小学暑假开始日期及各级儿童暑假作业纲要备查的指令》中，就记载了一份安徽省立屯溪小学各年级暑假作业的大纲。这些暑假作业是根据不同年级来布置的，存在不同，但都有国语科、算术科和常识科的作业。以高年级的暑假作业为例，其中国语科的作文题有：暑期中的生活、战时的儿童、八个农夫的谈话、每日熟读国语一课、阅读儿童刊物数册、逐日记载日记一篇、每日练习小楷四行大楷八张以及记载社会新闻数则。算术科的暑假作业有：演算课本总复习题、记载家庭日用账、调查柴米盐油及日常生活用品价格及研究其他各种习题。常识科的暑假作业有：逐日阅报纸并摘录重要新闻、复习公民历史地理自然课本、采集动植物标本（至少5种）和搜集各种用过的邮票（至少8个）等。除了完成上述的暑假作业外，还必须参加当地团体或学校倡导的抗日宣传活动和力所能及的社会公益工作。

安徽省档案馆馆藏的1940年《关于霍立两县联立西镇初级中学暑假员生回乡工作情形及抽送学生暑假作业等情的指令》记载，1940年西镇初级中学大修校舍，因此所有学生都要回乡。为促进教育成果，增强学生学习能力，该校特别制定了暑期学生的学习计划，包括个人进修、策动民众、社会教育等几个方面。其中，个人进修方面就包括文化课程的作业。拿国语科来说，就布置了15篇生活日记、15张小字以及熟读若干篇文言文等。除了国语科，算术

民国纪事

科、常识科也都有相应的作业。可见,民国时期的学生们的暑假作业还是不少的。

值得一提的是,当时正处于抗日战争时期,暑假作业还非常重视抗日宣传活动。这份档案中记载,"实行农家访问及田间访问""组织歌咏队传授救亡歌曲""组织戏剧团表演抗战戏剧及歌曲""绘制标语及漫画""改良说书(以抗战事迹及民族英雄故事为材料)"等。

暑假作业布置给学生了,完成的效果该如何检验呢? 档案中就有这样一段记载:"七月十日开始暑假,并将各科作业预为规定,饬各生在暑假期中切实习作,于下期入学时将所有作业缴验后方得注册……"

民国时期，护士这样"炼成"

三分治疗，七分护理，每一个与病魔抗争的战场，都会看到护士们坚守的身影，她们是我们身边的白衣天使，是健康的守护者。那么，民国时期的护士主要从事哪些工作呢？

从"看护"到"护士"

5月12日是国际护士节，每年的这一天我们都要向护士这个特殊的群体致敬。说起护士节，还要从英国的一位女护士弗劳伦斯·南丁格尔说起。1851年，南丁格尔在克里米亚战争中从事护理工作，这项工作大大降低了伤兵的死亡率。英国乃至欧洲从南丁格尔身上看到了护士职业的必要性，纷纷设立护士学校，现代护理专业由此开端。1910年，南丁格尔逝世。鉴于她对护理工作的重要贡献，1912年，国际护士理事会提议在她的生日5月12日这一天举行纪念活动。5月12日最初称"医院日"，欧美国家把这一天称为"南丁格尔日"，我国称为"国际护士节"。

近代中国，随着中西方交流的增多，大批传教士在各地建立西医医院，西医护理的理念也跟着传入。19世纪80年代，第一批西方专业护士来华,随之而来的便是"nurse"一词,但"nurse"最初引入中国时,并不是译为"护士",多是被称为"看护"。

1909年夏天,7名外籍护士和2名外籍医师在庐山牯岭聚会,成立了中国全国性护理组织——中国中部看护联合会,之后数度更名,是中华护理学会的前身。1914年,这个组织在上海正式召开了全国全员代表大会,与会者24人,其中23人为外籍,唯一的中国人是来自天津北洋医院的钟茂芳。此前,中国的护理从业者被称为"看护"。正是在这次大会上,由钟茂芳提出并一致通过,将"nurse"一词正式翻译为"护士"。护士自此在中国定名,并沿用至今。

护士入学需考试

民国时期,人们渐渐意识到护理的重要性,社会对护士的需求逐渐增多。除了医院,学校卫生、妇婴卫生、卫生教育、卫生运动等都需要护士的参与。当时,专业护理人才极度缺乏,培养专业的护士势在必行。1932年,政府开办了中央护士学校。1934年,护理教育改为高级护士职业教育,被纳入正式教育系统。护士学校除专业护校(独立设置的)外,很多附设于较大的医院。到1935年,全国已经建立了近30所护理学校,护理专业毕业生人数也在稳步增长。

民国时期想要成为一名护士并不是一件容易的事。安徽省档案馆馆藏的1947年《安徽省立安庆医院护士训练班计划》中记载,护士训练班的入学是有严格要求的,所招学生应为十八岁以上、三十岁以下的未婚女子,具有初级中学毕业文凭,且经入学考试及格才可入学。入学前还需经过体检,合格者才能被录取。考试科目一般包括国文、英文、数学、常识等。学员入学后还有两个月的试读期,在试读期间的测试如果有三科不及格,以及品行不端、体格不健或性情不适合成为护士的,都会被退学。可见,想要成为一名正式的护士学员是要经过重重考验的。

护士入学难,毕业更难

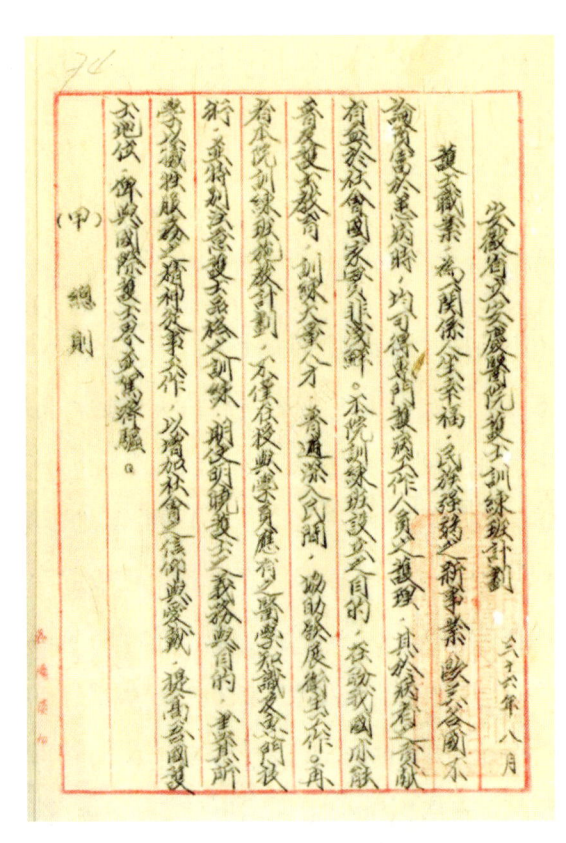

成为护士训练班的正式学员后,在学习期间对专业和品格要求也非常严格。《安徽省立安庆医院护士训练班计划》中记载:"本院训练班施教计划,不仅在授予学员应有之医学知识及专门技术,并特别注意护士品格之训练,期使明晓护士之义务与目的……"档案中还记载,当时护士训练班学习的课程包含解剖生理学、护

《安徽省立安庆医院护士训练班计划》

士伦理学、护士技术、护士英文、细菌学、绷带学、护病实习、个人卫生、外科护病学、病历记录、小儿科护病学、妇科护病学、心理学、传染病护病学、眼耳鼻喉科护病学、急救术、产科学、内科护病学、饮食学、公共卫生等课程。

护士训练班不仅入学难,毕业也不容易。该档案还记载,护士训练班制定了考核标准,即学科分数以七十分为及格,实习以八十五分为及格,对于不及格的学生有一次补考机会,但是补考不及格或者三科不及格的同样会面临被退学。当时,学生在护士学校进行理论课程的学习,其间长期被派至病房中服务,即参加实习工作,修满三年半的课时并通过实习以后,参加中华护士会的毕业考试,即全国统一的护士职业考试,考试及格才可拿到中华护士会颁发的文凭,拿到护士从业资格。安徽省档案馆馆藏的1937年《关于转发高级助产及护士职业学校学生参加毕业会考甄别考试办法的训令》中对此就有记载,护士毕业会考甄别考试需要考国文、生理解剖、细菌学、药物学、护病学、各科医学常识(包括妇产科、小儿科、内外科、皮肤科及耳鼻眼喉各科)等,"甄别考试各科成绩均须及格,方得给予及格证明书,并参加毕业会考"。

护士作为医生的助手,其重要性不言而喻。直到今天,护士依然以无微不至的护理呵护脆弱的生命,用双手托起无数家庭的希望,是当之无愧的"白衣天使"。

安徽最早的消防队

对于一座城市来说,消防有着不可或缺的作用。现如今消防队已经成为每个城市的标配。在 100 多年前,安徽有专业的消防队伍吗?他们又有哪些消防设备?让我们跟随安徽省档案馆馆藏的档案来了解 100 多年前的消防往事。

1903 年,安徽成立第一支消防警察队伍

防范和治理火灾的消防工作,古称"火政",专职消防人员很早就已出现。据史料记载,宋朝时期消防队称军巡铺、防隅,这也是中国最早的专职消防队。宋仁宗即位后制定了严密的防火措施,挑选精干军士,建立军巡铺,主要任务是夜间巡警,督促居民按时熄灯,消除火灾隐患;在发现火警时,及时报告,扑灭火灾,安置受伤居民,抢救财产等。

随着时代的发展,晚清时期,我国开始建立现代消防队制度。1868 年,香港成立了中国最早的现代消防队,成员是当时英国驻香港总督召集的志愿者。1902 年,我国第一个官办消防队在天津成立。

民国纪事

　　1903年,安徽也成立了消防警察队伍,是芜湖巡警总办黄家伟在芜湖商埠创办的,驻扎在芜湖二街三圣坊下首,由芜湖巡警局清道队管理,并制定了赏罚章程。1909年,安徽巡警在当时的省会安庆建立消防队,设队官1人,消防夫40人。这是清朝末期我省根据当时的火灾情况而设立的两个消防队。消防队由警察机关的行政科(股)管理,而行政科(股)的主要任务是管理市政卫生兼消防。

　　民国初年,安徽官方消防组织以安庆为主设立,时称"省会消防队""安庆消防队"。蚌埠、芜湖亦有消防组织,但不够健全。到了1926年,省会(安庆)消防警察47人,消防夫20人,清道夫4人,驻省会警察厅内,消防队隶属于警察队伍。安徽省档案馆馆藏的《关于消防器具缺乏如何筹备以期安全的提案》中有这样的表述:"警察既负有维持社会保卫安宁之责,故对于消防之组织应有完密之设备,对于消防之人才更应有严格之训练……"

民国时期,消防器具匮乏

　　消防车、灭火器、消防栓……这些我们常见消防器具在扑灭火灾和救援中有着重要的作用。民国时期的消防队,有哪些消防设备?

　　"查火灾为人事之所难免,小之则伤害一家,大之则延害闾里,为患之巨莫可言喻。"在《关于消防器具缺乏如何筹备以期安全的提案》中,灵璧县警察所分析了火灾的危害,并阐述了该县的消防器具情况,"本县前虽有消防器具多件,但自事变之后完全遗失",

昔档今读（第二辑） | XI DANG JIN DU

一旦遇到火警，想要灭火，"非有良好之消防器具绝难办到"。

安徽省档案馆馆藏的1940年《关于请歙县、绩溪、宁国等电报局迅速筹备消防器具的代电》中，也提到了歙县、绩溪、宁国等电报局"均无消防设备"，需要"迅速筹设消防器具（为太平水缸、水桶等）以资防范"。

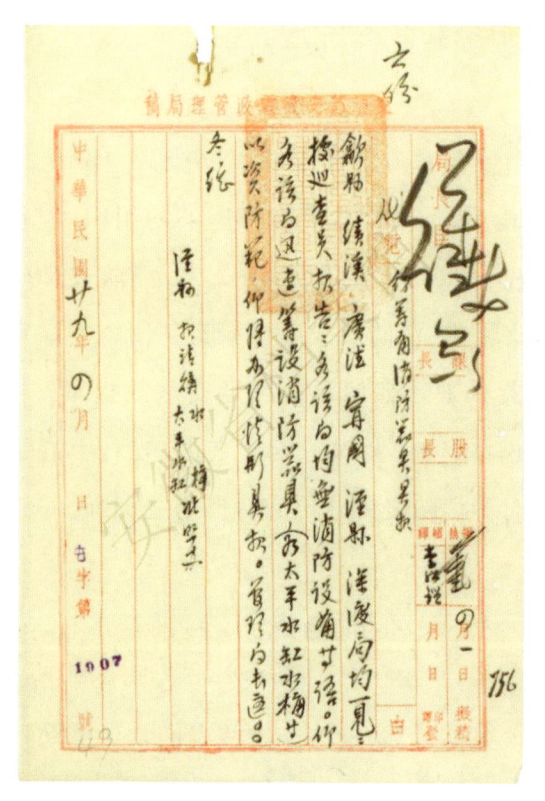

《关于请歙县、绩溪、宁国等电报局迅速筹备消防器具的代电》

虽然人们非常重视消防器具，但当时的消防器具还是非常缺乏的。据史料记载，民国消防队初建时，消防人员少且消防装备简陋。1913年芜湖消防队改为"卫生队兼消防事"后，仅有水龙救火器具1部。而在1914年蚌埠消防队建队之初,仅有压龙车1部,无法适应火灾的扑救。由于消防力量薄弱,以致在1919年春,淮珠市场东北隅一木匠铺失火,竟延烧半个市面。

众所周知,建立对火灾的瞭望机制,及早发现、及早报告是减轻火患的一个重要途径。蚌埠于1926年在南山顶上建了一座瞭望台,台上悬挂铜钟一口,用以报警。1928年,消防队购买了一辆美制泵浦消防车,配备大小火钩等灭火工具。

作为当时的省会,安庆消防队伍相对完善。1926年,安徽省会警察厅消防队配备人员70人,但消防装备依然落后,仅有新旧水龙各1部,水桶20担,水管、火钩、球灯等救火器具若干。1928年,安徽省会警察厅改称"安庆市公安局",其下属的消防队也改称为"安庆市消防队",并在原有的基础上增加一个排(约20人),消防夫4人。但其消防设备并未得到改善,只有1架旧水龙等少量灭火器材。直到1932年,消防设备才有所增加,有人力推拉压水灭火机1台、机器水龙5台、帆布水带13丈5尺,另建有高达15米的消防瞭望台。虽然15米消防瞭望台现在来看并不高,但在当时足以观察全城火情。消防瞭望台配有警钟,昼夜轮流值班,一旦发现火情,守望人员立刻向全城鸣钟,发出方向性火警报告。

不仅如此,1927年安庆消防队就制定了《安庆市公安局消防队章程》,对消防警察的宗旨、组织、警察资格与训练以及扑救火灾、消防器材保养等做出了具体规定。其中,规定消防警察每天应进行消防操练,其中包括通常训练和特别训练。通常训练项目包括兵式体操、柔软体操、使用吸筒法、安装机器法、收拾气管法、登梯法、贮水法、刺叉使用法及拳术、简单治疗法等。特别训练项目包括假定实施救急法、假定检点法。这些训练借鉴吸收了国外的新式消防训练法,不仅在全省首屈一指,而且在全国也不多见。

防火知识宣传不可少

消防工作,重在预防。在科技不发达的时代,为了预防火灾,乡村农民一般均特别注意灶口、油灯的安全使用;保甲组织也会通过一定的方式进行宣传和提醒;集镇的地方自治组织也督促居民、商号自防,更夫巡更时,敲击竹梆,不断提醒众人"小心火烛";富裕人家的深宅大院内、屋内备有水缸,挖有水井,一旦失火,在火势未盛时就近取水灌救。乡情淳朴,有难众人帮,一旦发生火情,乡邻自动携带各种盆、桶、梯等,就近从河道、水井取水灌救。由于当时的消防组织、消防设备比较薄弱,一旦发生火灾,除取水扑火之外,最好办法便是尽快拆除火灾点两侧的住宅,以减少损失。

为了增强居民的防火意识,当时的消防队还大力宣传防火知识,比如提醒居民注意厨房遗火、睡觉时注意熄灯、炉灶不要接近板壁等,另外还要求置备太平水桶等防火设备。安徽省档案馆馆藏的民国时期《市民对于消防应遵守之事项》中,就明确提到需要居民家中购置防火设备,"各家房屋附近务须多备水缸水桶(满贮清水)及沙包,在可能范围内并须购备水枪、化学灭火器及斧锯、火钩等件"。

为了提高居民防范火灾的意识,对消防取水的水井、池塘也做了规定:"现有公私水井及池塘等务须妥为保护疏浚,切勿随意掩塞并设标记以便消防,于火灾发生时取水灌救。"同时提醒大家,

民国纪事

"须常留意残余之火焰灰炉""一切油类着火时切勿以水泼之,应以药末灭火器灌救或以沙土掩盖""一切容易发火及引火之物品,如煤油、汽油、硝、磺、干柴等须放置妥当,与厨房炉灶等地隔离"。

了不起的"草根"消防组织

每年秋冬时节,天干物燥,是火灾的高发季节。如果遇到火灾,拨打119求助,消防队员就会迅速赶来灭火,高压水枪、云梯、消防车等现代化消防器材也会各显神通。民国时期,如果发生火灾,除了官方的消防组织来灭火救援,民间消防组织也发挥着不可或缺的作用。

民国初年,安庆有较大民间消防组织16家

民国初年,安徽官方消防组织以当时的省会安庆为主,设立时称"省会消防队""安庆消防队"。除了官方消防组织,其实早在清末,安庆已有了民间消防组织。据史料记载,早在清同治年间,安庆城就有诸多消防组织,除蓄水池的镇安局外,另有横坝头的清平局,三步两桥的保安局,龙神祠的永逸局,同安岭的亿安局,鸳鸯栅的定安局,龙门口的咸宁局等。与此同时,安庆各慈善团体也相继建立救火会。这些民间的救火会人数不等,或百余人,或几十人,经费来源主要靠房租收入,亦有部分从商户、居民中筹集。救火员上身套蓝背心,胸前标印救火会名,扑灭火灾后可免费就餐、洗澡,

民国纪事

而担水者则凭筹码领取相应的补助。其中,规模较大的有16家,比较有名的就有安庆浙江广昌发同人救火会和胡玉美消防队。

说起安庆浙江广昌发同人救火会,就不得不提到它的创建者倪锡卿。倪锡卿是浙江绍兴人,精通印染工艺,在安庆创办了广昌发染厂。由于技术过硬,质量稳定,该厂很快就在安庆打开了局面,并以染色纯正称誉。不仅如此,倪锡卿热心地方公益事业,创办了浙江广昌发同人救火会,并配备了一些救火设备,有水龙、水桶、挠钩等工具。广昌发同人救火会的会员都是染厂工人,只要火警报的铜号一吹,他们就立即赶赴火灾点进行救援。广昌发同人救火会行动迅速,贫弱不欺,在安庆有极好的口碑。

胡玉美消防队则是由安庆的知名老字号胡玉美酱园创办的。在消防设备方面,胡玉美消防队最初使用土制水龙,但水压不大,效果不甚理想。后该消防队采购了一部机器水龙,以柴油机为动力,灭火能力大大加强。为了提高救火灭火能力,胡玉美消防队还经常组织消防培训。

民间消防组织一般是由当地居民尤其是工商业者出于防火、灭火的安全需要发起成立的,对消防事业的发展也起到了十分重要的推动作用。

民间消防组织经费如何筹措

除了安庆之外,合肥、蚌埠、芜湖等地均有民间消防组织。民国初年,合肥义仓巷里的房屋非常密集,且多为木结构,居民生活燃料多以木材为主,遇到天干物燥的时节,极易引发火灾。为此,合肥商会向商店筹款,购置了一架水龙,后来逐步发展成为水龙局,在四牌楼、义仓巷等处设置了水龙。每遇火灾,打锣报警,就地召集救火人员挑井水扑救,支付临时工资。1931年的冬天,西门大街刘义丰杂货店(现三孝口附近)发生火灾,从上午10点一直烧至下午4点,受灾户2000多家。义仓巷的水龙出动了,但因水源缺乏,收效甚微。

1928年,蚌埠商会出面筹建了消防协助委员会,自行筹措资金增购消防器材,给生活困难的消防人员一定的补助,使消防能力有了加强。芜湖的万安救火会于20世纪20年代由程海鹏领衔在二马路(今新芜路)建成,取名"万安"意在祈求万民平安吉祥。

当时民间消防组织最常用的报警工具是铜锣,一有火情,有人专门摇铃、拉钟、打锣示警。一旦听到警报,民间的消防队员从自己所属的救火会取来器械赶赴火灾现场扑救。火灾初起,形势紧急,锣声一声连一声,密集紧促,谓之"串锣";到火灾渐缓,直到最后熄灭,锣声也一声声缓慢下来,名曰"倒锣"。火灾起灭或大小转换,用锣声变化来反映。百姓通过锣声的缓急变化,得知火情。

民间消防组织的经费从何而来?安徽省档案馆馆藏的《关于捐助芜湖万安救火会劝募经费事项的批复》中,就记载了芜湖万安救火会筹集经费一事。档案显示,芜湖万安救火会劝募经费可参照其他国营企业机关酌情捐助,并附了一份1937年定远等邮局管辖大桥村镇信柜第二季经收邮件应得酬金及津贴文件,其中显示"每月津贴三元、酬金共计国币九百四十元"。可见当时民间的消防组织经费主要来源是政府捐助,另外包括一些工商业者捐款。

民国纪事

经费主要用于购置水龙等较大的消防器械以及支付参加灭火的消防员的报酬。

学校、邮局等也配备消防设备

传统水龙、木桶、火钩、钉子钩、铁锯、斧、竹梯等消防器械不仅出现在专业的消防组织中,而且在学校、邮局等也有相应配备。

安徽省档案馆馆藏的《安徽省立第六临时中学民国三十一年造送消防器具预算清册》中,记载了1942年安徽省立第六临时中学配置消防器具预算情况,其中有白铁水枪7支、木水桶22担、铁抓钩7把、抓钩杆7根、太平瓦缸8口、麻绳22斤和扁担22条等。这些消防器具总计要花费1370元。

1932年《关于检发怀宁一等邮局消防章程的谕》中,则记载了怀宁一等邮局关于消防工作

《安徽省立第六临时中学民国三十一年造送消防器具预算清册》

的安排。该档案中盘点了怀宁一等邮局的消防器具,并制定消防章程,"查本局救火机共有喷水龙头六个",还有"手摇水龙一具""橡皮吸水带,长二十五米""百米长帆布水带又铜质管头二具""铜质火把六个""铜帽二十顶""唧筒二十个""带钩之皮带二十条""斧子四把"等。

此外,怀宁一等邮局还对消防器具的养护做出了规定,"上列各处之喷水机与水龙水带,每月均须察看二次,有无漏洞以及损坏并将水灌注水带,至救火机则至少每月应试用一次"。由于当时没有自来水,就要求该局职员多蓄水,"本局屋顶水池内务须水带贮满""放在第二层楼之水桶及楼下之水桶均应将水盛满且须常换""夜间则于人员离局之前并须注意各水桶是否盛满"。同时该档案中还提到每月在规定的时间举行消防演练,就是为了让该局人员熟悉消防器具的位置和熟练使用消防器具。

消防工作,重在预防。档案中也提到了消防意识的宣传和教育,"各员在离局之前,务须注视灯烛及火炉等项是否确已熄灭""旧字纸及他种引火之物切不可积存在局内任何办公处""吸烟者对于火柴及烟屑等务须格外注意,倘因此事引起火患而受损失当必责令该员赔偿"。

民国纪事

民国时期如何提高民众的消防意识

"遇火灾不可乘坐电梯,要走楼梯,要向安全出口方向逃生。""穿过浓烟逃生时,要尽量使身体贴近地面,并用湿毛巾捂住口鼻。"……如今这些消防逃生小常识,你一定不陌生。但在民国时期,消防知识还不普及,人们是如何增强消防意识的呢?

安庆的几次火灾凸显防火意识薄弱

民国时期,当时安徽省会安庆时有火灾发生。据史料记载,仅1927年4月至1928年3月,安庆城就发生火灾12次,受灾53户,烧死3人,受伤4人。这时期,安庆还发生了2次影响较大、损失惨重的火灾。

1926年,一位市民生病煎药不慎引发火灾,火势冲天而起后,又遇强劲西北风,短短半个时辰便烧成一片火海,并引爆了东侧的军火库,一时间,老城中心地带火光冲天,爆炸声响成一片,整个老巡按使公署以及东西两侧厅局在大火中化为乌有。年轻警士朱庆云在扑救过程中,不幸英勇牺牲。安庆市庆云街(现人民路吴越街至建设路一段),就是当年为纪念朱庆云而修建。

1935年，东岳庙一家鞭炮店在生产中违反操作规程，火药发生爆炸引起大火，一条街百余户民房店铺，顷刻间被大火吞没。东岳庙街虽北临长江，西接池塘，但火势太大，靠盆盂桶装取水根本无法扑救，周边居民只能眼睁睁地看一条繁华街道在熊熊大火中化为灰烬。

引发火灾的缘由大抵不过自然因素和人为因素这两个方面。雷电等自然因素导致的火灾具有偶然性和不可控性，人为引起火灾居多，大多为易燃物的不合理使用与存放等。市民防火意识不强，在用火过程中因疏于防范而酿成的事故已成为引发火灾的重要因素。

消防著作传播消防理念

为了预防和减少火灾的发生，民国时期相关机构通过出版消防书籍、报纸刊登文章等方式，传播消防理念，宣传防火知识。

"须常留意残余之火焰灰炉""一切容易发火及引火之物品，如煤油、汽油、硝、磺、干柴等须放置妥当，与厨房炉灶等地隔离"……安徽省档案馆馆藏的民国时期《市民对于消防应遵守之事项》中告诫市民在日常生活中要积极防范火灾。

从1941年安徽省教育厅下发的《关于检送消防常识等丛书的代电》中我们可以看出，这套丛书包括《消防常识》《救护常识》《防毒常识》各一册。此外，当时还流传着几本不错的消防图书，也为传播消防知识做出过重要贡献。一本是1931年黄晋甫著《防火概论》，属于王云五编的《万有文库》中的一册，由商务印书馆出版。

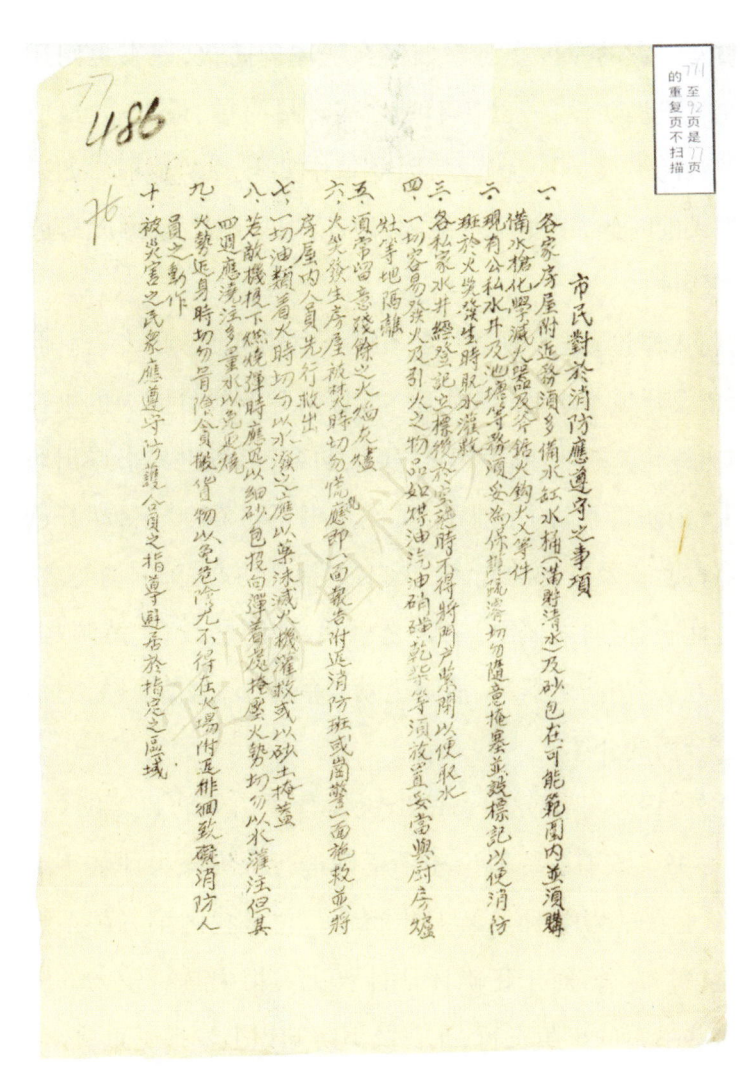

《市民对于消防应遵守之事项》

此书分为绪论、火灾的原因、房屋和火灾的关系、火灾的根本防止法、屋内防火设备、屋外防火设备、避火路、火操和结论等9章，系统分析建筑设计对于防火的重要性，阐述了当时的居民房屋大多是木质结构，所用木料中以松树、杉树常见，且大多连成一片，这是

231

容易引发火灾的原因。对于如何在房屋内防火，该书也阐述了房屋内要放置消防设备，以备不时之需。最简单、最可靠、最便利而又最省钱的灭火工具就是水，因此家中要常备贮水桶。如果遇到油类失火的时候，不能用水浇灭，应该用沙子掩盖，因此房屋内也应备有沙桶。

《防火概论》是我国第一本系统介绍建筑防火的专著。此书再版两次，发行量不小，是我国第一本探讨建筑设计防火的书籍。除了《防火概论》之外，20世纪20年代初期，上海世界书局出版过一本名为《消防警察》的小册子，虽然全书不过6000字，却开创了我国消防科学普及读物的先河。该书包括消防之意义、消防之目的、消防之性质、消防之概要、消防之机关、消防之教育、消防之手段、消防之方法、消防之器具、消防之劝告等章节，言简意赅，对消防工作做了全面的介绍。

此外，1938年商务印书馆出版发行了由王海帆著的《火险审估学》一书。该书系统地论述了正确进行火灾损失评估审定的重要意义、目的、效用、种类及人才问题。它是我国第一部系统完整的火险审估专著，对于正确评估计算火灾损失具有较大的实用价值。这些书籍的出版发行，在普及消防知识上发挥了重要作用。

发现火情如何示警

民国时期通信设备落后，人们发现火情是如何示警的呢？在火灾中如何进行自救呢？

随着消防知识的广泛传播，民众的消防意识不断增强，对防范

民国纪事

火灾的警惕性也不断提高。据史料记载,1903年至1949年,我省接收和传输火警火灾信息的设施主要有两种:一种是安庆、芜湖、蚌埠三市建立的火警瞭望台,置两人观察市区火警火灾,并用置于瞭望台的警钟将火警火灾讯号传递给消防队和民间救火组织;二是警钟,其他各市县消防队均在较高的建筑物上置一警钟,事先规定钟声的长短和响数,一旦发生火警火灾,按预先的规定打钟报警。火灾扑灭后,再打出长声,以报平安。发生火情时,市民就通过击锣、铃、钟等,以此示警,召集附近民众参与灭火。

"火灾发生房屋被焚时,切勿慌乱,应(立)即一面报告附近消防班或岗警,一面施救并将房屋内人员先行救出。"安徽省档案馆馆藏的《市民对于消防应遵守之事项》中,对施救和自救进行了教科书式的表述,"火势近身时切勿冒险贪搬货物以免危险,尤其不得在火场附近徘徊致碍消防人员之动作"。针对不同的火情,采取不同的方法灭火自救,"一切油类着火时切勿以水泼之,应以药沫火机灌救或以砂(沙)土掩盖"。

民国时期的幼稚园

作为步入学校的前一站,幼稚园在幼儿成长过程中起到的作用不可小觑,它不仅是家长育儿的好帮手,更是在幼儿启蒙教育中承担着重要角色,甚至对孩子的一生也有着重要影响。

学前教育机构为何叫幼稚园

安徽省档案馆馆藏的1947年《安徽省立合肥幼稚园三十六年第一学期职教员及工役一览表》中提到的教育机构是安徽省立合肥幼稚园。为什么当时的学前教育机构叫幼稚园呢?

据史料记载,虽然我国很早就有儿童启蒙教育理论,但在西方幼儿教育思想传入前,并未出现专门的幼儿教育机构。幼儿教育机构的名称最早可以追溯到1904年。当年1月3日颁布的《奏定蒙养院章程及家庭教育法章程》里面提到了"蒙养院"的概念。到了1911年,又将"蒙养院"改为了"蒙养园"。1922年,北洋政府教育部颁布的《壬戌学制》把"蒙养园"改称为"幼稚园"。1928年第一次全国教育会议通过了陶行知、陈鹤琴等人提出的"幼稚教育案"7件,其中《各省各县各市实验小学设立幼稚园案》规定,从该年度起,实验小学必须创办幼稚园。1932年,教育部颁布《小学组织法》,规定"小学得设幼稚园"。这些都有力地推动了学前教育的发展。

1928年,安徽省教育厅在转发大学院训令的文件中提出:"幼稚教育为一切教育之基础,至关重要……务希于十七年度起,即饬所属实验小学或师范附属小学,尽先设立幼稚园,十八年开始在乡村小学内酌设乡村幼稚园,以期幼稚教育渐次推广。"据民国期间出版的《安徽教育要览》第三回记载,1934年,全省有幼稚班39个班(其中省立8个班、县立17个班、区立1个班、私立13个班),入园幼儿1496人,教职165人。1946年,安徽省有幼稚园44所,入园幼儿1778人,高于战前的规模。幼儿教育在课程设置、师资、设备和教学等方面都有具体的要求,逐渐走向规范化。

抗战后期,学前教育得到了长足发展,各地纷纷兴建幼稚园。这一点,安徽省档案馆馆藏的《关于三十三年十一月四日举行中正小学及幼稚园创立大会莅临指导的函》可以印证。该档案中记载:"兹定十一月四日(星期六)下午一时举行本校暨幼稚园创立典礼。敬备茶点,恭请莅临指导。"邀请人是中正小学董事长赵正游、校长朱一鹗以及副校长斯道卿,落款时间为1944年10月27日。该幼稚园的校址在屯溪下黎阳浙江同乡会。

游戏是幼稚园重要的教学活动之一

据史料记载,1944年,安徽省教育厅在合肥创办了合肥幼稚园。1948年,合肥设有省立合肥幼稚园和县立中正小学附设幼稚园各1所,在园幼儿250多人。安徽省档案馆的一份1947年《关于回复省立合肥幼稚园开学上课情形的呈》的档案上说:"窃本园以暑期已尽终了,业于九月一日开学""新旧学生并于九月十一日正式上课"。从这份档案中我们看出,当时幼稚园秋季新学期开始,一般也是在9月份正式开学。

当时幼稚园小朋友在学校学习的内容有哪些呢?据史料记载,当时幼稚园的课程包含了音乐、故事、儿歌、游戏、社会和自然等内容。在教育内容上,对儿童进行多方面训练,不仅开发儿童的智力、身体、德行、美感,而且注意了儿童社会化的培养。在教育方法上,灵活多样,运用团体、分组和个别的方式,组织儿童的各种活动,儿童活动有相当的自由。1932年,教育部正式公布了由陈鹤琴等专家拟定的《幼稚园课程标准》,这是中国第一个学前教育的标准课程规范。

安徽省档案馆馆藏的1940年《各级学校教科书审查表》中就记录了幼稚园的教科书,有故事、自然、社会、识字课本等。除了学习知识以外,游戏是幼稚园最为重要的教学活动。从安徽省档案馆馆藏的《安徽省立合肥幼稚园民国三十五年二月份儿童玩具费单据附属表》中可以看出,当时幼稚园购买的玩具主要有大鼓、汽车、坦克车、积木、口琴等;而1947年《关于省立合肥幼稚园购置儿童玩具费会计报告及报销问题的公函、指令》中则记载了该幼稚园购买儿童玩具花费共计73300元,主要购置了大鼓、小汽车、积木、小茶具、枪、洋娃娃、大喇叭以及皮球等。从这些购置的玩具中看出,孩子们喜欢的小汽车、积木和洋娃娃,跟现在小朋友喜欢的玩具没有太多的差别。

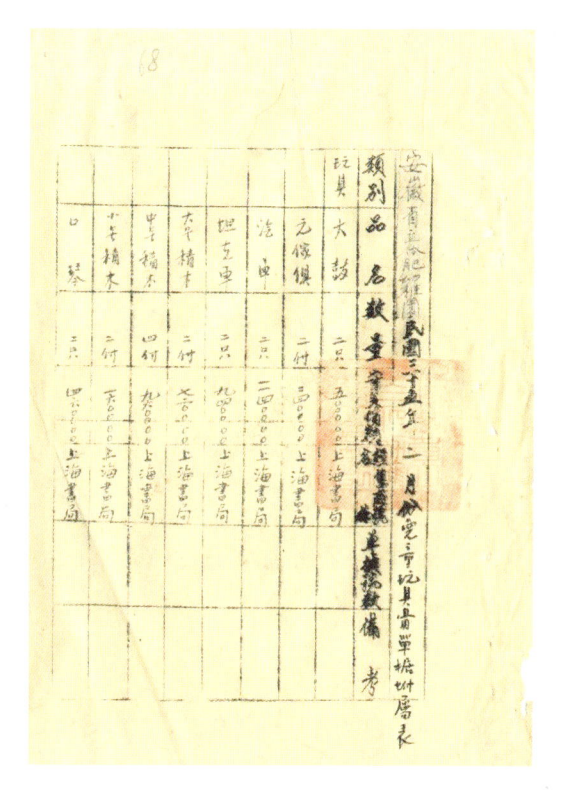

《安徽省立合肥幼稚园民国三十五年二月份儿童玩具费单据附属表》

幼稚园入学男女生比例相当

民国时期,幼稚园的负责人称为"主任"或"园长",负责管理幼稚园中一切事务。教育幼儿的人员称为"教师"或"教员"。幼稚园的教师,多来自中学、小学、师范毕业生和社会知识分子,其中有一部分受过幼稚师范专业训练。省立、县立、区立幼稚园主任分别由省、县、区任命,私立幼稚园主任由设立者选聘,并报教育局(科)核准;公、私立幼稚园教师均由园主任聘任。

昔档今读（第二辑） XI DANG JIN DU

在《安徽省立合肥幼稚园三十六年第一学期职教员及工役一览表》中，记载了该幼稚园的教职工名单、学生名单以及教职工、学生的详细情况。其中一份《安徽省立合肥幼稚园三十六年上学期学生名册》，则详细记载了幼稚园学生的班级、姓名、性别、年级、住址以及家长从事的行业。该幼稚园第一学期共有 164 名学生，年龄从 4 岁到 7 岁不等，其中女生 80 名，男生 84 名。小朋友们分为礼、义、廉、耻 4 个班级。礼班总共有 48 个孩子，年龄都是 4 岁，其中女生 21 名，男生 27 名。义班总共有 60 个孩子，年龄都是 5 岁，其中女生 31 名，男生 29 名。廉班总共有 28 个孩子，年龄都在 6 岁，女生 12 名，男生 16 名。耻班总共有 28 个孩子，年龄都在 7 岁，女生 16 名，男生 12 名。从中我们可以看出，幼稚园男生和女生的比例差不多。

在这份档案中，我们还看到该幼稚园总共有 8 位教师，其中 7 名女教师，1 名男教师。7 名女教师都具有一定的文化素养，分别从江苏第一女子师范、南京汇文女中、合肥私立三育中学等学校毕业，先后从事教育工作，年龄从 20 到 44 岁不等；而一名男教师 26 岁，从南京育群中学毕业，曾任合肥基督小学教员。由此可以看出，当时幼稚园的师资条件还是非常不错的。

民国纪事

民国时期清明节与儿童节曾"相遇"

清明节是中华民族古老的节日,既是一个扫墓祭祖的肃穆节日,又是人们亲近自然、踏青游玩、享受春天的节日。但有趣的是,在民国期间,清明节与儿童节曾是差不多的日期。

由节气演化成传统节日

传统的清明节,大约始于周朝,已有2500多年的历史,一般是在公历4月5日前后。清明最开始是一个很重要的节气,清明一到,气温升高,正是春耕春种的大好时节,故有"清明播谷,小满栽秧""清明前后,种瓜种豆"之说。

清明从一个节气演化成一个传统节日是与上巳节、寒食节分不开的。上巳节、寒食节和清明节三者在时间上排序相近,在传承演变中,上巳、寒食与清明逐渐融合,像寒食节的祭扫、踏青、戴柳、插柳、放风筝也渐渐演变成清明节的习俗,到了宋朝,清明节就正式成为传统节日了。

清明节的习俗比较丰富,但归纳起来其实也就是两大节令传统:一是礼敬祖先,慎终追远;二是踏青郊游,亲近自然。在缅怀先人、寄托哀思之余,在明媚的春光里亲近自然,也可以当作节哀自重、转换心情的一种方式。此外,人们还开展各式各样的体育娱乐活动,诸如放风筝、荡秋千、拔河等,以此表达对春天的喜爱和对美好生活的憧憬。

每逢中国传统节日,"吃"总是永恒不变的主题,清明节也不例外。在清明节,除了我们熟悉的青团,皖西、皖中一带人们还会从田野里采回一种叫作"马兰头"的野菜食用。俗谚说:"清明吃一根,到老眼不花;清明吃一夹,到老都不瞎。"清明时节的中餐,有些地方吃"粉蒸菜",此系用茼蒿类新鲜菜拌米粉,加油盐蒸熟即成,也有的地方有吃"清明粑粑"等习俗。

清明节与儿童节"相遇"

民国时期,清明节和儿童节很可能是在同一天。原来,民国时期的儿童节是4月4日,又称"双四节"。而清明节大约是在4月4日至4月6日之间。

为什么把4月4日设为儿童节呢?原来,1925年8月,54个国家在瑞士日内瓦举行儿童幸福国际大会,通过《日内瓦保障儿童宣言》,呼吁世界各国设立儿童节。1931年3月7日,中华慈幼协会呈请上海市社会局"仿照邻国办法,谨拟选择4月4日规定为儿童节"。此提案由上海市政府转呈国民政府,获得批准。当时,蔡元培对"双四节"的含义这样解释道:"第一个'四'字,即食、衣、住、行,是我们的基本生活。各位小朋友,现在仰给于家庭父母,如果没有父母的供给,或父母不注意,即发生危险。故各位要记着此时此刻父母供给，将来成人后即要努力工作，以抵偿今日之债。第二个'四'字，即智、体、德、美四育。大人们锻炼你们的身体，培植你们读书，告诉你们做人的道理，陶冶你们的性情，就是智、体、德、美四种教育。"不仅如此，1939年4月4日，蔡元培还创作了《儿童节歌》："好儿童，好儿童，未来世界在掌中。若非今日勤准备，将来落伍憾无穷。好儿童，好儿童，而今国难正重重。后方多尽一分力，前方将士早成功。"

儿童节时全国各地都会举办庆祝活动，诸如开展各类文艺演出以及给孩子们赠送礼物等。安徽省档案馆馆藏的1935年《关于转发民国二十四年四月四日儿童节纪念办法请安徽省泾旌县党部遵办的训令》中有这样的记载："各省市应于每年四月四日在公共集会场所举行儿童节纪念大会"，"参加纪念会之儿童应由大会各给以铜质纪念章一枚以资鼓励"。清明节与儿童节偶遇，也为原本有些伤感的清明节平添了一份欢乐的气氛。

清明节跟植树节也曾是同一天

清明节，家家户户都会在门上插一枝杨柳，表示春已来到人间。其实在民国时期，最初植树节跟清明节曾是同一天。

据史料记载，孙中山任临时大总统的中华民国南京政府成立后，十分重视林业建设，1914年11月颁布了我国近代史上第一部《森林法》。1915年7月，在孙中山倡议下，北洋政府正式下令，规定以每年清明节为植树节，指定地点，选择树种，全国各级政府、机关、学校如期举行植树节典礼并从事植树活动。

安徽省档案馆馆藏的1924年《关于清明节植树有关问题的训令》中提到，水灾旱灾频发的原因是由于山林荒废不能调节气候，涵养水源，因此推广植树造林。"以每岁清明为植树节，届时京外举行植树典礼以示提倡"，"如在气候温暖或寒冷，各地树木萌动为期较有迟早，得于植树节前后，酌量情形举行栽植，以顺时宜"。

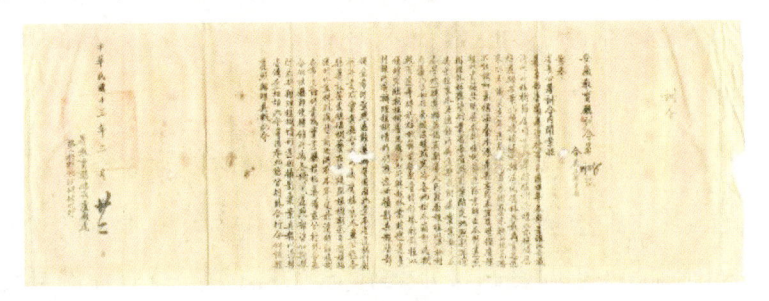

《关于清明节植树有关问题的训令》

而至1928年，在孙中山先生逝世3周年之际，为了纪念孙中山先生一生坚持植树造林的功绩，国民政府将3月12日确定为植树节。

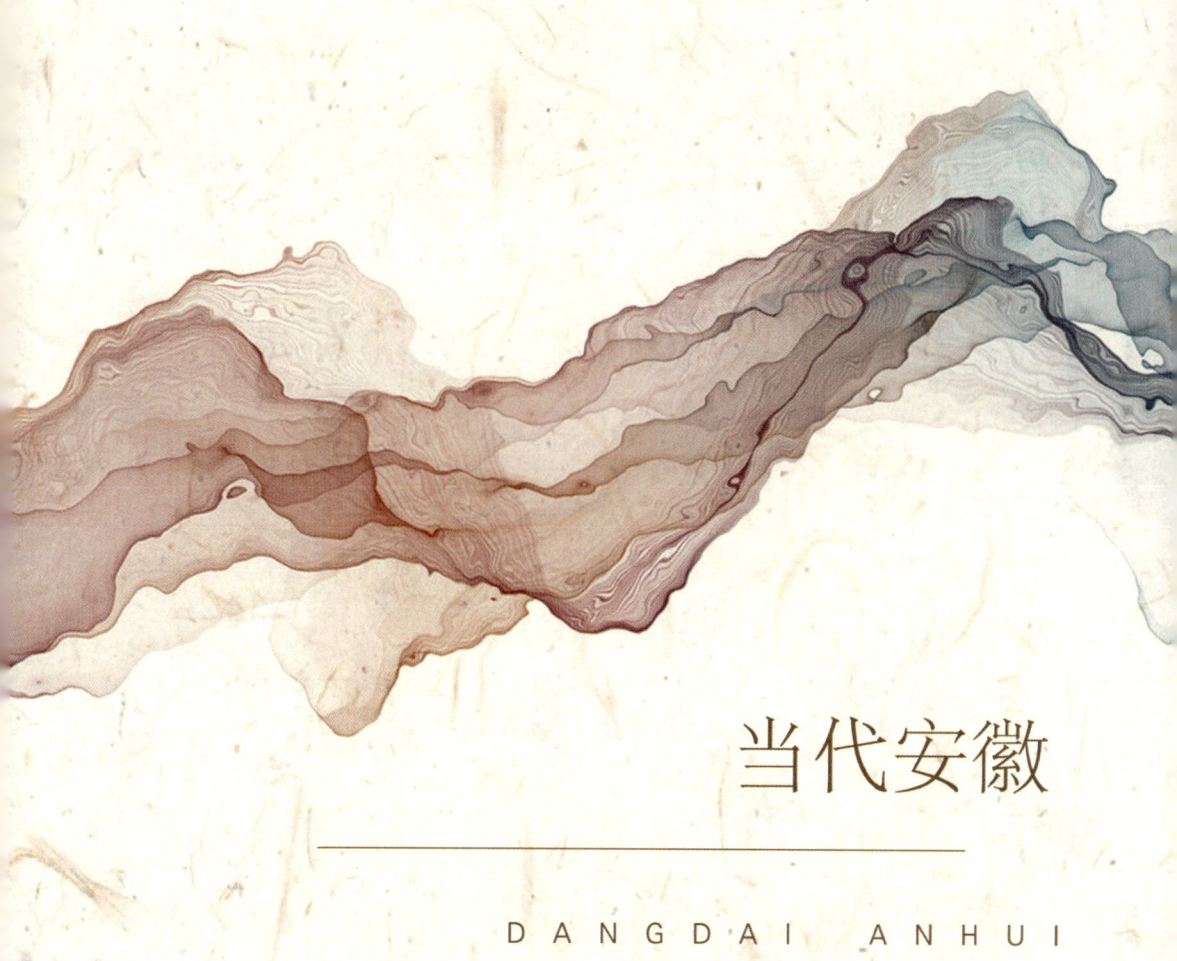

当代安徽

DANGDAI ANHUI

当代安徽

"王家坝精神"可追溯到 1954 年

2021年入梅以来,持续的强降水让长江流域的河流湖泊水位居高不下,汛情形势十分严峻。在安徽历史上,1954年、1969年、1991年和1998年都发生过大洪水,尤其是1954年的特大洪水,是新中国成立之初遭遇的首次特大洪水。在安徽省档案馆,翻开尘封的档案,一下子就将我们拉回到1954年。

2018年4月,淮河王家坝闸(资料图片)

洪水席卷下的安徽

1954年,安徽淮河、长江流域降雨量超过了有记录以来的最高值。当年5月中下旬,淮河流域就发生了一次较大范围的暴雨,以淮河干流上游和淮南山区最大。淮河干流各地5月份水位超过了历年汛前的最高水位。长时间、大范围、高强度的降水,造成淮河、长江干支流水位猛涨。尤其是7月份,多次大范围、集中性的强降雨,造成了安徽百年以来的特大水灾。

安徽省档案馆馆藏的1954年《转报安庆、芜湖地委防汛部署报告》中显示:"六月十二日至十六日,全区又复大雨之后,内涝面积复增至二百七十三万亩。与此同时,江河潮水上涨甚快,十七、十八两天江潮即上涨三点二公寸,二十一日即达十一点一一公尺,距危险水位仅差三公寸。"这一串数字可见洪水之迅猛,形势之危急。

从当年的统计数字也可看出,1954年5月至7月总降雨量,江淮之间为900—1300毫米,皖西地区1300—2000毫米,皖南部分地区2000—2800毫米,均大于常年同期1—2倍。全省有6个县降雨量超过2000毫米,15个县超过1500毫米,44个县超过1000毫米,其中黄山达2824毫米。

"皖"众一心合力抗洪

险情就是命令。1954年,安徽省开展了史无前例的抗洪抢险斗争。在党和政府的号召下,大批农民、工人、人民解放军、学生、干部、船民等,有组织地奔赴抗洪前线。危急时刻,广大中共党员、基层干部、民兵和人民解放军指战员,跳入急流浪涛之中,以身体组成人墙挡浪护堤,与洪水搏斗。当时参加防汛的人员有民工108万人,解放军1.24万人,干部3.14万人,还有医务人员2500余人。他们在千里江堤上奋战3个月之久,减轻了在特大洪水袭击下的灾情。

从《转报安庆、芜湖地委防汛部署报告》中了解到,1954年7月,长江水位突破保证水位后,芜湖专区立即成立无为大堤江北指挥部,并设立黄山寺、惠生堤、安定街、巢湖4个指挥所,另外组织3个组,1个组去丹阳湖大官圩,2个组检查芜、繁、当等县江堤,并加高堤顶,隔江运土,用麻袋、草袋甚至布袋装土,124千米长的全线抢筑了1—2米高的子埝。参加防汛的全体人员,露宿堤上,日夜防护。据统计,芜湖市各级干部1343人长期参加防洪,发动各界人士27.3万人参与抗洪。

与此同时,淮河防汛形势十分严峻。从7月3日开始,百万军民日夜防汛,奋力抢险,坚持整整2个月之久。在安徽省档案馆中,有20多份档案记录了当时的防汛事迹。《朱保全防汛事迹》记载了治淮委员会泊岗引河工程指挥部二支队第一大队朱保全在窑河坝出现漏洞后带人奋不顾身堵塞洞口的故事。另一份档案则记载了施程昌防汛的事迹。他始终奋战在抗洪第一线,夜以继日,往返奔波,不辞辛苦,多次下水打捞、抢救器材,减少了财产的损失。

闻"汛"而动,许许多多像朱保全、施程昌等这样的抗洪勇士,向险而行,封堵溃口、疏浚河道、抢救灾民,筑起了坚固的生命防线。

1954年就启用的王家坝闸

今天一说到淮河的防洪,人们就会想到王家坝,想起"王家坝精神"。其实,"王家坝精神"最早可追溯到1954年的抗洪抢险。

新中国成立前,淮河流域水害频发,淮河边的居民过着流离失所的生活。新中国成立后,淮河是我国进行全面治理的第一条大河。1950年,中共中央决定有计划、有目的地对淮河流域进行从点到面的综合治理,遏制淮河水患。1951年,新中国掀起第一轮治淮高潮。按照"蓄泄兼筹"的治淮方针,1953年,国家在安徽阜南县王家坝村建起了淮河上重要的水利枢纽工程,这就是被誉为"千里淮河第一闸"的王家坝闸。每逢淮河汛期,王家坝闸的水位升降都作为淮河防汛"晴雨表"和"风向标"。

1954年7月,王家坝闸建成后的第一年,就遇上淮河流域暴发特大洪水。为了缓解上游的压力和保障下游的安全,王家坝闸于7月6日开闸蓄洪。从这之后,每当大水之年,为了缓解整个淮河流域的防洪压力,常常会启用王家坝闸所在的蒙洼蓄洪区蓄洪。

王家坝位于蒙洼蓄洪区"上游",平时蓄洪区内生活着近20万人,有不少人先后经历了十几次蓄洪。蓄洪的时候,庄稼没了让很多人觉得"心疼",但为了淮河上下游的安全,他们觉得值了。"王家坝精神"就是人们在长期的抗洪斗争中形成的舍小家、为大家的顾全大局精神,不畏艰险、不怕困难的自强不息精神,军民团结、干群同心的同舟共济精神,尊重规律、综合防治的科学治水精神。

洪水无情人有情。水灾带来的伤痛,唯有用妥善的安置与后续的帮扶来温暖和抚慰。1954年那场大水后,重建工作也随即展开,安徽受灾群众从洪灾中挺了过来,开始了新的生活。为避免灾民流离失所,安徽各级政府通力合作,转移安置灾民,共转移灾民400余万人,就地安置400余万人。此外,受灾群众纷纷开展生产自救运动,在"民办公助、群众互助"的方针下,国家向灾区发放大量农业贷款,提供必要的种子,供应适量的肥料,乡村灾民坚持水退一分即抢种一分,城镇居民则迅速恢复工商业,广大灾民互相支援,因地制宜减少损失争创收入。

1991年抗洪抢险中的那些感人瞬间

仅仅20多分钟,三河古镇就被淹没;挡住洪流的"胸膛墙"和"草袋堤";洪水当口降生的孩子取名"军生"……1991年7月,安徽遭遇了百年不遇的大洪水。抗洪抢险中的那些感人瞬间,至今仍被人们提起。

那场大洪水让人记忆犹新

"暴雨一场接着一场,老天就像被捅了个口子,雨下得太大了。"提起1991年的大洪水,安徽省凤阳县亮岗乡的李淑华记忆犹新,"涨水了,田地被淹了,村里让我们转移,家里的东西全丢了。我带着两个三四岁的孩子,在安置点住了一个多星期。"今年65岁的徐斌是芜湖人,说到1991年的洪水,他感慨地说:"我家原来住在一个小圩边,那年的雨下得没停过,水涨得很快,圩保不住,破了圩,洪水一下就冲到了田里,稻子都淹了。家里当时唯一值钱的蝴蝶牌缝纫机被水淹了,生了锈,都不舍得扔。"

1991年7月,素有"皖中商品走廊"之称的三河镇也遭遇百年未遇的洪灾。三河镇因丰乐河、小南河与杭埠河三水流贯其间而得名,这也使得当地防汛形势极为严峻、险情更为复杂。7月11日下午4点17分,汹涌的洪水冲破与三河毗邻的庐江县杨婆圩,20多分钟后,洪水浩浩荡荡席卷了三河,昔日沃土良田,顿成汪洋泽国,所有平房全部被淹没,6000多名群众被困在镇内的楼上或树梢上。当时的受灾情况从档案中也能得到佐证。在安徽省档案馆馆藏的1991年《安徽省生产救灾办公室对肥西县三河镇灾后重建的几点意见》中,我们看到这样一段记载:"三河全镇1.8万人,报告受灾倒房3906户,倒房损失12622间,灾后无家可归14479人,占全镇人口80%以上。"

据记载,从当年5月起,暴雨、大暴雨,一场接一场。雨势猛,雨量大,梅雨期长,雨区集中,江淮流域同时出现特大洪涝灾害,且外洪内涝交加,水位居高不下。长江干流自7月起,全线超警戒水位,支流洪水较大。淮河干流先后出现三次洪峰,正阳关、蚌埠最高水位分别是26.51米和21.98米。淮河以南的支流洪水达到百年一遇。当年全省夏、秋两季农作物受灾面积8700余万亩、受灾人口4400余万、倒塌房屋157万间。全省38个县城进水,4.4万个村庄、830万人先后被水围困,经济损失275亿元。

乘风破浪的"逆行者"

在抗洪抢险一线,总会有一个个逆行者向险而行,在洪水面前筑起铜墙铁壁。安徽省档案馆馆藏的1992年《中共安徽省委、安徽省人民政府关于表彰抗洪救灾先进集体和先进个人的决定》中就记载了在1991年抗洪救灾斗争中做出突出贡献的24个先进集体、13 名先进个人,并给予表彰。其中,阜南县曹集区、颍上县王岗、六安县(1992 年撤销)罗集乡储渡村、寿县张马滩堤防汛指挥所等单位荣获先进集体称号,临泉县阎胡行政村支部书记张学友、霍邱县陈嘴乡乡长梁国金、凤阳县亮岗乡张作海、五河县河头村支部书记孙如兰等荣获先进个人称号。

《舍生忘死,情洒三河——三河镇司法助理员朱杨正先进事迹》中记载了朱杨正抗洪抢险的先进事迹,让我们备受感动。1991 年 7 月 10 日晚,三河水势凶猛,几个小时的时间,朱杨正蹚水转移灾民 50 多人。11 日上午,得知三河米厂还有十几人未撤出,他立即组织人员去救人。此时米厂积水已深达 2 米,米厂停靠船的地方早已决口,洪流滚滚,大船靠不上,小船不敢靠。他到河沿找停靠着的十几只船的船员,船上不是人不在,就是不敢去,最后他找到了肥西县航运公司职工赵叶树。他们冒着生命危险,划着小船艰难地来到米厂,将 11 人救上船,其中有的老人和小孩已在水中和脚盆上度过两天两夜了。当他们返回路过决口处时,出现险情,船差一点被洪水冲翻,幸亏船老大舵技娴熟,船上人员安然无恙。当天,该镇西街有 3 处决口。朱扬正巡逻时,发现大家从这里路过时,稍不留心就会被急流冲走。于是,他在这里扶老携幼 20 多人。当一位妇女掉进急流,他毫不犹豫跳进洪流,将她救上岸。这位妇女苏醒后,带着感激的泪水说:"大哥,今天要不是你救了我,我就没命了……"在这次抗洪抢险中,他组织抢救人员 500 多人,他自己从洪水中共救出 100 余人。

当代安徽

军民鱼水情

哪里有危险,哪里就有人民子弟兵。一场大水,让人们对军人有了更深刻的认识,军民之间的关系也更加亲密。翻开安徽省档案馆馆藏的1991年《来自安徽抗洪救灾前线的报告》和1992年《中共安徽省委、安徽省人民政府关于表彰抗洪救灾先进集体和先进个人的决定》等档案,军民鱼水情深,部队官兵奋勇抗洪抢险救灾的情形,让人十分动容。

《中共安徽省委、安徽省人民政府关于表彰抗洪救灾先进集体和先进个人的决定》

昔档今读（第二辑） XI DANG JIN DU

7月11日夜里，庐江县福元乡的一名产妇在三河破圩的前一刻被家人抬到卫生所，十几分钟后水就漫进了卫生所。卫生所很小，二楼只有两间房子，产妇到时里面已经挤满了群众。午夜，孩子在二楼的过道里出生了，洪水中的卫生所缺医少药，产妇和新生儿都面临着生命危险。第二天，医生看见解放军救人的橡皮艇经过，便立刻呼救。解放军将新生儿与产妇送到了安全区域。之后，孩子的父亲将儿子取名为"军生"，为的是感谢解放军给自己的妻儿第二次生命。

不只三河镇汛情严峻。那场洪水还淹没了定远县高塘湖和池湖流域的25个乡镇、460多个村庄。平地成了汪洋，一些未及脱身的灾民趴在高出水面的屋顶、麦垛上，情形十分危急。6月16日凌晨5时，一艘艘快艇驶入汪洋中的村庄。"解放军来啦！"看到晨曦中升起的救星，灾民们欢呼起来。连夜赶到的南京军区舟桥部队的官兵，一会从屋顶、麦垛上把群众救上快艇，一会儿钻到树丛中，呼喊找人。在30多个小时内，他们在洪水中行程500多千米，共搜寻、解救174名灾民和3个危重病人。

6月16日凌晨，嘉山县（现明光市）张圩乡大高圩决堤，3300多名群众还在堤内。滁县军分区领导闻讯，带领预备役师炮团152名官兵赶到现场，一见情况紧急，官兵们立即跳进激流，组成人墙，封堵决口。一层层浊浪将他们推来搡去，撞击着他们的身躯。在冷水里浸泡久了，大家冻得直打战，浪花打来，他们鼻孔、嘴巴、耳朵里灌满了水，但没有一个人歪一下身子，为群众安全撤离赢得了时间。

当代安徽

20世纪50年代，这些安徽劳模登上天安门观礼

提起五一国际劳动节，我们肯定会想起铁人王进喜、淘粪工人时传祥、售货员张秉贵等家喻户晓的劳模。他们是我们学习的榜样和典范。新中国成立后，劳模表彰是从什么时候开始的呢？20世纪50年代，安徽表彰过哪些劳模呢？

劳动节成为我国法定节日

五一劳动节，又称"国际劳动节"。这个节日起源于1886年美国芝加哥城的工人为争取改善劳动条件、实行8小时工作制而举行的大罢工。为了纪念这次工人运动，1889年7月，由恩格斯领导的第二国际在巴黎举行代表大会。会议通过决议，把5月1日这一天定为国际劳动节。新中国成立后，中央人民政府政务院于1949年12月做出决定，确定5月1日为劳动节，从此，劳动节成为我国的一个法定节日。为了庆祝劳动节，人们通常会开展丰富多彩的活动，还会对劳动模范进行表彰。

1950年，中央人民政府政务院召开会议，通过了《关于召开全国战斗英雄代表会议和全国工农兵劳动模范代表会议的决定》，其

中就提出召开劳模表彰大会,对部队中的战斗英雄,工人、农民及士兵中的劳动模范进行表扬。这是新中国成立后第一次表彰劳动模范。这次表彰大会上共推选出了464位劳模代表,其中有208位工业模范代表、198位农业模范代表、58位部队模范代表,并授予他们"全国劳动模范"的荣誉称号。

这次的劳模表彰不仅激励了群众信心,还鼓舞了他们投身于新中国建设的热情,在全国引起了很大反响,各地纷纷掀起学习劳模的热潮。

20世纪50年代,安徽劳模代表曾参加国庆观礼

新中国成立初期,安徽也涌现出大批劳动模范。20世纪50年代,安徽还曾把农业、工业领域的劳模分开进行表彰。表彰劳模在社会上营造了积极向上的氛围,鼓励劳动人民向优秀人物学习。

1952年11月底,安徽省政府在合肥召开农业劳动模范代表会议,同时举办农业生产展览会。出席这次会议的劳模代表应当具备哪些条件呢?安徽省档案馆馆藏的1952年《关于召开安徽省首届农业劳模代表会及举办农业生产展览会的通知》就回答了这一问题,那就是丰产、爱国与使用科学技术。如此高标准、严要求,可见这些劳模代表非常优秀。

同样,安徽也对一批工业领域的先进人物进行了表彰。安徽省档案馆馆藏的1954年《中共安徽省委批转省工会联合会党组关于安徽省首届工业劳动模范代表会议的报告》就记载了这次表彰大会的情况:"安徽省首届工业劳动模范代表会议于六月六日开

幕,十五日结束……"出席这次表彰大会的有来自工厂、矿山、建筑、铁路、邮电等多个部门的劳模代表,会议表彰了技术工人、工程师、技师、技术员、车间管理人员、工会工作者及普通工人。此外,对这次表彰,《安徽日报》还开辟专栏,集中宣传周玉昌等12名劳动模范的先进事迹。

受到表彰的劳模不仅会被授予荣誉称号,还有机会参加国庆观礼。1959年国庆节在天安门举办的庆祝新中国成立10周年活动,安徽就有劳模代表参加这次庆祝活动,同国家领导人一同观看阅兵式。安徽省档案馆馆藏的1959年《安徽省委、安徽省人委关于选派劳动模范及先进工作者参加国庆观礼的通知》中,就记载了安徽各地区参加国庆观礼的劳模代表,比如合肥市11人、芜湖18

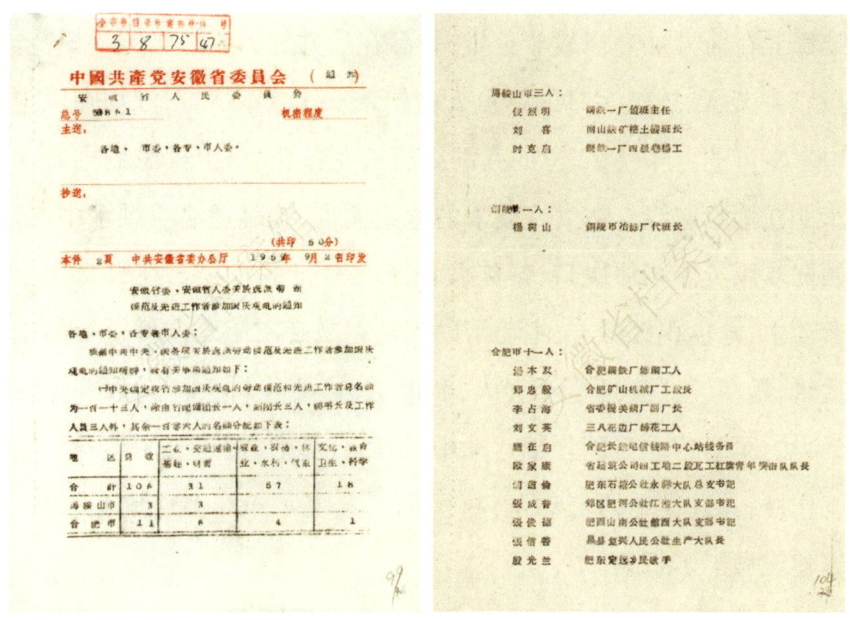

《安徽省委、安徽省人委关于选派劳动模范及先进工作者参加国庆观礼的通知》

人、安庆 11 人、六安 10 人、阜阳 13 人……在这些劳模代表中,有大家熟悉的安庆地区妇女劳模龙冬花,还有合肥劳模"农民歌手"殷光兰等。

榜样的力量是无穷的

三百六十行,行行出状元。各行各业涌现出来的劳模,激励着一代又一代的劳动者。

龙冬花,安徽桐城人,幼年丧父,被抱到贵池当童养媳。安徽省档案馆馆藏的《一等优抚模范龙冬花》中就记载了她的模范事迹。龙冬花是共产党员,也是军属。1949 年,她动员丈夫参军,并鼓舞他在前方立功当战斗英雄,自己在后方努力生产当劳动模范。1952 年夏天,连续多日的倾盆大雨导致长江涨水严重,江堤在风雨中岌岌可危。年仅 23 岁的互助组组长龙冬花,组织村民们推着水车冲在抢险前线。在洪峰袭来的危急关头,她跳进滔滔洪水中,带领群众用身体堵住决口,最终救出了几百亩的水稻。在日常生产劳动中,她也积极参与,主动帮助其他军属解决困难。群众要给她代耕,她却说:"我是个年轻人,我能劳动,要代耕去帮助那些无劳动力的军属。"在爱国售棉运动中,她以身作则,把自己的皮花卖给合作社,并且在她的带动下,村民们一共卖了 400 多斤皮花,为国家建设做出了贡献。

殷光兰,安徽合肥人,被百姓亲切称为"农民歌手"。她也曾登上过劳模表彰的舞台。安徽省档案馆馆藏的《为人民而唱歌——殷光兰》中就讲述了她辛勤创作,为百姓唱歌的故事。殷光兰自小就喜欢唱歌,由于出生在农村地区,她对民歌更是情有独钟。新中国成立后,作为童养媳的她翻了身,唱歌的爱好得以尽情施展。起初,她还只是在田头唱、街头唱、广播里唱,后来,她就从村唱到了县,唱到了省,一直唱到了天安门。1959年,她还在国庆10周年汇报演出舞台上亮相,受到国家领导人的接见。

  档案中还记载了殷光兰创作民歌的过程。"我生长在农村,党组织一直安排我参加生产劳动,多少个丰收的图景,多少次欢乐的场面,姑娘们的歌声、老年人的欢笑、孩子们的嬉闹……都一一印在我的心头。用我自己经历的、看到的、听到的、想到的去写,于是决定以丰收场地为背景,用联唱形式来写它。这首歌,我一开头就写:好酒香味透过瓶,好嗓唱歌不用琴,咱们社员一开口,百灵鸟都收回串儿铃。颗颗黄稻粒粒饱,里面新歌装多少,多少稻儿多少歌,千首万首唱不了。扬稻要站东风口,唱歌要赶好时候,迎接祖国喜庆日,扬锨撒开歌万首……"自1955年殷光兰编出第一首民歌,此后她的作品就越来越多,"农民歌手"的称号也越叫越响亮。

  除了龙冬花、殷光兰,还有很多其他劳模的故事也很感人。他们的身上都展现了劳动者的闪光点。每一个时代的劳模都有特点,但无论时代如何变迁,劳模精神的本质始终没有改变。

新中国第一条砂姜路在安徽

如今,交通路网四通八达,从乡村公路到高速公路,千千万万的中国人驰骋在路上,人们对此已经习以为常。而曾经,拥有一条晴雨天都能通车的道路都是一个梦想。

把阜蚌路修成晴雨通车的公路

据档案记载,阜蚌路在明清时期就是一条官道。1928年,这条路被建成简易公路,路基宽8米,路面宽3米,桥涵多为砖木简易结构,少数路段铺有砖碴,其余为土路,勉强能做到晴天通车。抗日战争时期,为阻止日寇推进,国民党当局曾将该路扒断。抗战胜利后,淮北平原只有阜蚌、阜太、阜临、阜颍4条公路通车,且时通时断。1949年春,为支援中国人民解放军渡江,中共阜阳地委动员30万民工先后修复并加宽阜涡公路、阜临公路、阜蚌公路、阜亳公路。

新中国成立后,随着社会主义建设需要,公路建设进入发展期。纵横交错、干支结合的公路作为交通动脉,是发展全省交通事业的重中之重。整修阜蚌公路,恰逢其时,让其在晴雨天都能通行成为不二的选择。

安徽省档案馆馆藏的《关于把阜蚌公路修成晴雨通车的公路的提案》中就提到,阜阳地区与省会的联系一方面是陆路交通,主要是依靠阜蚌公路,一方面是水路交通,就是沙淮航运,由于沙淮在大水防汛时,怕水浪冲击堤岸,行驶快轮有限制。冬春枯水时节,因为沙河湾多、浅滩多,不能通行。这时就要依靠公路交通,阜蚌公路天晴时路好,可以畅通,但一遇到阴雨天气就不通了。像一般中小雨的天气,就要停驶三天,遇到大雨、大雪、上冻的天气,这路面一冻一解则很长时间不能通行,影响人们生产生活。"据交通局了解全年停驶汽车约九十天,因此干部来省开会,时因汽车不通而不能按时到会,旅客因不能按时赶路,反映也很不好,在货物运

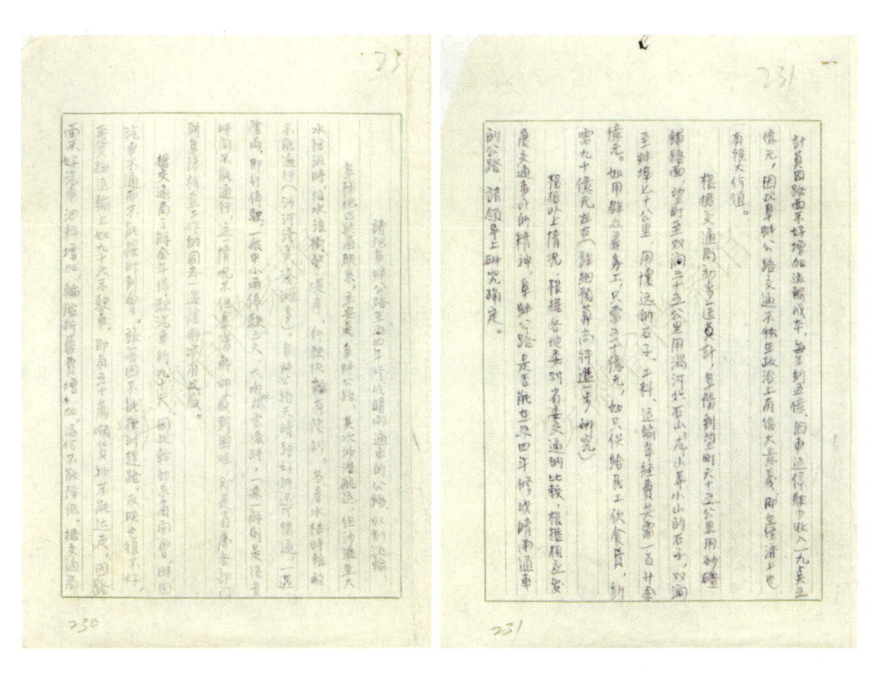

《关于把阜蚌公路修成晴雨通车的公路的提案》

输上如九十天不驶车,即有五十万吨货物不能运走,因路面不好造成汽车油料增加,轮胎折旧费增加,运价不能降低。据交通局计算因路面不好增加运输成本,每年约五亿,因车运停驶少收入十九点五亿元。"由此可见,建设晴雨都可通车的公路不仅在政治上有很大意义,在经济上也有很大价值。

成为新中国第一条砂姜路

1950年3月,新成立的阜阳、涡阳、蒙城三县人民政府发动沿线群众对阜阳至曹店段108千米的路面进行全面整修,并收集砖碴断续铺设了3米宽简易路面维持通车。

由于淮北平原土质大部分为黏土,境内基本无山,因此铺路材料非常匮乏,但是地表上存在大量的类似砾石的东西,它们大小不一。一个偶然的机会,人们发现了它们在修路中的用处。1952年,阜阳地区工程技术人员在整修工程中,发现民工送来的砾石中混有大量的一种形似生姜、含有黏土的砂粒,群众称之为砂姜。经过长时间的碾压和风吹雨淋后,砖碴破碎成灰,但砂姜却完好无损。

这种淮北平原泥土中的砂姜能作为公路的铺筑材料吗?人们把这种砂姜取样送到相关机构进行鉴定分析,经科研机构鉴定发现,这种砂姜在铺筑路面时比砖碴强度高,非常适合作为平原地区路面铺筑的新材料。于是,工程技术人员采用科学破碎、分筛、铺设、碾压、灌浆、养护等多道工序,在蒙城至曹店路段上分段铺筑,经过反复试验,终于获得了成功。

1954年,首条采用当地产砂姜铺筑的路面诞生于蒙城到曹店路段。由于砂姜路面在阜阳地区的推广应用,1955年5月,阜蚌公路全线铺成晴雨通车公路并通车。1956年,有关部门从该路段马店、望疃、辛集3处砂姜路面取样(50平方厘米),送省和北京展览馆展出,因此,这条路被誉为"中国第一条砂姜路"。同年9月全国公路养护会议参观团到蒙城参观,《人民日报》1957年1月14日载文介绍了安徽蒙城利用当地盛产的砂姜铺筑路面的成功经验。

砂姜路激发文艺工作者的灵感

砂姜路有什么优点呢?砂姜的整体性好、水稳定性好、耐久性好。在雨季,砂姜路不会因为雨水渗入路面结构而导致强度下降,相反会因为下雨时,经过车辆的碾轧,黏土会被碾轧成浆并充满空隙,使路面更加密实。不仅如此,砂姜路成本低,施工方便,具有建成后养护费用低等优点。也正因如此,人们利用淮北平原砂姜这一丰富的自然资源,将乡村土路改造成砂姜路,解决晴通雨阻,缓解群众行路难的问题。

这条砂姜路受到了各方关注,不少媒体都详细介绍了阜蚌公路用砂姜铺筑的经过和产生的社会效益、经济效益,对阜蚌砂姜路给予了极高的评价,称为"独创的路"。最为重要的是,继阜蚌砂姜公路建成之后,安徽的北部及江苏、河南、河北、山东等省凡有砂姜分布的平原地区陆续修建了许多砂姜路,解决了平原地带修路材料匮乏问题,也加快了平原地带公路建设的进程。

砂姜路不仅解决了人们出行的问题,也给文艺创作者以启发。1973年5月,安徽作家徐瑛出版了《向阳院的故事》,讲述退休老

昔档今读（第二辑） XI DANG JIN DU

工人石爷爷在暑假期间带领向阳院的孩子们走进社会大课堂，积极参加社会生产劳动并敢于同坏人坏事作斗争的故事。该书中有一个特别的细节，以亳州当地人用砂姜铺路，改善人们的出行方式为背景，叙述少年儿童为支援国家公路建设而去挖砂姜。该书一经出版就获得了广大读者的喜爱，并于次年拍成了同名电影上映。1974年国庆节，《向阳院的故事》在全国各地上映，立刻引起轰动。影片浓郁的生活气息、令人向往的大院生活、火热的建设工地、美丽的农村风光、活泼可爱的孩子，还有《红领巾红心向阳》的主题歌等，无不打动观众。1976年，上海人民出版社将《向阳院的故事》改编成连环画，由一代绘画大师顾炳鑫绘制。每幅作品无论从构图布局、人物塑造，还是场景设置、线条勾勒，都体现了画家细腻、娴熟、严谨的独特创作风格，成为人们非常喜爱的作品。

60多年过去了，阜蚌公路也从砂姜路面、渣油路面、水泥混凝土路面发展到如今的沥青混凝土路面；从享誉全国的第一条砂姜路，成为亳州市第一条一级公路，它见证了我省交通事业的发展，是我省公路交通事业跨越式发展的一个缩影。

当代安徽

为治淮开挖的茨淮新河

打开安徽地图,在辽阔的皖北大地上,河道纵横交错,有一条河道形态笔直,显得格外特别。它就是20世纪70年代初开挖兴建、20世纪90年代初完成的一项大型治淮工程,也是新中国成立后人工开挖的最长河流——茨淮新河。

开挖人工河被提上日程

茨淮新河是由皖北人民亲手开掘出来的人工河,它上起颍河左岸茨河铺,截引西淝河、芡河等原有水系,经阜阳市、利辛县、蒙城县、淮南市凤台县、潘集区,蚌埠市怀远县,于荆山口南侧入淮河,全长134.2千米。它是怎么来的呢?这要从治淮说起。

俗语说:"走千走万,不如淮河两岸。"淮河两岸土地肥沃,物产丰富。然而,黄河夺淮入海,占用淮河河道长达661年,致使淮河水患频发。新中国成立后,党中央高度重视淮河治理工作,发出"一定要把淮河修好"的号召。治淮工地上,皖北人民疏河筑堤,挖沟打坝,干得是热火朝天,先后实施了西淝河、颍河治理,西淝河、芡河、北淝河截流入涡,黑茨河疏浚,涡河、颍河、西淝河筑堤筑坝等工程。

随着治理淮河工程的深入推进，开挖人工河提上了议事日程。决定开挖茨淮新河，就不得不提到颍河。颍河是淮河的最大支流，发源于河南省登封县嵩山，经周口市、阜阳市，在寿县正阳关、颍上县沫河口注入淮河。其主要支流汾泉河和黑茨河，分别于阜阳、茨河铺汇入。颍河也是一条洪涝灾害相当严重的河道。治淮初期虽加高加厚了两岸堤防，但未能解决根本问题。20世纪50年代末期，阜阳地区就曾有开挖新河分泄颍河洪水的打算，根据颍河洪涝情况，规划了3个方案：疏浚颍河本干、开挖界洪新河、开挖茨淮新河。最终经过反复研究，开挖茨淮新河的方案入选。

1964年9月，水电部规划局在《淮河流域治理初步意见》中提出在淮北开挖新河的设想，分流洪水；1970年5月，安徽省在编制的《治淮规划》中提出开挖茨淮新河；1971年2月，治淮规划小组给国务院的报告中明确把茨淮新河、怀洪新河作为扩大淮河中游洪水出路的战略性大型骨干工程。

开建茨淮新河还有通航的考量。据记载，1958年2月，阜阳节制闸开工建设，到1959年1月竣工验收后，沙颍河在阜阳境内被截成了两段，船只无论是往上游还是往下游，到颍上闸时都要"翻坝"，也就是把船停在港口卸货，然后用车辆把货物运过颍上闸，再重新装上船运往目的地。此后，水利部门在周口、沈丘、颍上等地相继兴建了节制闸，除阜阳配有100吨级简易船闸外，其余均未配套建设过船设施，急需建立其他航道。茨淮新河可开辟一条新航道，缩短蚌埠至阜阳间航道近100千米。

当代安徽

20 世纪 70 年代初，茨淮新河开建

"茨淮新河工程，自 1971 年开工以来，经八个冬春的努力，取得了一定成绩，发挥了部分排涝、灌溉作用。希加强施工管理，厉行节约，保证质量，按现计划于 1981 年完成大河土方，1983 年处理工程扫尾结束，为治理淮河作出贡献。"安徽省档案馆馆藏的 1980 年《关于茨淮新河工程调整概算的批复》中如是记载。由此可见，茨淮新河是在 1971 年开始兴建的。

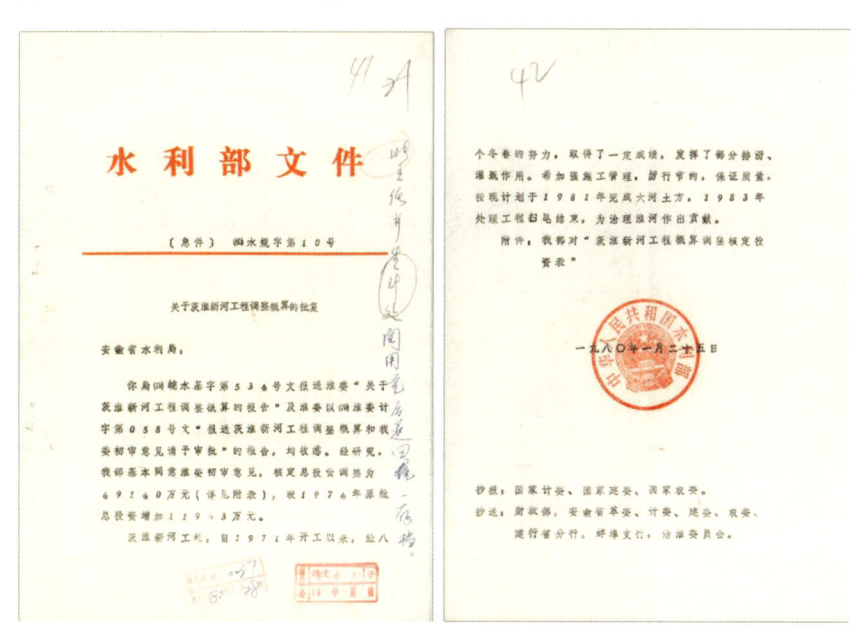

《关于茨淮新河工程调整概算的批复》

在当时，兴建这条大河无疑是一项特别繁重艰巨的任务，不仅资金体量大，而且涉及面广、工程难度大，除了大量土方工程，还需进行水利测量、沿途动迁安置以及两岸绿化、土地平整、桥梁水闸、

267

灌溉配套工程修建等。但是,在党的坚强领导下,项目整体工作谋划推进有力有序,各方资源得到充分利用。

1971年11月20日,淮河北岸,人声鼎沸,亳州、阜阳、淮南、蚌埠等地百万群众在怀远县上桥镇集结,挖出了第一锹土。茨淮新河沿河建有上桥、闸疃、插花、茨河铺四大枢纽工程,上桥枢纽由节制闸、船闸、灌溉引水涵、茨河排涝闸和跃进沟排涝涵组成,闸疃由节制闸、船闸、灌溉引水闸、抽水排涝闸、利阚新河排涝闸等组成,插花由节制闸和船闸组成,茨河铺由分洪闸、分水尖、船闸及输变电等组成。为便利交通,沿河建设了唐万桥、罗集桥、大兴集公路桥、康圩桥、西淝河口桥、马胡桥、插花北桥、阜涡公路桥等8座公路交通桥梁以及濉阜线铁路桥。为解决新河开挖后干支流两岸的防洪、排涝,发展灌溉,兴建了大量的灌溉配套工程,对黑茨河、西淝河、利阚新河、黑土沟、母猪巷、港河、苏沟、阜蒙河、蒙茨新河、茨河的水系联网及面上工程进行了配套治理和综合利用。

21年建成134.2千米的人工河

开挖茨淮新河工程时间紧、任务重。当时,虽然机械化施工技术已有发展,开始采用半机械化来运输,但人力仍是主要的倚仗,特别是向下深挖时仍然要靠人工肩挑手提,一步一步往上搬运。

平地挖河,一般挖8米深。由于河道规划各区段地质条件及技术要求的差异,茨淮新河采取了分段分期施工的方法。第一段从入淮河口至颜庄,第二段从颜庄至大兴集,第三段从大兴集至西淝河口,第四段从西淝河口至插花,第五段从插花至茨河铺。全部工程分五段八期施工,1971年冬开工,经过7个冬春完成插花以下全部河道及插花以上的中泓开挖,余下部分自1979年冬至1990年秋采用机械施工。

工程在党的领导下,广泛发动各公社、村组农民群众,由阜阳地区组建"茨淮新河工程指挥部"承担建设任务,沿淮人民按照县、公社、大队、生产队,以民兵建制方式组建了团、营、连、排。参与工程的人民群众,前后达到200余万人次,平均每天有几万人参与,最多时有37万人,装运泥土的数千台拖拉机机声震天,河两岸搭建的简易工棚绵延数十里。

经过沿淮人民艰苦卓绝的拼搏,1980年5月,茨淮新河全线通水;1982年,河道节制闸、船闸等建成,茨淮新河具备了通航条件;1984年5月,全线通航,缩短了航程、提高了防洪能力;1990年10月,全线河道按设计标准完成开挖和疏浚任务;1992年5月,枢纽、桥梁尾工及配套工程全部完工。至此,如果从1971年开工建设算起,工程共历时21年。

目前,茨淮新河成为淮河水利网络系统的重要枢纽,在改善水环境,促进航运、水利和农业生产,推动经济全面发展等方面发挥了重要作用。

开挖茨淮新河的奋斗故事

在那段艰苦的岁月里,淮北人民耗时20多年,通过肩扛手刨挖出的大型人工河——茨淮新河,如同一串亮丽的璎珞镶嵌在淮北大地上,至今仍发挥着抗旱排涝、交通航运等重要作用,书写了安徽水利史上的辉煌篇章。那些发生在开挖茨淮新河一线的一个个动人故事,也成为皖北大地永不磨灭的传奇。

百万民工开凿新河

1971年冬季的淮河北岸,亳州、阜阳、淮南、蚌埠等地百万群众在凛冽的寒风中奔向怀远县上桥镇,挖出了第一锹土。绵延10千米的河场上每天都是红旗猎猎。人群中就有蒙城县岳坊人陆亚华的身影。

虽然年过七旬,但他的记忆还是如此清晰:"当年,蒙城县组织3.7万民工,在怀远上桥工地开的誓师大会,那个场面真是壮观!开河工地上,人们迎着招展的红旗,有的用锄挖,有的用铲铲,有的用肩挑,一个个喘着大口粗气,但就是没有人喊累喊苦。"

安徽省档案馆馆藏的1980年《关于茨淮新河工程调整概算的

《茨淮工程概算调整核定投资表》

批复》中《茨淮工程概算调整核定投资表》"工程项目"栏中"河道工程—土方工程"项目中有这一个数据："原批概算土方为20478万立米,现调整为21070万立米,增加592万立米。"其中,"阜阳地区土方—说明"一项中"原概算土方20020万立米,调整为20382万立米。截至1978年底完成17252万立米。""怀远县土方—说明"一项中"原批土方376万立米,调整为498万立米,截止(至)(19)78年底完成403万立米。"

  这组数据足以说明开挖茨淮新河工程时间紧、任务重。为了更好地统筹安排人员和物资,阜阳地区成立茨淮新河工程指挥部。随着工程的进展,阜阳地区的临泉、界首、蒙城、凤台、涡阳等11个县分别成立茨淮新河工程指挥所,担负茨淮新河土方工程施工任务。

据《阜阳交通志》记载,茨淮新河于1971年动工开挖,历经10个冬春于1980年完成了插花以下110千米河道的全部土方工程,对插花以上24.2千米,暂按40米底宽小断面开挖。该工程规模浩大,开挖时先后动员了12个县的民工施工,累计动员民工达181.55万人次。

开河过程中的苦与乐

在那个生产力比较低下的年代里,开挖茨淮新河主要靠人力,人们用锹挖土,用肩挑土,用板车运土。为了把沉积的淤泥从河底全部挖出来,数九寒冬里,人们脱掉鞋袜,相互搀扶着往水里走;参与挖河的民工住的是人字形的庵棚,睡的是地铺,伙食是以红芋粉为主的杂面馍,配上粉丝、萝卜为主的杂烩汤以及老咸菜。

陆亚华回忆说:"当时所有参加土方施工的人员采取民兵建制形式。每个施工季开始,数十万民兵拉着粮食、工具等,从不同的地方出发,拉练行军一两百里,浩浩荡荡直奔工地;完工时,也由干部带队安全返家。开河肯定是辛苦的,去参加开河的人都知道。但大家都是有思想准备的,所以一到工地,大家都很乐观,有说有笑,真是苦中有乐,乐在其中。"

除大雨台风等恶劣天气,工程夜以继日地推进。工地上整日红旗招展,激昂的劳动号子此起彼伏。公社、队组之间自发展开了劳动竞赛,每个河段的负责人计算每日开挖的土方,工程指挥部每天统计上工地的人数和挖掘土方数。隆冬时节,工地上寒风刺骨,但建设者们却在流淌着汗水。这样的艰辛,非亲历者无法体会,其间感人的故事数不胜数。

今年73岁的徐振祥是立仓镇薛庙村人，是当年的挖河劳模。当时徐振祥是生产队长，1974年农忙结束后，就来到了河场。工地上凹凸不平的路被轧平，平平整整的路再碾出深深的辙沟来。"早上5点多上工，晚上要忙到七八点睡觉。大冷天的，都有人光着脊梁，手上都磨出许多血泡。但人人争先恐后，一车跟着一车，一锹接着一锹。有时候稍微休息一下，身上酸痛。"

在那个注重精神力量、倡导艰苦奋斗的年代，参加建设茨淮新河的劳动者都是自带被褥和生活用品，睡的是简易工棚、稻草地铺，吃着简单的饭菜。但是，当时大家心里只有一个目标，那就是水患得根除、农业得丰产、家乡得富庶！

《茨淮新河之歌》纪念激情燃烧的岁月

"荒原野岭无影踪，碧波万顷多壮美。生态园林映朝晖，民宿新村比翼飞。巍巍大桥跨两岸，淙淙河水披绿翠……晨星闪耀迎我上工地，明月当空送我归营房。青春似火化冰霜，汗水汇聚千重浪。新河滔滔通天下，治淮谱出新篇章。"这就是那首感人肺腑的《茨淮新河之歌》。这首歌有着鲜为人知的一段故事。

20世纪70年代开挖茨淮新河时，正值知识青年上山下乡之际，大批下放皖北的知青亲历了茨淮新河工程建设，对茨淮新河有着刻骨铭心的记忆。在茨淮新河工地简陋的工棚里，上海知青陈嘉林写下的《茨淮战歌》，描述了工地上热火朝天的建设情景，以及对新河的憧憬。时光荏苒，到了2018年，另一位上海知青赵鸿生主笔将此歌谱曲并改名为《茨淮新河之歌》。2019年,蒙城上海知青合唱团在沪蒙两地激情演唱了这首歌并拍摄成MV,以纪念那段激情燃烧的岁月。

1971年冬天,当时只有17岁的上海知青刘昶成了茨淮新河建设者。刘昶回忆说:"我们所在的蒙城县柳林镇距怀远县上桥镇共120多里地,我们走了两天。到地方一看,那真是人山人海,大家都忙着搭庵棚。开工那一天,大家都特别激动,拉着平板车、独轮车,想着能为治淮出一份力,干劲十足。"

"我从来不偷懒,独轮车上面装满了土,我还要加一点。"刘昶笑着说,"基本上6点多上工,8点回来吃早饭,9点再去工地,到了12点多回来吃饭,午饭后就到下午5点多下工。有时候为了多干一点,晚上也上工。就这样,前前后后干了200多天。"

让刘昶记忆最深刻的一件事,莫过于蒙城老乡做的一套新棉衣:"那时春节快到了,天气十分寒冷。队长看我衣服单薄就跟我说,让队里给你做一套里外都新的棉衣。过了几天,我就收到了新棉衣,特别感动。"1972年5月18日,刘昶被蒙城县茨淮新河工程指挥所评为"治淮模范"。50多年过去了,刘昶依然记得这段令人难忘的往事。

如今,茨淮新河仍发挥着泄洪、排涝、灌溉、航运、供水等功能。当年设计、开挖茨淮新河的人都已经老去,但人们不会忘记他们付出的心血和汗水。茨淮新河工地上的号子声是人们永远抹不去的记忆……

见证时代变迁的一条河

《蒙淮战报》上热火朝天的开河场景,建设者的创新理念和方法,意外发现的淮河古菱齿象化石……这些鲜为人知的开河故事,如同茨淮新河的河水一样,奔腾不息,见证时代的变迁。

挖河既辛苦也开心

94岁的戴文广曾经是《蒙淮战报》的编辑,他回忆说:"我有写画的特长,所以当时把我抽调去茨淮新河指挥部上班。"戴文广白天带着相机在施工现场,拍摄挖掘茨淮新河的劳动场景;晚上一有空就走进各个工棚,听工友们聊家常,从中挖掘值得宣传的故事。

"大家斗志昂扬的精神感动了我,我心里想着一定要把《蒙淮战报》办好。"让戴文广记忆犹新的是,当时天气寒冷,油墨冻得跟砖头一样硬,他将油墨跟豆油、汽油混合,油墨才能慢慢融化,这才保证了报纸的印刷。

挖河很辛苦,但也有开心的时候。比如一边挖泥,一边听广播。长长的河道上,每隔一段距离就会竖起一根竹竿,竹竿顶上挂着一个大喇叭,广播员不间断地播报着各类信息,间或放一些激励人心、鼓舞斗志的歌曲。看电影也是大家喜欢的事情。戴文广在办报之余,也在工地上放电影,丰富大家的业余生活。

此外,施工工地还设了粮、煤、商供应站,指挥所成立了工地医院,配备医护人员,设病床,有化验设施和较完备的外科器械。

创造发明提升挖河工作效率

艰苦的环境激发了人们的斗志,也激发了人们的创造发明的潜力。"拉坡机"便是在开挖大河时创新工具的运用。由于当时条件有限,挖河、运土很多都是由人工完成,把板车从河底拉到百米远的河坝上并非易事,人们便创造性地发明了"拉坡机"。最初的拉坡机结构简单,由一个木框和一个板车轮毂制成,使用时,将拴在板车上的绠绳缠到拉坡机的轮毂上,拉坡机固定在土里,再由四五个人拉住拉坡机上的绳子,人往下走,装满土的车往上去,这样就会轻松很多。随着工程的进展,民工们又对拉坡机进行改造,衍生出龙门式、平顶式、骑马式等十多种造型,被广泛应用到新河建设中,大大提高了工作效率。

建设者们在工程中创造了一个个新鲜的理念和方法,大大加速了工程的进程。他们将开河任务、粮食、煤炭、钱款捆在一起层层下包,谁干完谁回家,结余归己,超支不补;他们创造了一竿子插到底的费用结算方式,县团直接结算到排,排结算到人,政策兑现,工完账清。这种方式河工满意,领导高兴,工程进度加快,质量标准高。

茨淮新河工程规模大、工期长,有河道、堤防、节制闸、船闸、翻水站、桥、涵等工程,为了把已建的工程管好、用好,充分发挥设计效益,规章制度必不可少。为了保护堤防,1981年阜阳地区就发布了《关于禁止在大堤上耕种农作物》的通知。一年后,阜阳颁布了《阜阳地区茨淮新河工程暂行管理办法》,各县也根据自己情况颁发了县境的管理制度。

发现淮河古菱齿象化石

1972年12月,正值寒冬时节,但茨淮新河的施工工地上一片忙碌的景象,建设者们在开河的过程中,意外地挖掘出一个古生物化石。

在茨淮新河位于怀远县的一处施工工地上,建设者们挖掘取土时,发现了柱状物体,经过仔细清理发现有些像骨头又有些像石头,便立即汇报上级部门。经过专家勘察,发现这是淮河古菱齿象化石,且是一具完整的淮河古菱齿象化石。该化石长8米,高4米。从化石的骨缝和骨骼的愈合,门齿的"年轮"和白齿磨蚀等情况推算,此象是年龄约在60岁以上的老年雄象。其白齿呈窄形,齿板19个,齿脊频率四成,齿脊呈长条形,中部扩大,呈菱形图案,属于古菱齿象的一个亚种,定名为"淮河古菱齿象"。

这也是迄今我国发现的同类象化石中比较完整的骨架之一。它的发现,为了解古菱齿象的体质、形态、分门及起源、发展、衰落的历史,提供了科学研究的实证。同时,对于研究淮河流域第四纪古地理、古气候等具有重要意义。

现如今,该化石存放在安徽博物院的"古生物陈列",被定为国家特级文物。安徽博物院围绕古生物化石,结合有关资料,展示生物进化的历史,开展了丰富多彩的社教活动。这对于广大观众尤其中小学生来说,是特别好的科普教育课堂。

"大河效应"惠及长远

有付出就有回报。茨淮新河于1971年冬开工,1975年春汛时开始发挥排涝效益。茨淮新河建成后,既可排洪、排涝,适当分泄或引用颍河多余水量,提取淮河水源,拦蓄当地径流蓄水灌溉,又可发挥航运及城镇供水等综合效益。1973年至1988年,茨淮新河两岸改种水稻,发展水产养殖业,开发水力资源进行发电,发展加工业,昔日的水旱灾害基本消除,农业生产有了保障,人民生活水平逐步提高,综合效益十分显著。

"三个多月,初步改造低产田6.5万亩,建设农田林网22万亩,结合水利兴修改造低洼地、建设精养鱼塘422亩。在本干堆土区更新改造低产林新植果树5074亩,出现了百亩、千亩、数千亩的果林段。"安徽省档案馆馆藏的1989年《开发性农业(第十五期):大力开发茨淮新河水土资源》中提到,怀远县大力开发茨淮新河水土资源取得了成效,"在开发利用低洼地方面,1987年,他们注重扶持朱町乡改造低洼地,兴建养鱼塘,该乡当年建成精养水面212亩,投放鱼苗20万尾,年底捕成鱼8万多斤,获利8万元"。

据悉,茨淮新河工程运行以来,累计分洪排涝322亿立方米,战胜了1991年、2003年、2007年、2020年的洪涝灾害;抗御了2001年、2008年、2013年、2019年的干旱灾难,保障了灌区百万亩粮食

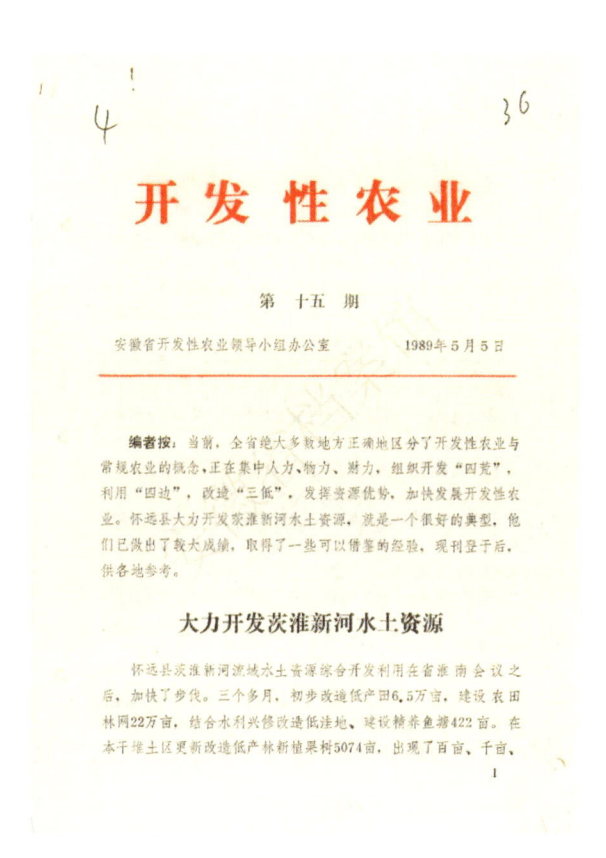

《大力开发茨淮新河水土资源》

作物安全,防灾减灾直接经济效益超过300亿元,有力地发挥了淮河中游地区第二条新淮河的重大作用。

"淮河丰,天下足。"茨淮新河的开挖,真正把这句话变成了现实,从此淮北平原的涝地变成了万顷良田。尤其是茨淮新河两岸,实现了旱涝保收,成为国家大粮仓、重要商品粮基地。

规划建设茨淮新河纪念馆

人工开挖茨淮新河,深深地印刻在皖北人民的记忆中。2021

年是茨淮新河开工建设50周年,有人把珍藏多年的奖状、奖品捐献出来,有的遗属把珍藏几十年已故亲人在工地上的"宝贝"捐赠出来,老战友们聚在一起来到茨淮新河边,忆往昔峥嵘岁月……

他们都有一个共同的心愿,就是通过这一件件实物,一桩桩往事,一个个鲜活的人物,把亲手开河的勇气、奋进不息的斗志留给后代,赓续传承,发扬光大。2020年安徽省政协十二届三次会议上,政协委员提交了《关于规划建设省级茨淮新河纪念馆》的提案,反映了沿茨淮新河四个市广大人民群众的呼声。这个提案被安徽省政协列为重点提案。安徽省政协确定亳州市政府为重点提案承办单位,亳州市综合各种因素确定蒙城县具体办理和建设。蒙城县将建设省级茨淮新河纪念馆列入"十四五"发展规划。

碧水悠悠,不舍昼夜。距离茨淮新河的开挖已过去了半个多世纪,而今茨淮新河正在发挥着防洪、蓄水、灌溉、航运、景观等各项作用,它滋润下的地域风貌和百姓生活都发生了翻天覆地的变化。

当代安徽

档案中那些感动人心的学雷锋往事

每年3月,总有一个名字会被频频提起,那就是雷锋。自1963年3月5日,毛主席"向雷锋同志学习"的这一号召发出后,之后每年的3月,全国各地都会掀起学雷锋的热潮。

学雷锋与增产节约运动、劳动竞赛活动紧密结合

在安徽省档案馆的资料中,有"学习雷锋"的相关文件,也有当年媒体关于学雷锋的大量报道,还有学雷锋的个人资料等,其形式和内容可谓丰富多彩。

1963年3月,全省上下迅速掀起学雷锋活动,把雷锋精神体现到实际工作中去,成为那个时代人们学习雷锋精神的主旋律。随着学雷锋活动更为深入地展开,安徽的大街小巷、城市乡村,从工厂、学校到街镇、村居,到处可见人们"学雷锋做好事"的身影。在雷锋精神感召下,不断地涌现出一批又一批学雷锋先进典型、道德模范。

安徽省档案馆馆藏的《安徽省总工会关于贯彻执行"全国总工会关于广泛组织全国职工群众向雷锋同志学习的通知"的通知》的

档案中,就职工如何学习雷锋进行了详细阐述:"在明确向雷锋同志学习什么,树立正确的学习态度的基础上,启发大家认真想一想:自己应当怎样响应毛主席的号召,怎样向雷锋同志学习,以便通过学习有效地提高思想觉悟。"

与此同时,他们把学雷锋活动与当时的增产节约运动和"比先进、学先进、赶先进、帮后进"的劳动竞赛活动紧密结合起来,激发职工工作热情,引导职工钻研业务。"教育职工一面学习,一面见诸行动,积极做好岗位工作,首先立志在当前的增产节约运动中做一个雷锋式的工人。"

省总工会号召广大职工学习雷锋是多方面的,在任何岗位上都做一个"永不生锈的螺丝钉",扎扎实实搞好增产节约;学习雷锋同志艰苦朴素、助人为乐的品格;经常性地开展"比先进、学先进、赶先进、帮后进"的劳动竞赛活动,做个政治思想好、生产好、学习技术好、管理好、互相协助好的先进班组。

同时,省总工会要求及时总结推广和交流学习经验,表扬学习中的好人好事,继续广泛宣传,以多种多样的形式宣传、学习雷锋精神,营造浓厚的氛围,把雷锋精神更好地贯彻到日常的生产、工作和学习中去。

"学习雷锋好榜样"感染每个人

随着"向雷锋同志学习"号召不断深入人心,一批又一批的"活雷锋"如雨后春笋般涌现。

安徽省档案馆馆藏的1963年《财贸工会工作简报(第五期)》:

合肥市商业系统开展向雷锋同志学习活动,取得显著效果》中就记载了合肥市商业系统广大职工普遍开展"要好好学习雷锋同志的光辉事迹,要像雷锋那样工作、学习、生活,做一个雷锋式的商业工作者"的活动。

营业员要做到把方便送给别人,把困难留给自己,做到热情接待顾客,百拿不厌,百问百答,更好地为群众服务;保管员要树立以仓为家的主人翁思想,做到熟悉商品性能,做好保管工作,避免差错,防止商品霉烂;工人要任劳任怨,不怕困难,努力提高产品质量,降低原材料消耗,遵守劳动纪律,超额完成各项生产任务。

该档案中介绍,市百货大楼职工从学习雷锋事迹以来,为适应机关、学校、企业等单位职工的需要,组织了15个推销小组,先后出勤200多人次,到100多个单位登门服务,收到260多条顾客的表扬。

雷锋助人为乐的精神影响着广大职工。据统计,当时百货大楼、五金纺织公司等6个单位,一个多月来有29人拾到钱包等物品都归还了失主。比如,三八门市部团员杨道凤有一天捡到了一个钱包,里面有现金40元、粮票20多斤等物品,便迅速联系失主,尽数归还。合营百货商店拉车工人邵光荣一天晚上10点回家,走到东门大桥看到一位40多岁的妇女在大桥上转来转去,他便上前了解情况,原来这位妇女从青龙港来,因为儿子生病要去安医,没想到走到这里迷了路。得知原委后,邵光荣主动把她送到了医院。

不断涌现雷锋式的好人好事

安徽省档案馆馆藏的1963年《财贸工会工作简报（第八期）：芜湖市财贸系统学习雷锋同志的活动推动了当前改善经营管理运动》中，记载了芜湖市财贸系统涌现出的许多雷锋式的好人好事，有助人为乐的、有立足岗位做贡献的、有拾金不昧的……让我们一起重温当年感动人们的故事。

《芜湖市财贸系统学习雷锋同志的活动推动了当前改善经营管理运动》

百货公司商场部橡胶组营业员有一次接待芜湖市越剧团的三位顾客,他们因为排演一个剧目,需要购买三双新式皮鞋,挑选了很长时间,都没有合适的式样。这时营业员主动到批发部为他们挑选了几双皮鞋送到了越剧团。不巧三个演员只有两位在,只选了两双。下午营业员又送去几双皮鞋,供他们挑选。这种热情服务、助人为乐的行为让越剧团的演员们深受感动。

人民饭店服务组职工万继春早晨给通铺叠被子时,发现枕头底下有个皮夹子,里面有269元现金,还有粮票6斤7两。一想到失主丢失钱包肯定内心焦急,万继春赶忙寻找失主,让钱包物归原主,失主非常感激。该饭店另外一名服务员张基安在打扫房间时,发现了一个钱包,里面有粮票5斤半、布票1尺、鞋票3张,还有现金3元1角和一个工作证,也交还给了失主,失主十分感动。可以说,"学习雷锋好榜样"的气氛深深感染着身边的每一个人,大家都在以实际行动践行着雷锋精神。

多少年来,雷锋精神从没有因世事的变迁而消失,也没有随时光的流逝而褪色,反而在实践中不断被赋予新的时代内涵,温暖着你我他。

新中国第一个体育制度——"劳卫制"

提起"劳卫制",可能大部分中青年朋友都会感到陌生,但对于60岁以上的朋友们来说,只要提起这新中国第一个体育制度,就一定会勾起他们对童年或青春的回忆。

"劳卫制"的由来

新中国成立后,国民身体素质和健康问题引起党中央的高度关注,如何有效提高国民身体素质成为亟待解决的重要问题。听说苏联国民身体素质好、体育运动水平得以提高是得益于一种叫"准备劳动与卫国的体育制度"(简称"劳卫制"),于是,1950年中国派出体育访问团前往苏联参观学习,将"劳卫制"带回中国,再结合中国实际情况制定出具体锻炼项目和标准。1951年,北京市制定"暑期体育锻炼标准"和"冬季体育锻炼标准",在全市百余所大学和中学推行。随后上海、长沙、哈尔滨等各大城市也先后试行了与"劳卫制"相仿的"体育锻炼标准",体育活动在学校里广泛开展。

中国式"劳卫制"日渐成熟。这点在安徽省档案馆馆藏的《关于普遍推行劳卫制》中亦有记载："中央人民政府体育运动委员会吸取苏联的先进经验，根据我国的具体情况，也在一九五四年五月四日制定公布了劳卫制暂行条例和项目标准，在人民解放军和条件较好的中等以上学校中试行。"

《准备劳动与卫国体育制度暂行条例和项目标准》正式公布后，全国掀起了群众性体育锻炼热潮。一时间，学校、厂矿、机关、部队和农村，都沉浸在"发展体育运动，增强人民体质"的热潮中。

"劳卫制"锻炼项目多

强健的体魄离不开体育锻炼。为进一步发展体育事业，普及群众性体育运动，20世纪50年代初期，安徽大力推行广播体操运动，使群众对体育运动有了初步认识，为推行"劳卫制"打下了良好基础。1958年10月，国务院正式批准公布《劳动卫国体育制度条例和项目标准》，使得"劳卫制"有了明确的执行标准。当时"劳卫制"的检测项目有很多，田径类的有铁饼、铅球、手榴弹、跳高、跳远、100米、400米、1500米、10000米等；体操类的有单杠、双杠、鞍马、平衡木、引体向上等。这些项目涵盖速度、力量、耐力、灵巧，是对人的身体素质的全面锻炼，所以受到很多青年人的欢迎。

不仅如此，为了鼓励人们积极投入到体育锻炼中，国家还制定了考核标准，将它分为三个等级，分别是少年级、一级和二级。学生们每通过一个级别检测都能获得一张精美的证书和一枚证章。证书和证章是健康的标志，所以每个通过"劳卫制"检测的学生都非常珍惜，这也激励更多的人参与到体育锻炼中。今年76岁的合肥市民陈先生依然清晰地记得当年的情形："一大早大家都起来了,围着学校后边的大操场一圈一圈地跑。有的同学还练习投掷、跳高、跳远和双杠。大家热情很高,互相比赛,都以拿到达标证书为荣。为了证书,我当时也是下足了功夫。"

"劳卫制"激发体育锻炼兴趣

在全国掀起体育锻炼的热潮中,安徽的一些地区,如合肥,就走在了全省开展体育锻炼的前列。1954年4月,国家体委正式公布《中国劳卫制暂行条例》后不久,合肥市人民政府就颁布《关于在中等以上学校开展"劳卫制"的几项规定》,由此拉开合肥"劳卫制"实践的序幕。据档案记载,合肥市"劳卫制"实践最先是从合肥师范等一些学校试行"劳卫制预备级"开始的。不过这里的"劳卫制预备级"还是"劳卫制"的初级阶段,只有"及格"和"优秀"两种标准,当然每通过一个标准也会颁发相应的证章。

除了中等学校,当时合肥的一些高校也推行了"劳卫制"。1955年2月,安徽农学院开始推行"劳卫制预备级",并建立了"劳卫制预备级"推行委员会,全院超过八成的学生都参与了进来。

"劳卫制"不仅帮助学生锻炼了身体,还增强了他们参加体育活动的信心。这份《关于普遍推行劳卫制》的档案中记载:"在全面锻炼的基础上,运动技术水平也有了显著的提高,从而为实行运动员等级制和进一步提高我省运动技术水平打下了良好的基础。"较早实行了"劳卫制"的合肥师范,在全市中学生运动会中的"劳卫制"达标率就遥遥领先,在每次运动会中经常获得总分第一名,

《关于普遍推行劳卫制》

得分的运动员绝大部分是"劳卫制"证章获得者。1956年,安徽省体工会议召开,会议上介绍道,当时全省已有136所中等以上学校和部分工厂、企业、机关推行了"劳卫制",对增强人民的身体素质,提高工作、学习效率,都起到了良好的作用。

1964年,"劳卫制"被《青少年锻炼标准》取代。1974年,国家体委重新制定了锻炼标准并改称为《国家体育锻炼标准》。2013年再次修订的《国家体育锻炼标准施行办法》沿用至今。如今,虽然"劳卫制"早已成为一个时代的记忆,但"劳卫制"所倡导的体育锻炼精神却被发扬光大了。

伴随青春记忆的广播体操

"广播体操现在开始,原地踏步走……"当这熟悉的声音在耳边响起时,一定能勾起大家对课间操的回忆。从1951年的第一套广播体操发布,到如今使用的第九套,广播体操在中国已经走过了70余个年头。

广播体操也是一个"舶来品"

广播体操在中国跳了几十年,很多人都会认为它应该就是我国本土产物吧?其实不然,广播体操是一个"舶来品"。

新中国成立之初,国家物资贫乏,体育锻炼的场地、器材短缺,开展体育活动的条件有限,所以那时人们的体育活动相对较少,而且锻炼项目简单。有没有一种既节约又高效的体育活动可以培养全民健身习惯、提高身体素质呢?在这种情况下,广播体操应运而生。

1950年,我国向苏联派出了新中国第一个出国访问的体育代表团,学习他们的体育制度。在那里,代表团亲眼看到苏联的全民健身体操给人们带来的益处,回国后便提出建议,开展全民健身体操运动,提高全民身体素质。代表团的建议与国家当时制定的"把发展群众体育运动放在首位"的思路一脉相承,于是很快就得到了批准。从那以后,我国借鉴其他国家经验,开始编制中国人的第一套广播体操,并最终在1951年编制完成,与公众见面。

安徽这样推广广播体操

20世纪50年代,广播体操可是一个新鲜事物。伴随着富有旋律的音乐,一群人做着同样的动作,身体随音乐舞动,成为一道亮丽的风景线。满怀着好奇和喜悦,在国家的大力号召下,人们开始了广播体操的学习。

对于初次学习广播体操的人来说,要跳好它并不是件容易的事。一套广播体操包含了许多动作,要跟上音乐的节奏,对肢体的协调能力和头脑的反应能力都是一个考验。安徽省档案馆馆藏的1954年《关于安徽省在小学中推行少年广播体操的意见》中,就介绍了当时教学广播体操的方法。"自各报公布了少年广播体操后,我省很多小学已按图解开始推行……"由此可见,当时教学广播体操经常用的方法便是图解。

随着广播体操的普及,这一时期学校的课间操也发生了变化。《关于安徽省在小学中推行少年广播体操的意见》中记载,新的课间操就是把小学早操或课间操改成了广播体操,并且每天都安排一定时间让学生学习做广播体操。凭借富有旋律的音乐和简洁有力的动作,在20世纪50年代广播体操在中小学校迅速推广开来,成为许多50后、60后,乃至70后、80后学生时代的美好回忆。

《关于安徽省在小学中推行少年广播体操的意见》

伴随着一代代人的成长,广播体操也不停地"更新换代"。细心的你会发现,从1951年第一套广播体操诞生,70余年来,我国的广播体操已经更新到了第九套,并且逐渐趋于科学化、个性化和娱乐化,适用范围也在拓宽。广播体操并没有因为时代的变迁而过时,仍是中小学学生的"必修课"。

职工也跳起了广播体操

广播体操男女老少都可做,春夏秋冬皆适宜,坚持常年锻炼还能增强身体素质,提高工作效率,因此受到不少人的喜爱,不仅学校普遍推广广播体操,不少工厂的职工也跳起了广播体操。

20世纪70年代,芜湖红光针织厂就开展了以广播体操为主要项目的体育活动。该厂职工大都是女工,坚持做广播体操,一做就是十几年,通过做操锻炼,职工不仅练就出健康的体魄和苗条的身材,还提高了工作效率。

广播体操不断推广普及,逐渐成为学生、工人锻炼的一种"必备技能"。做广播体操不仅帮助许多人锻炼身体,而且有助于身心健康发展,广播体操比赛更是别具一番趣味。

细数广播体操在中国发展的这些年,从第一套到第九套,它在变化进步的同时,也有一些不变的内容和意义。在时代的变迁中,它成为一代又一代人的共同记忆。"一二三四五六七八,二二三四五六七八……"听到这个熟悉的旋律,你还会想起曾经跳过的广播体操吗?

广播体操是根据人体各部位特点,由举、摆、踢、振、蹲、立、弓步、转体、绕环、屈伸、跑跳等一系列徒手动作组成,在一定的音乐伴奏下,以不同的方向、路线、速度、幅度、频率和节奏,按照一定的程序进行的身体练习。我国的第一套广播体操包含了10个小节,从下肢运动、四肢运动、胸部运动、体侧运动,到跳跃运动、整理运动和呼吸运动等一整套流程都是根据一定的运动顺序组合而成的,能达到比较全面的锻炼效果。

普通话推广往事

你会说一口流利的普通话吗？在 20 世纪五六十年代，如果你能说一口流利的普通话，那必定是众人学习的榜样。

普通话的"前世今生"

今天说起推广普通话，大家都不会觉得陌生。可对于普通话的"前世今生"，很多人可能并不了解。我们现在所说的普通话，经历了雅言、官话、普通话等不同阶段，直到新中国成立后，才定名为普通话，并且开始成为所有人都可以学习的语言。

我国是人口大国，也是方言大国。新中国成立之初，很多人只会说自己家乡的语言，天南海北的人聚在一起，听不懂对方说的话，令人尴尬。其时又逢大批北方干部南下工作，正常的语言交流都面临着实际困难，干部下乡、开会都要带"翻译"。

为尽快解决这一现实问题，同时也为配合正在进行的扫盲、教育普及等工作，进一步推动经济发展、促进民族团结，1955 年 10 月，在党中央的重视支持下，全国文字改革会议和现代汉语规范问题学术会议先后召开，简化汉字和推广普通话的方针、政策、步骤等得以明确和细化。1956年2月6日,国务院发布了《关于推广普通话的指示》,其中指出:"汉语统一的基础已经存在了,这就是以北京语音为标准音、以北方话为基础方言、以典范的现代白话文著作为语法规范的普通话。"这为推广普通话确立了标准。同时按照"大力提倡,重点推行,逐步普及"工作方针,在各行各业大力推进,出版普通话教材和工具书,制定并推行《汉语拼音方案》,让推广普通话成为每位公民的事情。

为宣传推广普通话,著名相声演员侯宝林和郭启儒专门创作了相声《普通话与方言》,其中有这样一段:"我们说相声就得说北京话呀。""哎,那可不对,您应该说普通话。""普通话不就是北京话吗?""错了,北京话是北京话,普通话是普通话,现在推广普通话是以北方话为基础方言,以北京音为标准音。……说普通话好处大了,因为现在有山南的海北的各处的人在一起工作,如果都用方言那就不好懂了,都用普通话就彼此都能懂……"这就通俗形象地道出了推广普通话的意义。

中小学课堂是推广普通话的重要阵地

安徽省档案馆馆藏的1963年《安徽省教育厅关于推广普通话工作情况和今后工作意见的报告》,对安徽省贯彻中央精神,积极部署推广普通话工作做了详细记载。报告中指出,由教育厅、文化局、安徽人民出版社、安徽人民广播电台、安徽日报社、文联、团省委、工会、妇联等有关部门组成推广普通话工作委员会,把推广普通话工作纳入各级文化教育部门、社会团体和学校的工作计划,并

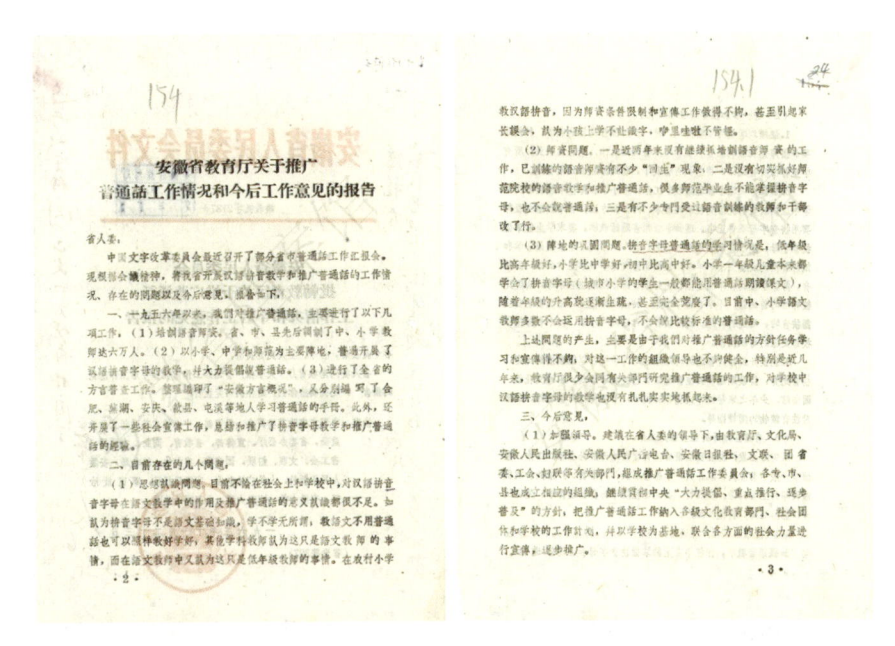

昔档今读
(第二辑) XI DANG JIN DU

《安徽省教育厅关于推广普通话工作情况和今后工作意见的报告》

以学校为基地,联合各方面的社会力量进行宣传,逐步推广。

随着普通话扫盲班如雨后春笋般开设,各地掀起学习拼音、学习普通话的热潮。其中成效最显著的是各中小学课堂。各中小学在推广普通话活动中,要求学生掌握拼音,能用普通话朗读;把汉语拼音字母列为小学、初中和师范学校语文课的考试内容。安徽省档案馆馆藏的1956年5月21日《同意关于贯彻执行国务院〈关于推广普通话的指示〉的指示和〈安徽省推广普通话工作委员会名单〉的批复》中记载:"从一九五六年秋季起,在全省小学、中等学校、机关干部业余学校、职工业余学校的语文课内一律开始教学普通话。"

不仅如此,推广普通话还排出了时间表。档案中还记载,从1957年秋季起,全省小学、师范、机关干部业余学校、职工业余学校的语文科教师都要学习普通话,用普通话教学。到 1959 年,全省机关干部业余学校的学员都应该基本上会说普通话。到 1960 年,小学三年级以上的学生,中学师范和职工业余学校的学生,都要会说普通话。

方言普查也是推广普通话的重要工作

对于刚进小学时只会说方言,且缺乏拼音基础的孩子们,学会拼音和普通话无疑是一件非常困难的事。因此,学校除安排课堂教学外,还组织演讲比赛、拼音比赛、诗歌朗诵和文艺表演等活动来巩固和提高学生们的普通话水平。各地文化馆、图书馆、少年之家等校外文化教育机构,也加强对注音读物的阅读指导,为推广普通话活动取得实效提供保障。

在推广学说普通话过程中,安徽巢湖黄麓师范学校曾分别受到国务院、教育部、文字改革委员会、共青团中央的表彰,被评为"推广普通话先进学校"。据黄麓师范学校教师蔡宏淑回忆,1959 年,她第一次走进学校大门,就被浓浓的推广普通话的氛围震撼。校园、教室、办公室,乃至食堂,处处可见推广普通话的标语口号、推广普通话的要求、标准等,学校的桌椅、门窗、床铺、运动器材上都贴有用拼音字母写的标签。作为一名语文老师,蔡宏淑自然承担起《汉语拼音方案》的教学任务,经常天一亮就起床朗读,一字字、一句句地推敲斟酌,以提高朗读水平,每天安排 20 分钟让学生学习《汉语拼音方案》,并定期测验过关。不仅如此,学校还开展丰富多彩的课外活动,以班级或小组为单位打擂比赛拼写、注音、演讲、讲故事等,规模较大的则是朗诵会,师生同台表演,各显神通。可以说,学习普通话的氛围无处不在。

此外,推广普通话活动中另一项重要工作是开展全省方言普查。在《安徽省教育厅关于推广普通话工作情况和今后工作意见的报告》中有这样记载:"整理编印了《安徽方言概况》,又分别编写了合肥、芜湖、安庆、歙县、屯溪等地人学习普通话的手册。此外,还开展了一些社会宣传工作,总结和推广拼音字母教学和推广普通话的经验。"

1982年,"国家推广全国通用的普通话"被写进《中华人民共和国宪法》,从1998年起,每年9月的第三周被设为全国推广普通话宣传周。如今,普通话已经成为人们日常交流的主要语言。

当代安徽

合肥也曾生产过"永久"牌自行车

提起自行车,大家都再熟悉不过。20世纪七八十年代,我国被称作"自行车的王国"。自行车是当时人们出行的主要交通工具之一,"永久""凤凰""五羊"等都是当时著名的自行车品牌。其中"永久"牌自行车更是那个年代上海自行车品牌中的佼佼者,也是一代中国人不可磨灭的记忆。大家知道吗?安徽合肥也曾生产过"永久"牌自行车。

20世纪五六十年代,自行车是稀罕物

1791年,法国人发明了世界上第一辆自行车,开启了人类出行新方式。到19世纪中后期,自行车漂洋过海来到中国。出现在中国的第一批自行车,只有寥寥几辆,而且会骑的人更少。这时的自行车的主要用于娱乐消遣,并未作为代步工具。此后陆续有人效仿西方人,才逐渐将自行车发展为人们出行的交通工具。1940年,上海自行车厂(上海永久股份有限公司前身)成立,从此中国有了自己的自行车生产企业,开启了中国自行车行业发展的篇章。新中国成立后,为了纪念这个崭新的时代,一个属于上海自行车厂的

新商标——"永久"牌应运而生。1954年至1955年,中央第一机械工业部、第一机械管理局把制造公制标定车的任务交给了上海自行车厂。这个标定车也就是大家熟悉的永久"二八大杠"。在随后的几年里,永久相继制成并推出了公路赛车、31型轻便车、62型载重车等车型。

20世纪五六十年代,对于普通家庭来说自行车是个稀罕物,谁家有辆自行车,都会招来旁人羡慕的眼光。当时,一辆自行车售价一百多元,而一般工人的工资每月只有三四十元,买车着实不易。他们对自行车也格外爱护,用布把车大梁、车把等部位缠起来,以防车漆磨损脱落,并隔三岔五地用抹布把自行车精心擦一遍、打上油,生怕生锈。

当时,最受欢迎的就是永久"二八大杠"自行车。"二八大杠"就是车前有很高横梁的载重型自行车。那时十几岁的孩子学骑车,大都是从这种大块头的"二八大杠"开始的。至今,还有很多人留有当年握定车把、稳着车架、斜着身子,把小腿穿过横梁下方的空当,努力用脚够脚蹬子的练车记忆。"二八大杠"自行车之所以受到欢迎,除了帮助人们解决交通问题,还有个很重要的功能,便是负重运输,比如运送物品、接人送人,都得用到这种车。

自行车成为结婚的三大件之一

20世纪70年代,随着人们生活水平不断提高,手表、自行车、缝纫机"三大件"逐渐成了年轻人结婚的标配。条件好的家庭,还会再购买一台收音机,称为"三转一响"。如果手表是"上海"牌,缝纫机是"蜜蜂"牌、"蝴蝶"牌，自行车是"飞鸽"牌、"永久"牌，套用现在年轻人的话来说，那是相当"拉风"。

当时最流行的手表是"上海全钢手表"，价格在 120 元左右，相当于当时一个普通人三四个月工资的总和。但这款手表经久耐用，有人戴了几十年都完好无损，现在都成了古董表。拥有一台缝纫机，是那个时代每个待嫁姑娘的共同期盼。20 世纪 70 年代，大多数人穿的衣服都由自己缝制，陪嫁一台缝纫机，那是必不可少的。而作为"大件"之首的自行车，无论城乡都脱销，"凤凰""永久""飞鸽"等名牌自行车更是异常紧俏。

安徽"三大件"的发展，与全国绝大多数省（市）相比，起步不算太晚。安徽省档案馆馆藏的 1981 年《对我省手表、自行车、缝纫机的发展的一些意见》中提到："手表，首先集中力量在八三年底把合肥手表厂 100 万只的能力搞上去，所需设备，除现有的外，又订了 308 台设备……自行车，合肥市规模可考虑 100 万辆，八三年底先集中力量把合肥自行车厂 70 万辆能力形成……缝纫机……今年再增加货款 50 万至 80 万元……保证在年内把既定的任务完成。"

部分"永久"牌自行车产自合肥

提起"永久"牌自行车，大家都知道是上海的自行车品牌。但你也许不知道，当时有相当一部分"永久"牌自行车生产于合肥自行车厂。

合肥自行车厂的历史可以追溯到 1970 年，当时合肥市手工业管理局组织了多家工厂，利用本身具有的技术设备，以"一厂一件"、分散生产的方式，试制出"江淮"牌自行车28辆。它们的结构、款式均仿照上海"永久"牌自行车。同时，省内首家自行车专业厂——合肥自行车厂也在紧锣密鼓的筹建中。1976年，合肥自行车厂正式投产，并且将"江淮"牌自行车改名为"奔马"牌。

1985年，为提升产品市场竞争力，合肥自行车厂与上海自行车厂达成联合生产"永久"牌自行车的协议，增挂"上海自行车厂合肥分厂"厂牌，开始生产"永久"牌自行车。安徽省档案馆馆藏的1984年《同意合肥自行车厂与上海自行车厂联合生产的批复》中提到："经研究同意你市合肥自行车厂与上海自行车厂联合生产。联合生产的有关事宜，请按照互利原则，与上海厂具体协商。"

合肥自行车厂生产"永久"牌自行车的另一个原因，是自己产品销售遇到了问题。安徽省档案馆馆藏的1986年《关于印发合肥自行车厂〈与名牌厂联合　增强了企业活力〉的通知》中的一段文字足以说明："我厂是七〇年开始筹建的，但批量生产，还是在七九年以后，是一个

《与名牌厂联合　增强了企业活力》

起步较晚的新厂。尽管经过企业整顿和技术改造,生产发展比较快,但在技术和管理上还都缺乏经验,想把质量、品种搞上去,把牌子创出去,条件有限。八十年代初,自行车比较好销,我们的形势还比较好。但是八三年以后,由于全国到处发展自行车生产,我们的自行车销售逐渐吃紧。到八四年上半年,月月积压,库存量一度高达三点四万辆。当时,全国一百四十多个整车厂中有一百二十多家濒临关门停产的局势。只有三大名牌厂和国家重点抓的六七个老厂日子比较好过。我们原来生产的王冠牌自行车虽然是省优产品,但是消费者心目中还是喜欢上海货。"

据资料显示,巅峰时期的合肥自行车厂有职工 2300 多人,自行车年生产能力超过 70 万辆,年销售收入达 1.2 亿元,实现利税 2700 多万元,是安徽省轻工业系统的重要企业。合肥自行车厂 1985 年和 1986 年连续两年被评为安徽省最佳经济效益夺魁单位,1986 年和 1987 年荣获全省轻工企业经济效益之首,1987 年又被评选为省级先进企业。进入 20 世纪 90 年代,随着国外先进技术的引进,民营自行车厂得到迅猛发展,曾经风光一时的合肥自行车厂最终没经受住时代大潮的冲击,由繁荣逐渐走向了衰落。

20 世纪 90 年代中后期以来,随着社会的发展,私家汽车成为人们一种主要的出行工具,自行车逐渐淡出人们的生活。而如今,自行车历经岁月洗礼,重获新生,共享单车又成为人们出行的一种新方式。

新中国成立初期的儿童保健工作

儿童是一个家庭的希望,更是一个国家和民族的未来。新中国成立初期,人民政府对儿童健康十分重视。新生儿访视、儿童健康体检、疫苗接种……现在看来平常的事,但在 20 世纪 50 年代推广起来并不容易。

儿童节开展健康体检

1950 年 6 月 1 日,小朋友们迎来了新中国成立后的第一个国际儿童节。安徽省各界举行了丰富多彩的庆祝"六一"儿童节的活动,除了培养儿童爱祖国、爱人民、爱科学、爱劳动、爱护公共财物的思想意识,还有一项重要的内容,那就是卫生部门免费为儿童检查身体。

据记载,1950 年"六一"儿童节期间,皖南地区对 13000 多名儿童进行健康检查,发现各种疾病及不健康儿童 5000 多名,患沙眼病的占 70% 以上;皮肤病(疥疮为主)、龋齿、肺结核、营养不良、寄生虫病、扁桃体肿大的患病率较高;山区因缺碘引起的甲状腺肿大较常见。

通过对儿童进行健康体检,相关部门总结出了儿童保健工作的重点。安徽省档案馆馆藏的1951年《关于庆祝"六一"儿童节进行儿童保健运动的指示》中提到,在"六一"儿童节期间开展群众性儿童保健运动,各级卫生机构开展儿童的健康检查,"以通过健康检查进行健康教育为重点,把保护婴儿和儿童健康的知识广泛地深入到劳动人民中去……"

儿童健康检查的内容有哪些?以徽州地区的儿童健康体检为例,1951年皖南徽州区中心卫生院《"六一"儿童节儿童健康检查总结报告》中就明确记载儿童节期间为屯溪市儿童进行健康检查的情况:1951年6月1日到6月6日,一共检查了1029名儿童,年龄从满3个月到满5周岁,主要体检项目有身高体重、出生后营养情况、牙齿、眼、耳、鼻、口、喉、脐、生殖器、心肺、骨骼、皮肤及预防接种情形等内容。这次检查发现不少小朋友存在肺炎、营养不良和口腔不卫生等疾病。针对这些情况,总结报告中重点强调了"卫生常识急需灌输到每个人的头脑里去,才能减少疾病,增强身体"。

开展儿童健康教育工作

当时是如何开展儿童健康教育工作的呢?安徽省档案馆馆藏的1959年《合肥市儿童保健所1958年工作总结》中提到:"儿童保健工作中,主要是深入群众,使得群众确实知道我们的工作是为其孩子健康,使之生长得好,他们才会接受建议与指导……"档案中也特别指出,只有通过事实教育才能顺利推行新法育儿。

一个小故事足以说明问题。当时在合肥市的柳木巷里有一个叫吴松的4岁小朋友,一天,一位护士去访视,但小朋友的奶奶不让进,说出了疹子,有"花娘娘"在家里。护士发现小朋友得了肺炎,便再三动员其父母迅速送医院医治,但其父母心中犹豫不定,最终勉强抱着孩子到了门诊。医生发现孩子已经呈嗜睡状态,呼吸急促,且肺部有杂音,便对孩子进行积极救治,还安排一名护士跟随其回家护理。到了夜间,吴松小朋友的病情开始好转。第二天,医护人员再次来到小朋友的家里。这时,一家人都不知道如何感谢才好,对医护人员说:"我们过去不了解你们,请你们不要生我们的气。你们真好,不是共产党领导,哪能有这样的好啊!"

由此可见,儿童健康教育工作对预防儿童疾病的重要性。而这一时期,儿童健康教育工作的侧重点在婴幼儿饮食方面。《关于庆祝"六一"儿童节进行儿童保健运动的指示》中记载:"以婴幼儿饮食卫生(食品选择,鼓励母乳喂哺、断乳须知、副食品配备、饮食习惯、隔离常识等)及预防天花麻疹为重点。"此外,在有条件的情况下举办儿童健康教育与儿童健康展览会、座谈会等,宣传儿童健康卫生知识。

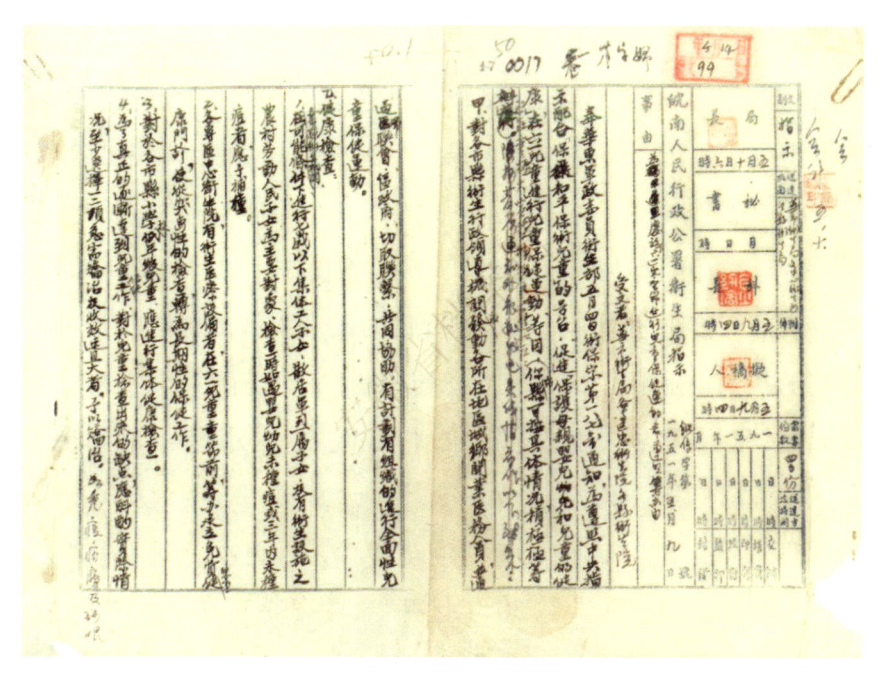

《关于庆祝"六一"儿童节进行儿童保健运动的指示》

儿童疫苗接种工作逐步展开

从小教育孩子树立健康卫生观念，养成良好的健康卫生习惯，对儿童成长大有裨益。儿童卫生健康观念包括饮食健康、清洁健康、生活习惯等方面。

安徽省档案馆馆藏1958年《芜湖市儿童保健所1958年工作总结》的档案中记载："结合健康检查，矫正儿童不清洁的习惯，采取儿童卫生示教方式（如指导洗手、剪指甲、饮开水、备手帕，并讲解幼童卫生挂图等。每周进行宣教一次，将儿童卫生编成短歌），采取唱歌、图画讲解方式，使小朋友都高兴地来参加，通过活动，也有了一定收效。"

值得一提的是,当时大家对儿童口腔卫生的重视。20世纪50年代,上海新亚书店出版的《新中国儿童卫生习惯图》中就有关于口腔卫生的宣传,同时提出牙刷要"小头、软毛、直柄",刷牙时间要2—3分钟。其中的一幅宣传画,画的是一个小朋友在洗脸、刷牙、洗手、漱口,还配有"我每天洗脸、刷牙、饭前洗手、饭后漱口"的文字。有的宣传画还具体到每天刷牙的时间和大致的方法。其中一幅图的右上角是恒牙及乳牙形态的图示,下面是两个小朋友刷牙的画面,配上了"早晨晚上都刷牙;上下、左右、内外全刷到;用自己的牙刷和漱口杯"的文字。

不仅如此,这一时期儿童的疫苗接种工作也在有条不紊地进行着。据记载,自20世纪50年代开始,主要是对托幼儿机构、地段儿童进行预防接种牛痘、卡介苗,注射伤寒、霍乱、白喉、百日咳、乙型脑炎疫苗,口服小儿麻痹活菌苗糖丸等。1952年至1953年,全省接种卡介苗21405人。1978年后,各级妇幼保健所、站,重点开展新生儿卡介苗接种,由专职医生进行培训,传授技术,保证接种质量,并开展常年接种和定期补种工作。这份《合肥市儿童保健所1958年工作总结》的档案中记载着1958年合肥市儿童保健所卡介苗接种的情况:"本年卡介苗接种工作计皮上划痕接种1848人,皮内注射接种5593人,口服法接种175人,共接种7616人。"

70多年过去,健康理念早已深入人心,培养健康的生活习惯也已蔚然成风,儿童健康工作也在翻天覆地的变化中开启了新的征程。

消费者权益保护的那些事

2021年中央广播电视总台3·15晚会后,一名央视记者在镜头前讲述了其为揭露某二手汽车交易平台欺骗消费者问题,卧底到内部做销售,经过努力,做到公司"二把手"的故事。此事一经传播,迅速冲上热搜。这从一个侧面反映了大家对消费者权益保护问题的关注。提起消费者权益保护,大家首先会想到的是消费者协会。

消费者协会的由来

1891年,世界上第一个旨在保护消费者权益的组织——纽约消费者协会成立,为世界范围内的消费者权益保护运动拉开了序幕。一个多世纪以来,消费者协会功能日趋完善,成为保护消费者权益的一支重要力量。

改革开放以来,我国经济蓬勃发展,经营者为社会提供了丰富的商品和便捷的服务,市场经济日益发达。与此同时,市场上也出现了假冒伪劣商品以及一些损害消费者权益的现象,消费者和经营者之间的矛盾也接踵而来。解决消费纠纷、维护消费者权益问题备受人们关注。1984年12月,中国消费者协会正式成立。此后,全国各地也纷纷成立了消费者协会。

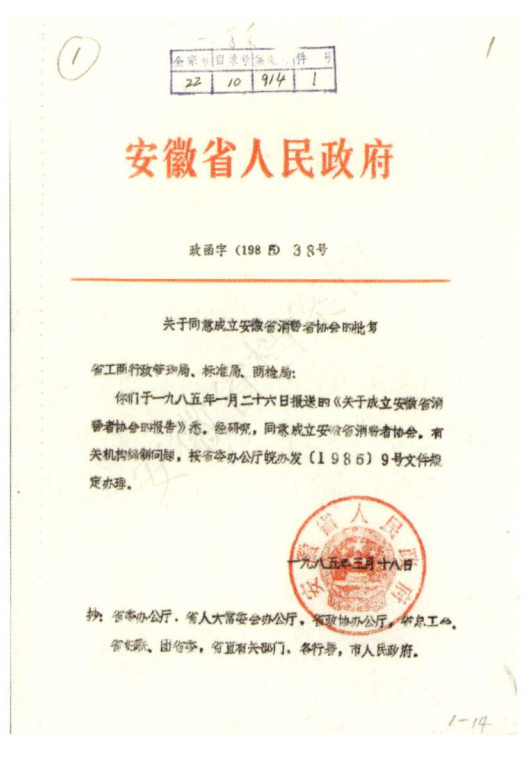

安徽省消费者协会是哪一年成立的呢?安徽省档案馆馆藏的1985年《关于同意成立安徽省消费者协会的批复》中记载:"你们于一九八五年一月二十六日报送的《关于成立安徽省消费者协会的报告》悉。经研究,同意成立安徽省消费者协会。"

消费者协会是代表广大消费者的利益,对商品和服务进行社会监督、提供消费信息、进行消费咨询、受理消费者投诉、反映消费者意见、维护消费者合法权益的组织。安徽省消费者协会理事会由省直有关部门、团体、新闻单位、消费者代表和各地、市的代表组成。

自1985年安徽省消费者协会成立后,全省各地纷纷组建了自己的消费者协会。安徽省档案馆馆藏的1988年《全省消费者协会工作汇报》中记载:"一九八六年底省协会第二次理事会时,全省仅有九个市、县成立了消费者协会。而此后的一年多来,全省已建立

《关于同意成立安徽省消费者协会的批复》

县以上消费者组织五十一个……宣城地区及所辖五县,合肥、蚌埠、淮南、淮北、铜陵市及所辖县全部成立了消费者协会……与此同时,一些成立较早的地方协会积极探索在农村标准镇、大型厂矿企业等基层如何组织群众开展社会监督工作的途径和方法。颍上县所属十六个区镇就有十五个成立了消费者协会分会,肥东县的撮镇也较早就成立了消协组织。"

《全省消费者协会工作汇报》

高档耐用消费品成投诉重点

随着各地消费者协会的组建,受理的消费者投诉量也日趋增长。"省消费者协会和各地协会去年共受理消费者的投诉七千多件,比八六年增长六倍多;接待消费者的来访一万多人次。"

消费者主要投诉一些什么产品?档案中记载:"投诉的内容各式各样,包括衣、食、住、行、用等,约百分之六十五是高档耐用消费品。"由于各地消费者协会帮助群众解决了不少问题,收到了不少消费者的感谢信和锦旗,他们都把协会看作是"消费者的娘家"。

如 1986 年底,合肥市消费者协会接到一些市民投诉,对合肥市场上销售的某些羽绒制品的质量反映强烈。于是,合肥市消费者协会同有关部门和新闻单位对合肥市场上销售的 9 个省、市共 21 个厂生产的羽绒制品进行抽查,发现除 8 家厂之外,其余厂家的产品含绒量少,价格昂贵,有的含绒量甚至为零,更严重的是有的厂家用几角钱一斤的鸡毛打碎冒充羽绒。消费者协会及时将检测结果公布于众,维护了消费者的利益。

档案中还记载了一个小故事:淮北市一位老人向淮北市消费者协会哭诉,说他在一家商店预付了 1500 元为儿子结婚买彩电,不料等了一年,跑了多趟,一直不能兑现。更让人郁闷的是,因为彩电迟迟不能兑现,儿子的结婚对象闹矛盾,不同意结婚了。为此,该市消费者协会及时帮助他解决了问题。这位老人激动地说:"协会救了我们一家。"

也就在这一年,淮北市消费者协会处理了一起轰动一时的"日立"变"王立"彩电诈骗案。某电子仪器厂家下属的经理部为牟取暴利,篡改订货合同,以国产彩电冒充进口名牌彩电,进行欺骗性广告宣传,骗取消费者 58 万元的预付款。消费者协会在工商局的大力支持下,经过 8 个多月的艰苦工作,终于为 350 户消费者挽回了损失。

多措并举帮助消费者维权

如何才能更好地帮助消费者维权?消费者协会对消费者投诉

中的突出问题,联合新闻单位及时进行披露。1987年1月,安徽省消费者协会及合肥市消费者协会同省、市两级工商局在合肥市城隍庙举办了为期20天的假冒伪劣商品展览。展览分为食品、家电、轻工、纺织、药材、经济案件等10大部分,展出实物1.25万件,图片270张。此外,消协还通过媒体,向消费者介绍商品知识,提供咨询服务。

除了帮消费者维权,消费者协会还开展市场监督检查,促进企业提高产品质量,特别是对群众消费较多的产品开展检测,维护了消费者权益。档案中提到,1986年3月,安徽省消费者协会对本省的20个家电产品进行检测,受检的37个厂家中有34家产品不合格。事后,省消费者协会认真帮助这些不合格的厂家分析原因,制定整改措施,促进他们提高产品质量。同年8月,省消费者协会还检测了群众关心的部分儿童用品,并对生产不合格产品的厂家提出了限期整顿措施。

消费者协会还开展评比,让消费者选出心仪的产品。1988年10月25日至11月3日,省消费者协会会同省经委等8个单位举办了"安徽省首届名优特消费品汇展",全省150家工厂的600多种名、优、特、新产品参加了汇展。经过消费者直接投票,评选出"江淮之花"及"消费者最喜爱的产品"。

时光荏苒,安徽省消费者协会至今已经走过了30多个年头。2016年3月,安徽省消费者协会改制更名为安徽省消费者权益保护委员会。虽然名称变了,但是其保护消费者合法权益的初心不变,将进一步促进消费维权社会共治,推动消费环境的改善,不断提高消费者的获得感、幸福感和安全感。

当代安徽消防记忆

岁月静好,总有人负重前行;危难时刻,总有人无悔逆行。火灾、洪灾、车祸、冰雪灾害……哪里有危险,哪里就有消防指战员的身影;哪里需要他们,哪里就是他们的战场。

公安消防队伍的发展壮大

新中国成立初期,皖南、皖北行署公安局分别在接管国民政府警察的基础上,接收一部分消防警察,新成立的人民公安机关及时调配了消防人员。据统计,1951年,皖北消防民警84人,其中合肥、蚌埠等市56人,淮南矿区28人;皖南芜湖市26人。

在此基础上,公安机关吸收一部分工人和城市居民,分别组建蚌埠、合肥、芜湖、安庆、屯溪等地人民公安消防队(职业性质)。据1956年统计,上述各地共有消防民警123人。

以合肥为例,1949年成立合肥市人民政府公安局消防队,接收了旧警察局的消防队员15人,并增选10人充实消防队伍。1952年3月,市公安局设立消防中队。次年10月,消防中队直属市公安局,有干警32人。到了1956年,消防中队新建一个分队,增编了15人。2年后，消防中队改设为消防大队，大队部内设办公室和防火、战训、后勤3个组，分别在长江路、望江路、铜陵路、濉溪路各建1个中队，此时的消防干警已经达217人。

为了使城市消防工作得到迅速恢复，在接收和改造官办消防队的同时，还接收了部分民间的消防组织。解放后，芜湖市公安机关接管了消防组织，进行组织整顿，增加队员10余人。与此同时，1949年7月，消防队与"万安""永安""保安""福安""平安""静安""同安""民安"" 太平""永靖"等11个商办救火会组成"市防火联会"，有会员450人，各会负责人均为理事，划分防火区域，各负其责。这些民间救火组织的成员大多数是城镇劳动人员，接收这些对消防工作既热心又有一定技能的积极分子加入新生的城市人民消防队伍，也是充实人民公安消防力量的一个重要途径。到了1954年，芜湖市消防队扩编为消防中队，下设3个分队，分设在新芜路口、中江路、金马门等处。1958年底，消防中队扩编为大队，对内称消防科，内设防火、战训、后勤3个组，下设4个中队。

曾有4名消防人员参加全国消防培训班

当时，消防人员相对缺乏，消防教育可以说是一片空白。为了培养消防人才，我国采取了聘请苏联消防专家举办培训班、选派学员出国留学等方式。这一点档案中也有佐证。

安徽省档案馆馆藏的1954年《关于抽调消防学员的通知》中提到，为了适应当时国家经济建设的需要，进一步加强消防工作，公安部决定在旅大市（今辽宁省大连市）成立消防训练班，聘请苏联专家授课,"训练名额———名,拟从全国各地在职消防人员中抽调"。其中安徽也有名额分配,"芜湖一人,合肥二人,蚌埠一人"。

该培训班学习的主要课本有《物质燃烧原理》《某些对象的防火技术》《灭火战术》《消防供水》和《消防装备》等,内容包括了火灾研究、防火和灭火的基本知识和经验。通过学习,这一批消防学员丰富了知识、提高了业务技能,在工作中发挥了骨干作用。

消防训练更加专业化

面对火灾,就需要消防员能够利用自身专业知识和专业技能,对现场实施控制与救助。那么,对于消防队员来说,消防训练必不可少。20世纪50年代,安徽根据多年的训练经验,并吸收其他省、市消防训练项目的长处,总结设计出二号操战斗展开、400米消防接力、两节伸缩梯登高、挂钩梯攀登四层楼、100米障碍、50米着装登车、撑杆上楼、高楼自救、泵浦移动操、入火抢救、实地灭火、射水打靶等10余项比较实用的消防基本功训练项目。

比如,合肥在消防训练中就注重"消防分队灭火战术""抢人自救"等项目训练,通过一系列的专项训练,合肥消防的出车时间由原来的36秒,缩短至19.5秒。

为了提高消防队伍的整体素质,探索科学的训练方法,1963年9月10日至20日,安徽省举行了第一次消防基本功汇报表演,这是对消防队员的一次大练兵。当时合肥、蚌埠、淮南、芜湖、安庆、铜陵、马鞍山等7个市公安消防队和合肥、芜湖2市的企业义务消防队代表队，共100余人参加。未参加汇报表演的市、县则派出人员观摩学习。

这次汇报表演的项目非常丰富，其中竞赛项目有：二号操战斗展开、400米消防接力、两节伸缩梯登高、挂钩梯攀登四层楼、100米障碍、50米着装登车、撑杆上楼、高楼自救、各种水枪射水表演、泵浦移动操、入火抢救、实地灭火、四种常用灭火机使用等。

经过10天的预赛、决赛和表演赛，蚌埠市代表队以团体总分49分的成绩名列榜首，合肥代表队次之，淮南代表队第三。通过比赛，安徽各地消防队伍掀起了大练基本功和努力提高灭火战斗技能的高潮。

主干道上的消防栓安装

水作为主要的灭火剂，在火灾扑救中具有无法替代的作用，而城市消防栓作为城市火灾扑救的主要取水源，为及时有效地扑救火灾提供了可靠的"弹药"保障。新中国成立前，合肥没有专用的消防给水设施。新中国成立后，随着城市的发展，合肥市人民政府在城建规划时，通盘考虑了消防给水问题，于1953年初建成了一条生产生活用水和消防用水合并的给水系统，给水管道压力保证在灭火时不小于10米水柱，同时在长江路、淮河路、宿州路、庐江路、金寨路、徽州路、安庆路、芜湖路东段等分别安装了消防栓，并沿道路设置室外消防水池，大多设在十字路口。

安徽省档案馆馆藏的《安徽省合肥市供销合作社关于请求建造消防水池的报告》《关于同意建造消防水池的批复》这两份档案

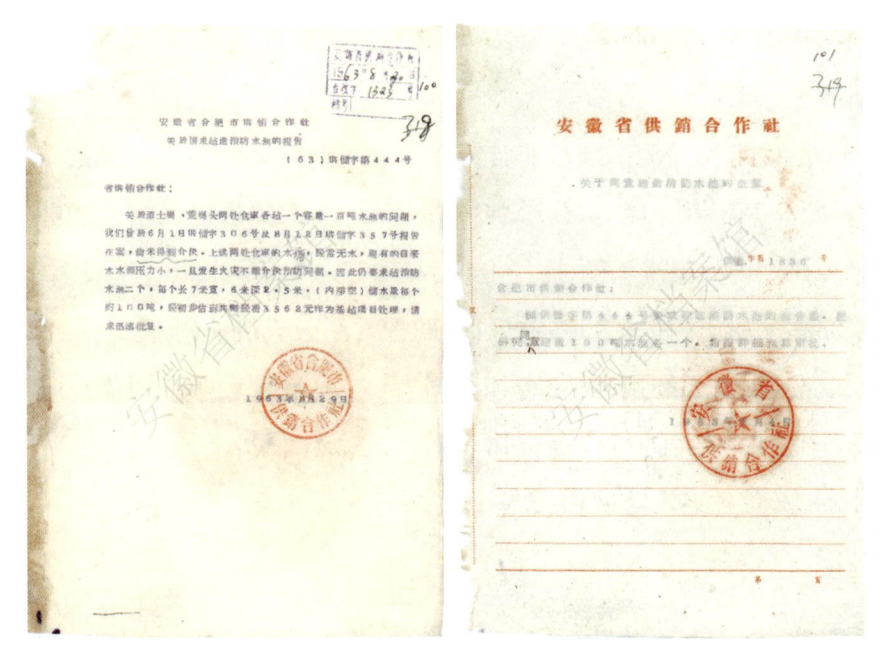

《安徽省合肥市供销合作社　　《关于同意建造消防水池的批复》
关于请求建造消防水池的报告》

就提到了合肥市供销社为了消防安全，申请修建消防水池的事："经研究，同意建造100吨水池各一个。希报详细预算审批。"从这份记录可以看出当时人们对消防工作的高度重视。

到了1973年，合肥市沿道路设置消防栓116个。消防栓的形式有两种：一种是有直径为65毫米的英式接扣和直径为105毫米的粗螺纹接扣各一个的地上消防栓；另一种是地下式消防栓。可以说，消防栓是城市的重要基础设施，更是保护市民生命财产安全的一道"防火墙"。

后 记

为深入学习贯彻落实习近平新时代中国特色社会主义思想和党的二十大精神,全面贯彻落实习近平总书记对档案工作重要批示精神,进一步发挥档案资源的独特作用,不断强化档案宣传教育功能,满足人民群众日益增长的档案文化需求,我们深入挖掘、研究、开发馆藏档案资源,推动档案走向社会、走进公众,使丰富的档案文化为经济社会发展提供更好的服务。

从2014年起,安徽省档案馆与合肥晚报社联合推出《安徽档案揭秘》《昔档今读》等专栏,受到社会大众广泛关注,部分优秀作品被"学习强国"平台及相关媒体转载、刊用,较好地发挥了档案工作存史资政育人作用。

在成功择优结集出版《昔档今读》(第一辑)的基础上,我们精选近年来专栏刊发的部分文章,分为《温暖回忆》《徽风留韵》《民国纪事》《当代安徽》四个专题系列,编辑出版《昔档今读》(第二辑),继续做深做实这项有意义的工作,服务大局、服务群众。

《昔档今读》专栏在选题、组稿过程中,省档案馆薛培英、何依群、郑安国、吴松荣、余育红、李剑、吴冰付出了辛勤劳动,在出版过程中得到了安徽文艺出版社的大力支持。在此,我们一并表示感谢。

编　者

2022年12月